QINHAI SHANGBIAOQUAN
PANDING BIAOZHUN YANJIU

害商标权
定标准研究

峰 主编

知识产权出版社
全国百佳图书出版单位

图书在版编目（CIP）数据

侵害商标权判定标准研究/李雨峰主编. —北京：知识产权出版社，2016.9（2019.4重印）

ISBN 978-7-5130-4509-4

Ⅰ.①侵… Ⅱ.①李… Ⅲ.①商标法—侵权行为—研究—中国 Ⅳ.①D923.434

中国版本图书馆 CIP 数据核字（2016）第 233788 号

内容提要

本书提出的侵害商标权的认定标准，着眼于商标的本质，即显著性，认为"显著性受到损害之虞"是侵害商标权的判定标准。这种认识延续了"现代商标的价值依赖于其销售力"的论断，指出显著性就是商标销售力、唯一性的体现。本书认为，商标法是商标所有人导向的，保护商标权人是商标法的第一要旨。显著性不是一个实体，而是企业、商标与商品/服务之间的关系，它展现的是一个比较。把"显著性受到损害之虞"作为判定侵害商标权的标准，可以克服商标法上混淆标准和淡化标准并置的局面。

责任编辑：崔 玲	责任校对：董志英
封面设计：SUN工作室　韩建文	责任出版：刘译文

侵害商标权判定标准研究
Qinhai Shangbiaoquan Panding Biaozhun Yanjiu

李雨峰　主编

出版发行：	知识产权出版社有限责任公司	网　　址：	http://www.ipph.cn
社　　址：	北京市海淀区气象路50号院	邮　　编：	100081
责编电话：	010-82000860 转 8335	责编邮箱：	kewei@cnipr.com
发行电话：	010-82000860 转 8101/8102	发行传真：	010-82000893/82005070/82000270
印　　刷：	北京九州迅驰传媒文化有限公司	经　　销：	各大网上书店、新华书店及相关专业书店
开　　本：	720mm×1000mm 1/16	印　　张：	18
版　　次：	2016年9月第1版	印　　次：	2019年4月第2次印刷
字　　数：	252千字	定　　价：	48.00元
ISBN 978-7-5130-4509-4			

出版权专有　侵权必究
如有印装质量问题，本社负责调换。

前　言

　　本书是国家社科基金项目（10XFX0015）资助完成的成果。它回答的是侵害商标权判断标准的问题。已有文本与法学思想的主流，多数倾向于"消费者混淆的可能性"是侵害商标权的判定标准（混淆标准）。而在处理涉及驰名商标的纠纷时，又多数倾向于以对驰名商标造成淡化作为保护的始点（淡化标准）。"混淆标准"的着眼点是消费者，认为商标法的最终目标是保护消费者。进而，随着技术与市场规模的发展，有些行为并没有造成消费者的实际混淆，基于价值衡量、政治力量的对比等，美国、欧盟等国家和地区的法院仍然判定这些行为侵权。为在理论上保留"混淆标准"，就产生了混淆这一概念的扩张，从而破坏了法律的确定性。另外，与"混淆标准"不同，"淡化标准"的着眼点是驰名商标所有人，认为淡化驰名商标本身的行为应予制止。在"经营者—商品/服务—消费者"的链条上，"混淆标准"与"淡化标准"关注的焦点正好相反，其结果不仅导致在一般商标和驰名商标保护制度上的差异，还造成了商标法基础的混乱。"混淆标准"与"淡化标准"并置的现象不仅体现在我国的立法中，也体现在有关的国际条约中。或许这种并置的现象并不会给司法实践带来问题（一如有的法官所说），但它拷问了我们的智识，动摇了知识的科学性。

　　本书指出，侵害商标权的判定标准，应当以商标权本身是否受到侵害作为思考的始点。本书提出的侵害商标权的认定标准，着眼于商标的本质，即显著性，认为"显著性受到损害之虞"是侵害商标权的判定标准。Frank I. Schechter曾经指出："现代商标的价值依赖于其销售力（selling power），决定销售力的就是商标的唯一性（uniqueness）或者特殊性（singularity）。商标的保护范围就决定于这种唯一性或者特殊性的程度。"而显著性就是这种销售力、唯一性的体现，与商誉密不可分。商标法是商标所有人导向的（trademark owner oriented），保护商标权人是商标法的第一要旨，这与商标法同时发挥了防止消费者混淆的功能并不矛盾。在这样的进路下，本书提出"显著性受到损害之虞"是侵害商标权的认定标准。显著性不是一个实体，不是一个客观的陈述，而是企业、商标与商品/服务之间的关系，它暗示了一个比较的框架。当我们表述一个商标是否具有显著性的时候，并不仅仅说的这个标志本身是否具有显著性，而是说这个标志和商品联系在一起是否具有显著性。把"显著性受到损害之虞"作为判定侵害商标权的标准的另一个理由是，它可以统合商标法的基础。按照"混淆标准"，其依据的主体是消费者；按照淡化标准，其依据的主体是商标所有人。这样，在商标法上就存在两个角度不同的判定侵权的参考系，其结果是造成商标法基础的混乱不一。

　　这种认识显然不是商标法学界的主流，甚至有可能被认为是误读了商标法原理。就此而言，本书的意义并不在于标榜这一结论的正确性，毋宁说，它为我们反思某些看起来已成定论的知识产权原理提供了机会。智识的追求总能带来内心的愉悦，即使它仅是知识增量；更何况……那么，多年之后，"如果你想起我，你会想起什么？"😊😊

　　本书是集体努力的结果，具体分工如下。

　　研究框架与设计：李雨峰；

　　引论：李雨峰、李仪；

　　第一章：张惠彬；

　　第二章：张体锐；

　　第三章：张惠彬、李东海；

　　第四章：倪朱亮、刘媛；

　　第五章：李雨峰、倪朱亮；

　　第六章：王淑君、刁青山。

目　　录

引　论 ·· 1

第一章　假冒之诉：商标保护的开端 ·· 24
　第一节　假冒之诉的起源 ··· 24
　第二节　假冒之诉的展开 ··· 45
　第三节　假冒之诉的基础 ··· 63
　第四节　假冒之诉与不正当竞争 ·· 73

第二章　混淆标准 ··· 78
　第一节　混淆标准的历史沿革 ··· 78
　第二节　混淆标准的逻辑前提：商标的识别功能 ···························· 95
　第三节　商标混淆的判定要素 ·· 101
　第四节　混淆标准面临的挑战 ·· 117

第三章　淡化标准 ·· 124
　第一节　淡化标准的历史发展 ·· 124
　第二节　淡化标准的逻辑前提：商标的财产化 ······························ 134
　第三节　淡化行为的类型 ··· 142
　第四节　淡化标准面临的质疑 ·· 145

第四章 商标使用标准 … 151
第一节 使用标准概说 … 151
第二节 不同语境下的商标使用 … 163
第三节 网络环境下的商标使用行为类型 … 166
第四节 商标使用标准的质疑 … 184

第五章 侵害商标权判定标准的重构 … 196
第一节 商标侵权标准的共同点：显著性的损害 … 196
第二节 显著性标准的确立 … 215
第三节 商标显著性的度量 … 228
第四节 商标显著性与保护范围的关系 … 232

第六章 侵害商标权行为的例外 … 235
第一节 合理性使用 … 235
第二节 商标共存 … 244
第三节 在先使用 … 262
第四节 商标权人同意 … 267

参考文献 … 269

引　　论

一、侵害商标权判定标准的规范意义

按照大陆法系国家的认识，一般侵权行为的要件包括加害行为、行为的违法性、行为人的故意或过失、行为人的责任能力、损害、所受侵害须为他人的权利以及行为与损害间的因果关系等要素。❶ 这一结构对侵害商标权行为的认定同样适用。❷ 在这一结构中，加害行为一般考量的是行为的意识之有无；行为的违法性主要讨论的是违法性阻却事由的问题；故意或过失考量的是加害人的注意力，在传统民法上一般将其分为重大过失、抽象轻过失、具体轻过失，是确立民事责任时的主要考量要素；❸ 行为人的责任能力指的是行为人判断自己行为结果及是非的能力；损害包括财产上损害和非财产上损害；而行为与损害间的因果关系则要加害

---

❶ 黄立．民法债编总论 [M]．北京：中国政法大学出版社，2002：242-243.
❷ 王泽鉴．侵权行为法（第一册）[M]．北京：中国政法大学出版社，2001：169.
❸ 张玉敏．侵害知识产权民事责任归责原则研究 [J]．法学论坛，2003（3）.

行为与损害间具有相当因果关系。就侵害商标权的行为而言，由于常见的纠纷发生在公司至少是商事主体之间，最具争议的是行为的违法性、损害以及因果关系。例如，甲公司未经许可擅自在自己的商品上使用了与乙公司在相同商品上已经注册的商标相同或者近似的标志，此时，该如何衡量甲的行为性质？通常的判断是，要衡量甲的行为是否给消费者造成了混淆（损害），这种混淆有无违法性事由之存在（乙是否曾经许可甲如此使用，甲的行为是否构成描述性使用），以及甲公司的行为和乙公司的损害之间具有相当关系（因果关系）。由于侵害商标权行为之构成的因果关系较之一般的侵权行为无根本区别，所以，本书有关侵害商标权判断标准的讨论主要集中在违法性事由的阻却及损害方面。

私法的损害包括财产损害和非财产损害，都是特定行为给权利人带来的不利益。损害赔偿的方法，以回复原状为原则，以金钱赔偿为例外。[1] 在商标法上，因特定行为给商标权人造成的损害主要表现为商标权人销售力的降低，这种销售力的降低使商标权人因特定行为人的介入丧失了竞争力。同时，由于商标法具有市场秩序法的属性，因此，在考量某特定行为给商标权人所带损害的时候，经常从市场的角度进行表述。如，按照通说，侵害商标权的判断标准是混淆。混淆显然指的是包括消费者在内的相关公众的混淆，正是这种混淆使商标权人丧失了部分消费者。因此，从相关公众角度而言的混淆，在商标权人的角度看，就是销售力的下降。与此类似，在我们看来，对他人驰名商标的淡化也引起了商标所有人销售力的降低。

将哪些行为界定为侵害商标权并不是一成不变的，它反映了国家对市场秩序的态度。国家一方面要保护私有财产，另一方面还要保证市场主体的行为自由。将某种行为界定为侵害商标权并予以制裁，固然保护了市场主体的私有权利，但也对行为人的自由进行了制约。因此，如何

---

[1] 曾世雄. 损害赔偿法原理 [M]. 北京：中国政法大学出版社，2001：146.

在商标权人和其他竞争者之间达成平衡，是判定侵害商标权行为时的政策考量。侵权认定标准的确立在很大程度上是衡量权利人与行为人利益并调和两种利益冲突的结果。亚里士多德认为，当利益在社会主体之间的正常配置状态被违法行为破坏时，行为人就应当作出赔偿；❶美国学者罗尔斯则阐述道，人们认定行为是否构成侵权的关键在于，利益在行为人与权利人之间配置得是否不合理从而有违公平。❷ J. 奥斯丁、H. 凯尔森等学者也提出过类似观点。❸

对于如何构建财产权（包括商标权在内）侵权行为的认定标准，美国法学界经过长期的论争，大致在如下方面形成了通说：第一，侵权行为的认定标准应能提供一种和平的机制去调整人与人之间的权利义务；第二，该标准应能对一些侵害权利人法益的行为产生威慑；第三，该标准能尽量地使受害人的权益回复到受侵害以前的状态，并对其提供补偿。❹ 在英国，理论界关于侵权认定标准的观点经历了一个发展变化的过程。传统观点认为立法者在设定侵权行为认定标准时，应以发挥侵权法的补偿、震慑和惩罚为价值圭臬。晚近，学者们对这一问题的观点开始出现分野。如英国学者琼斯（Jones）教授所指出："在过失责任领域，侵权法的震慑功能是最值得争论的，特别是其中的一种论调，即过失责任中合理人标准的运用有助于事故的预防的论调尤其经不起推敲"；布雷泽（Brazier）和墨菲（Murphy）教授则认为：从历史角度而言，当事人的合同义务通常是由协议确定的，而侵权法上的责任标准则是法律针对所有民众设定的，对犯罪的补救措施是国家对犯罪人施加刑罚，而对侵权的补救主要是判定赔偿责任。弗莱明（Fleming）教授认为："尽管侵

---

❶ [古希腊] 亚里士多德. 尼科马柯伦理学 [M]. 廖申白, 译. 北京：商务印书馆, 2003：136-138.

❷ [美] 约翰·博德利·罗尔斯. 正义论 [M]. 北京：中国社会科学出版社, 1988：1.

❸ DAVID G. OWEN. Philosophical Foundations of Tort Law [M]. Oxford: Clarendon Press, 1995：53.

❹ WINFIELD, JOLOWICZ. The Law of Tort [M]. London, 1971：25-36.

权法与刑法都起源于复仇与威慑的目的,但很早就分道扬镳并承担了各自不同的功能:犯罪是对作为社会公众代表的国家的冒犯,而国家则通过惩罚犯罪人以维护其利益。对犯罪进行控诉并不是为了对个人的损害予以补救,而是为了惩罚犯罪以保护社会整体利益。而另一方面,侵权责任的首要目的是要迫使不法行为人赔偿受害人的损失。"❶

就商标权保护的而言,立法者在确定侵害商标权行为的认定标准时,应当从以下角度考虑:

(一) 对权利人的有效激励

在新制度经济学视野中,有效的产权制度安排能为权利人进一步开发社会资源提供充分的激励。❷ 商标作为用来区别一个经营者的商品或服务和其他经营者的商品或服务的标记,应当作为重要的社会资源受到产权制度的保护,商标权保护规则由此应运而生。根据科斯定理,清晰的产权界限能为商标权的保护提供稳定的制度预期。❸ 而权利的最终实现依赖侵权行为法的保护。只有有效的救济,市场主体才愿意投入巨资设计、宣传自己的商标。否则,就会产生大量的搭便车现象。因此,侵害商标权行为认定标准的确立,是立法者明确商标权之产权界限的重要途径。从这个意义而言,侵权行为法是极富生命力的法律部门。商标法中的侵权认定规则把触角伸展到了社会生活的每一个角落,因此能够对社会中的每一种变化迅速地作出反应,再通过一定数量的积累而吸收到自身的理论体系中。这种自我更新、自我循环、自我反哺的功能使得侵权行为法可以不断地从社会实践中汲取养料,并保持旺盛的生命力。

---

❶ 孙莹.论侵权责任法与安全性规范的关系——以大规模侵权的预防为切入点[J].西南民族大学学报,2012(4).
❷ 卢现祥.新制度经济学[M].北京:北京大学出版社,2005:163.
❸ 卢现祥.法经济学[M].北京:北京大学出版社,2007:125.

(二) 对消费者权益的维护

在信息化与数字化的商事环境当中，经营者与消费者之间信息不对称（information asymmetry）的问题愈发突出。信息不对称理论是指在市场经济活动中，各类人员对有关信息的了解是有差异的；掌握信息比较充分的人员，往往处于比较有利的地位，而信息贫乏的人员，则处于比较不利的地位。该理论认为：市场中卖方比买方更了解有关商品的各种信息；掌握更多信息的一方可以通过向信息贫乏的一方传递可靠信息而在市场中获益；买卖双方中拥有信息较少的一方会努力从另一方获取信息；市场信号显示在一定程度上可以弥补信息不对称的问题。❶ 在信息不对称的条件下，消费者很难确知经营者的信用状况及其产品或者服务的基本信息（譬如质量、权利瑕疵等），这极容易产生"逆向选择"（adverse selection）与"道德风险"（moral hazard）等结果。❷ 消费者行为是动态的。这意味着，个体消费者、消费者群体和整个社会随着时间的推移都在不断地改革和发展。这一点对于消费者行为的分析研究和企业营销策略的制订也有着非常重要的意义，它提醒人们用动态的眼光来观察消费者的行为。尤其在当代社会中，整个社会的节奏越来越快，社会的变化越来越复杂，使得消费者行为也随着社会结构的变化而变得越来越复杂，消费者行为动态性的特点表现得日益明显。为解决信息不对称的问题，经济学家提出了加强网络建设、设计合理的契约以及加强政府政策引导等方面的对策。❸ 而在法学视野里，商标是消除信息不对称弊端的必要手段。混淆或假冒商标，实质上侵害了消费者的知情权，影响了其对产品或者服务判断的能力，这反过来也影响了商标所有人与消费者

---

❶ 廖勇，梁凡. 不对称信息条件下科技情报跨越式创新发展的思考与对策 [J]. 经济与社会发展，2010 (7).

❷ 陈建斌. 信息经济学 [M]. 北京：清华大学出版社，2010：131-134.

❸ 刘宝宏. 信息不对称条件下的消费者行为 [J]. 商业经济与管理，2007 (1).

之间的固有联系，降低了商标所有人的销售力，加剧了其相对于经营者的信息掌握弱势地位。

(三) 对不正当竞争行为的制止

根据我国《反不正当竞争法》第 5 条，侵害商标权行为构成了不正当竞争。"如果把专利法、商标法、版权法这些知识产权单行法比作冰山，那么反不正当竞争法就如冰山下使其赖以漂浮的海洋。"❶ 也就是说在法律的适用上，商标法没有规定或者管不到的内容一般由反不正当竞争法进行规制。反不正当竞争法在很大程度上就是为克服商标法权利救济上的缺陷，起到了"兜底"和补充作用。如果说商标法是以保护私权为首要目的，通过划定权利界限从权利内部对知识产权给予保护的话，反不正当竞争法就是从公共利益、市场经济秩序维护的角度，对权利人存在的外部空间给予保护。例如，我国《商标法》主要保护注册商标，未注册商标主要由《反不正当竞争法》等进行保护。❷ 因而，厘清商标侵权判定标准对商标所有人的保护以及维护健康的市场秩序意义重大。如果这一标准过低，固然有利于保护商标所有人，保护私有财产权，但对其他市场主体的行为自由造成影响。反过来，如何这一标准过高，会放纵一部分市场主体的搭便车行为，让没有付出劳动的市场主体擅自利用他人商标提供自己的商品或服务，构成了不当竞争，造成市场秩序的混乱。

就上述三者之间的关系而言，并不是平等的。商标法虽然发源于反不正当竞争法，并与消费者保护法在保护消费者利益上存在部分重合，但是就逻辑关系上，首先通过商标权人积极行使权利，禁止其他不正当竞争的行为，从而维护其商标权人之利益，最终惠泽消费者之利益。因

---

❶ 郑成思. 知识产权论 [M]. 北京：法律出版社，2003：265.
❷ 孔祥俊. 商标与不正当竞争法：原理和判例 [M]. 北京：法律出版社，2009：647.

此，保护消费者利益并不是商标法的直接目的与终极目的，保护商标权人的利益才是商标法的最终取向。

二、侵害商标权判定标准的研究综述

（一）国　　内

关于我国商标法上的侵权判定标准，在《商标法》2013年第三次修改之前曾有不同认识。我国2001年《商标法》第52条第（1）项规定，"未经商标注册人的许可，在同一种商品或者类似商品上使用与其注册商标相同或者近似的商标的，"构成对注册商标专用权的侵犯。据此，有学者认为，我国实际上采用的是"近似标准"。❶但这与TRIPS的要求不一致。TRIPS第16条第1款规定，"注册商标的所有人应有专有权来阻止所有第三方未经其同意在交易过程中对其已获注册商标的货物或服务相同或类似的货物或服务使用相同或类似的标记，如果这种使用可能会产生混淆。若对相同货物或服务使用了相同的标记，则应推定为存在混淆的可能。"依据这一国际条约的规定，我国多数学者认为，我国商标法律实践在认定商标侵权时应采用"混淆标准"。❷这一主张已经被修改后的商标法所采纳。2013年《商标法》第57条第（1）项规定，未经商标注册人的许可，在同一种商品上使用与其注册商标相同的商标的，构成对注册商标专用权的侵犯。第2项规定，未经商标注册人的许可，在同一种

---

❶ 张今，陆锡然. 认定商标侵权的标准是混淆还是商标近似 [J]. 中华商标，2008 (8).

❷ 参见张今，陆锡然. 认定商标侵权的标准是混淆还是商标近似 [J]. 中华商标，2008 (8). 彭学龙. 商标混淆行为类型与我国商标法律制度的完善 [J]. 法学，2008 (5). 邓宏光. 商标混淆理论之新发展 [J]. 电子知识产权，2007 (3). 彭学龙. 论混淆可能性：兼评我国商标法第三次修改草稿 [J]. 法律科学，2008 (1). 邓宏光. 商标侵权判断标准 [J]. 法商研究，2010 (1). 黄汇. 售前混淆之批判与售后混淆之证成：兼谈我国商标法第三次修改 [J]. 电子知识产权，2008 (6). 等等。

商品上使用与其注册商标近似的商标,或者在类似商品上使用与其注册商标相同或者近似的商标,容易导致混淆的,构成对注册商标专用权的侵犯。不独我国,学术界多数学者认为,外国商标法也采用的是混淆标准。❶ 但在实践中,混淆可能性并没有穷尽商标侵权的类型。为此,有学者从商标权所具有的积极权能和消极权能出发,认为凡构成对商标权能实质性损害的行为均构成侵权,而没有必要从混淆的角度考量。❷

混淆标准对驰名商标的保护存在不周延之处。驰名商标是在中国境内为社会公众广为知晓的商标,其具有价值大、显著性强、知名度高的特点。如果第三人擅自将他人注册的驰名商标用在相同或者近似的商品上,可以使用混淆标准来处理。但是,更常见的侵害驰名商标的行为是,第三人将其用在不相同或者不相类似的商品上,此时消费者并没有发生商品出处的混淆,但有可能给消费者造成一种错觉,认为商标所有人与行为人之间存在许可、赞助或者代理关系。基于此种判断,行为人抢走了驰名商标所有人的部分客户(此时消费者并未对于商品的出处发生混淆,而是对于彼此间的关系产生了误解)。该理论的依据被认为是美国著名商标专家斯凯特发表在《哈佛法律评论》上的文章。❸ 斯凯特虽然没有提出淡化的概念,但认为这类行为通过将商标用于非竞争性商品上,逐步蚕食和分散识别力,并使公众在心中淡忘该标志或者名称。之后美国

---

❶ 参见李明德. 美国知识产权法 [M]. 北京:法律出版社,2003:297-305. 彭学龙. 商标混淆类型分析与我国商标侵权制度的完善 [J]. 法学,2008(5). 邓宏光. 商标混淆理论的扩张 [J]. 电子知识产权,2007(7). 杜颖. 商标法混淆概念之流变 [M] //李扬. 知识产权法政策学论丛. 北京:中国社会科学出版社,2009:185-195. 曾陈明汝. 商标法原理 [M]. 北京:中国人民大学出版社,2003:95-96. 外文资料参见: W. Cornish, D. Llewelyn. Intellectual Property: Patents, Trademark and Allied Rights [M]. 6ed. London: Sweet & Maxwell Limited, 2007: 747-752. Rose D. Petty. Initial Interest Confusion versus Consumer Sovereignty [J]. TMP, 2008 (98): 762-766.

❷ 孔祥俊. 商标与不正当竞争法:原理和判例 [M]. 北京:法律出版社,2009: 319.

❸ Frank I. Schechter. The Rational Basis of Trademark Protection [J]. Harv. L. Rev., 1927 (40): 813-865.

各州纷纷立法并在司法中运用淡化理论对驰名商标提供保护。1996年1月16日,美国通过了意在统一各州立法的联邦商标淡化法。联邦商标淡化法除规定了淡化的概念、驰名商标的认定条件外,还规定了抗辩措施。按照联邦商标淡化法,比较广告、非商业性使用、任何新闻报道及评论都可构成对原告淡化之主张的抗辩。2006年10月6日,美国国会通过了对联邦商标淡化法的修正（*Trademark Dilution Revision Act of 2006*,TDRA）。TDRA的一个重要内容就是对造成淡化的两种形态,即模糊（blurring）和贬损（tarnishment）进行了界定。"因模糊造成的淡化"是指,因一项标志或商号与某驰名商标近似而产生了联系,该联系损害了驰名商标的识别性/显著性（distinctiveness）。在认定模糊造成的淡化时,法院可以考量下列因素:（1）标志或商号与驰名商标的近似度;（2）驰名商标固有的或获得的显著性的程度;（3）商标所有人实质上对标志进行排他性使用的范围;（4）驰名商标的被认可程度;（5）标志或商号的使用人是否打算与驰名商标之间创造一种联系;（6）标志或商号与驰名商标相模糊时,强调的是驰名商标识别性的降低;在认定驰名商标的贬损时,强调的是驰名商标声誉的降低。除此之外,TDRA还规定了淡化的抗辩措施:（1）任何合理使用。包括对某驰名商标的指示性或描述性使用,或者对这种使用的促进（facilitation）,只要不是将驰名商标作为某人商品或服务的来源指示;还包括允许消费者对商品或服务进行比较的广告或促销活动;❶ 以及对某驰名商标所有人或其商品/服务的鉴别、戏仿、批评或评论。（2）任何形式的新闻报道和新闻评论。（3）任何非商业性使用。尽管如此,美国对淡化理论仍存在诸多疑问,如著名的麦卡锡教授就对淡化的性质深表疑惑。❷

关于我国商标法对驰名商标跨类保护的规定（2001年《商标法》第

---

❶ Deere & Company v. MTD Products, Inc., 41 F.3d 39 (2d Cir. 1994).

❷ J. Thomas McCarthy. McCarthy on Trademarks and Unfair Competition [M]. Thomson Reuters, 2008, 24: 128.

13条第2款，2013年《商标法》第13条第3款）是否引用了淡化标准，学界存在不同的认识，否定者认为我国还没有引用淡化理论，❶而肯定论者从我国商标法与TRIPS的关系以及体系解释的方法，认定我国商标法已经采用了淡化理论。❷但在实践中，我国部分法院已经开始适用淡化理论对驰名商标提供保护。❸更重要的是，尽管围绕着商标法的规定存在解释上的争议，但最高人民法院2009年通过并实施的《关于审理涉及驰名商标保护的民事纠纷案件应用法律若干问题的解释》（以下简称《解释》）第9条在解释2001年《商标法》第13条第2款规定的"误导公众，致使该驰名商标注册人的利益可能受到损害"时指出，这种行为指的是减弱驰名商标的显著性，贬低驰名商标的市场声誉，或者不正当降低驰名商标的市场声誉。尽管对《解释》有批评的声音，❹但该解释正式确立了淡化理论应无争议。无论理论上存在哪些争鸣，但多数学者同意，对一般商标的保护适用"混淆标准"，对驰名商标的保护适用"淡化标准"。

（二）国　　外

国际上对商标侵权判定标准也没有形成统一的认识。美国的商标法理论把混淆作为商标侵权行为，不把淡化视为侵权，而是将之列为与商标侵权的并列行为。然而，对"淡化的性质是什么"存在不同认识。❺除此之外，在美国还有人提出了较有影响的商标使用理论，认为"使用"

---

❶ 参见杜颖. 商标淡化理论及其应用[J]. 法学研究，2007 (6). 邓宏光. 我国商标反淡化的现实与理想[J]. 电子知识产权，2007 (5).

❷ 杨柳，郑友德. 从美国Moseley案看商标淡化的界定[J]. 知识产权，2005 (1).

❸ 李友根. 淡化理论在商标案件裁判中的影响分析[J]. 法商研究，2008 (3).

❹ 邓宏光. 我国驰名商标反淡化制度应当缓行[J]. 法学，2010 (2).

❺ J. Thomas McCarthy. McCarthy on Trademarks and Unfair Competition [M]. Vol. 4, Thomson Reuters, 2008, 24: 28.

是判断商标侵权的标准。❶ 这一标准是针对互联网环境下的商标权纠纷，如搜索引擎服务商销售关键词的行为、弹出式广告行为等而提出的。在这种进路看来，只有那些属于商标使用的行为才构成对商标权的侵害，非商标使用（non-trademark use）行为不构成商标侵权。其理由主要包括：其一，在普通法历史上，法庭明确地把使用作为判定侵害商标权的标准，❷ 尽管法庭没有使用"商标使用"这个词。现代法院通过"商标使用"这一理论进行裁判，无非是重复了成文法和相关判例法的一个表述。❸ 其二，"商标使用"体现在美国的成文法中。美国1946年《兰哈姆法》第32条第（1）款要求对那些将他人的注册商标商业性用于商品和服务的销售、许诺销售、分销或者广告并导致消费者混淆的行为人科以责任；第43条第（a）款对那些将他人的未注册标志商业性用于商品、服务或者商品容器上并导致消费者混淆的行为人科以责任。按此，若要行为人承担侵权责任，必须同时具备两个要件，一是被告必须将涉案标志用于销售的商品或者服务上；二是被告的行为必须是商业性的。❹ 除此之外，《兰哈姆法》第45条还明确对"商业性使用"进行了界定，这说明，如果被告将一个标志（use as a mark）用于商品或者服务上，就构成

---

❶ See Margreth Barret. Internet Trademark Suits and the Demise of "Trademark use" [J]. U. C. Divis L. Rev., 2006 (39): 371. Stacey L. Dogan, Mark A. Lemley. Trademark Use and Consumer Search Costs on the Internet [J]. Hous. L. Rev., 2004 (41): 603. Stacey L. Dogan, Mark A. Lemley. Grounding Trademark Law Through Trademark Use [J]. Iowa L. Rev., 2007 (92): 1669. 尽管此前，欧洲的一些学者也讨论了"商标使用"，但似乎并没有就"商标使用"的前提、逻辑基础、规范目标等进行系统化探讨，因此，很难说形成了商标使用理论。See Jeremy Philips, Ilanan Simon (ed.). Trademark Use [M]. London: Oxford University Press, 2004.

❷ Felix the Cat Prods V. New Line Cinema Corp., 54 U. S. P. Q. 2d 1856, 1858 (C. D. Cal. 2000), cited by Stacey L. Dogan, Mark A. Lemley. A Search-Costs Theory of Limiting Doctrines In Trademark Law [M] //Graeme B. Dinwoodie, Mark D. Janis (eds.), Trademark Law and Theory: A Handbook of Contemporary Research, Northampton: Edward Elgar Publishing, 2008: 78.

❸ Margreth Barret. Internet Trademark Suits and the Demise of "Trademark use" [J]. U. C. Divis L. Rev., 2006 (39): 376-387.

❹ Margreth Barret. Internet Trademark Suits and the Demise of "Trademark use" [J]. U. C. Divis L. Rev., 2006 (39): 383.

了"商标使用",应该构成侵权。与此相应,如果被告自己没有在商业上使用一个标志,则只有他在故意引诱他人如此使用时才承担责任。❶ 其三,商标使用理论与商标法的最终目的非常吻合。在法律经济学看来,保护商标的最终目的在于促进竞争。因此,商标法只禁止那些引起消费者混淆的行为,借此降低了消费者的搜索成本,促进了市场效率,并使生产商收回投资。❷ 按此,只有那些把他人的商标用于推销自己产品或者服务的经营者才有可能干扰消费者的认知能力,并增加了消费者的搜索成本。而那些第三人的非商标使用行为不仅不会增加消费者的搜索成本,还会增加有关的信息。在此基础上,商标使用倡导者们指出,尽管商标使用理论的讨论起源于网络环境之下,但它同样适用于整个商标法。在商标使用论者看来,这一原理在维护商标法的统一性方面发挥着重要作用。尽管商标使用标准不排除传统的"混淆的可能性"这一标准,但商标使用标准是商标法上既有中心的重申,它应当为混淆的可能性这一标准提供一个应然界限。❸ 与此同时,我国的知识产权学界,也有学者对商标使用问题进行了探讨,并形成了一些优秀的成果。❹ 但我国的学者对商标使用标准讨论的背景与美国学者相差甚远。我国商标法实行注册取得原则,由此就产生了某些经营者依赖法律程序进行注册但不使用并囤积商标的现象。为对注册取得原则进行矫正,学者们开始诉诸商标使用理论。在加拿大,法院在最近的两个涉及驰名商标的案件中,明确宣布仅

---

❶ See Stacey L. Dogan, Mark A. Lemley. A Search-Cost Theory of Limiting Doctrines in Trademark Law [M] // Graeme B. Dinwoodie, Mark D. Janis (eds.), Trademark Law and Theory: A Handbook of Contemporary Research, Northampton: Edward Elgar Publishing, 2008.

❷ William M. Landes, Richard A. Posner. Trademark Law: An Economic Perspective [J]. J. L. & Eco., 1987 (30): 265.

❸ Stacey L. Dogan, Mark A. Lemley. Grounding Trademark Law Through Trademark Use [J]. Iowa L. Rev., 2007 (92): 1699.

❹ 参见文学. 商标使用与商标保护研究 [M]. 北京:法律出版社,2008. 刘春霖. 论网络环境下的商标使用行为 [J]. 现代法学, 2008 (6). 等等。

适用混淆标准。❶ 在欧洲，比荷卢国家提出了联想理论，而德国和法国更常用传统的反不正当竞争法对驰名商标提供保护。❷

（三）简　评

既有的关于侵害商标权判定标准的立法与研究为商标司法实践提供了具有指导性的思考模式。若带着反思性、批判性的眼光来看，目前的侵害商标权判定标准的研究至少在理论上存在一定的不足。

"混淆标准"的着眼点是消费者，认为商标法的最终目标是保护消费者。进而，随着技术与市场规模的发展，有些行为并没有造成消费者的实际混淆，基于价值衡量、政治力量的对比等，美国的法院仍然判定这些行为侵权。为在理论上保留"混淆标准"，就产生了混淆这一概念的扩张，❸ 从而破坏了法律的确定性。另外，与"混淆标准"不同，"淡化标准"的着眼点是驰名商标所有人，认为淡化驰名商标本身的行为应予制止。在"经营者—商品/服务—消费者"的链条上，"混淆标准"与"淡化标准"关注的焦点正好相反，其结果不仅导致在一般商标和驰名商标保护制度上的差异，还造成了商标法基础的混乱。

将混淆界定为侵害商标权的判定标准预设了商标法的消费者中心主义。然而，这一进路模糊了商标法和消费者权益保护法的界限。从法理学上看，各个部门法的划分标准是法律关系的属性、法律关系的调整方

---

❶ Catherine Ng. A Common Law of Identity Signs [J]. Intelletual Property Journal, 2007 (20): 177.

❷ W. R. Cornish. Intelletual Property: Patents, Copyright, Trademark, and Allied Rights [M]. London, Sweet & Maxwell, 2003.

❸ 关于混淆概念扩张的情况，参见孔祥俊. 商标与反不正当竞争法：原理和判例 [M]. 北京：法律出版社，2009：260-271. 彭学龙. 商标混淆类型分析与我国商标侵权制度的完善 [J]. 法学，2008（5）. Rose D. Petty. Initial Interest Confusion versus Consumer Sovereignty [J]. TMR, 2008（98）：762-766. 邓宏光. 商标混淆理论的扩张 [J]. 电子知识产权，2007（7）. 杜颖. 商标法混淆概念之流变 [M] // 李扬. 知识产权法政策学论丛. 北京：中国社会科学出版社，2009：185-195. 等等。

法、保护的对象等要素。按此,保护消费者不是商标法的任务,而是消费者权益保护法的焦点。仔细阅读消费者权益保护法,就会发现,整部消费者权益保护法都是围绕着如何让消费者获得足够的商品信息和合格的商品来构建的。从经济学上看,消费者和经营者之间的交易只要满足自愿要求,就可以实现效率的最大化。❶ 但交易主体之间,特别是在市场上占主导地位的主体往往会隐瞒有关信息,使古典经济学的市场模型遭受扭曲。这时,政府监管遂成必要。消费者权益保护法在很大程度上是国家监管市场的结果。❷ 按照英美国家的诉讼救济模式,消费者因经营者造成的损失本应交由法院处理(维权者支付费用),但有关的经济学者通过模型说明,在法律不完备的前提下,如果侵权行为容易类型化,而且受害人范围广泛,通过诉讼救济成本过高(负外部性大),这时监管(行政保护)就是有效率的。❸ 在这个意义上,消费者权益保护法更多体现的是行政保护。商标法则不同,他人擅自使用了商标权人的标志从中渔利,受害人是商标权人,消费者在很多情况下根本没有受害(想想知假买假),❹ 这时商标权人通过诉讼方式维护自己的权利就更为可取。商标法应以商标权人为中心。商标法的目的是保护诚信的经营者不受他人非法地抢占生意,维护商业道德。从历史上看,法院在裁判侵害商标权案件时,之所以关注消费者混淆,是因为导致消费者混淆是抢占他人生意的特别有效的方式。❺

---

❶ 亚当·斯密. 国民财富的性质和原因的研究(上)[M]. 郭大力,王亚楠,译. 北京:商务印书馆,2003:15-16.

❷ 有学者把这一现象称为"监管型政府的崛起",参见 Edward L. Glaeser, Andrei Shleifer. The Rise of the Regulatory State [Z] Harvard Institute of Economic Research, Working Papers, 1934.

❸ 许成钢,卡塔琳娜·皮斯托. 不完备法律:一种概念性分析框架及其在金融市场监管发展中的应用 [M] //吴敬琏. 比较(第3辑),北京:中信出版社,2002.

❹ 经济学家张五常就认为,假货给消费者造成混淆的可能性非常小,原因在于,市场会给消费者以保护。参见张五常. 打假货是蠢行为吗?[EB/OL].[2009-12-10]. http://blog.ifeng.com/article/3514951.html.

❺ Mark P. McKenna. The Normative Foundation of Trademark Law [J]. TMR, 2007 (97):1133.

按照"混淆标准",作为一般消费者的公众是主要的判断主体。在判断是否造成消费者混淆时,采用取样调查的办法最为科学。但在司法实践中,更常见的是,由"法官根据具体情况和自己的经验,通过比较冲突的商标及其使用的情况,认定混淆可能性。"❶ 因此,有时消费者并没有混淆商品或者服务的来源,法官却在判决中认定了混淆。如此,"混淆标准"预设的消费者中心主义发生了偏离。更重要的是,商标所有人因有了现代技术帮助,开始监视、捕获消费者的活动。现代企业通过提供折扣卡、消费记录、积分卡等记录系统,分析消费群体,在不同的消费者之间进行区隔,从而达成一种持续和普遍的监视。这样,每个消费者的周围都存在无须部队和物质约束的凝视,以致构成了福柯所谓的规训社会。❷ 个体被纪律征服,品牌伴随着时间维度进入消费者的身体。商标借助现代传媒的宣传与推动,经由时间的演变,对消费者的消费习惯进行了构建,使消费在很多情况下成为无意识的实践。这种无意识隐去了时间维度,使消费者的活动成为一种消费习性。如此,消费习性忘却了商标的统治关系,忘却了商标的符号暴力实质。一如布迪厄所说,"符号暴力是建立在集体期望或社会性地灌输的信仰之上的强取服从的暴力,它没有被如此理解。""符号暴力的作用之一是统治关系的变形并从属于情感关系,权力转变为个人魅力,或者转变为适于唤起情感吸引的魅力。"❸ 这样,商标通过现代技术控制了消费活动,相应地,消费者也忽略了商标的符号暴力日渐依赖品牌。如此,理性的消费者消失了。在此意义上,消费者根本无法客观地判定某种行为是否导致了混淆。

此外,混淆标准体系的不确定性亦是重要因素。我国 2013 年《商标

---

❶ 孔祥俊. 商标与反不正当竞争法:原理和判例 [M]. 北京:法律出版社,2009:278.

❷ Michel Foucault. Power/Knowledge [M]. Colin Gordon (ed.), New York: Pantheon Books, 1980:155.

❸ 布迪厄,华康德. 实践与反思:反思社会学导引 [M]. 李猛,李康,译. 北京:中央编译出版社,1998:102-103.

法》第52条第（2）项规定，"未经商标注册人的许可，在同一种商品上使用与其注册商标近似的商标，或者在类似商品上使用与其注册商标相同或近似的商标，容易导致混淆的，"构成侵犯商标专用权。依字面含义解释法规之原则，该项所指侵权需同时满足相似性（包含相同性）要件与混淆性要见；但是内在逻辑关系上，两者是何种逻辑关系，我们并不能直接得出结论。相比较2001年《商标法》在侵犯商标注册权方面之规定，2001年《商标法》并没有"容易导致混淆"之要件；但是此后十余载，司法实践逐渐建立了混淆之判定标准，引入"混淆之虞"要件。鉴于此，2013年《商标法》只是将我国商标司法实践中的"混淆之虞"要件在法律位阶上进行升格，使之成为独立的判定侵权内容。就司法解释而言，最高人民法院《关于审理商标民事纠纷案件适用法律若干问题的解释》第9条将"易使相关公众对商品的来源产生误认或者认为其来源与原告注册商标的商品有特定的联系"，作为2001年《商标法》第52条第（1）项规定的商标近似的内容。据此，有的学者认为商标法意义上的商标近似，是一种"混淆性近似"。依此逻辑解读2013年《商标法》第57条第（2）项，后段内容便存在冗赘之嫌。因为既然司法解释将混淆内化于商标近似，即商标近似的内定之意便有商品/服务来源混淆或者存在关联关系，那么再加"容易导致"似乎只是为了点明商标侵权判断标准是以"混淆之虞"而已，而事实上的"混淆"要件已经在商标近似上得以满足。但是如果仅就作此解读，或许极大降低了修法之本意。要想理解并遵循某个立法中的命令，也许无须"进入"立法者的心智。然而，也许有必要想象一下对该法作其他解释的后果；并且在考虑了这所有的因素之后，那些后果更好的解释也许仅仅因为其后果更好就成了"正确的"解释。❶为满足法律条文构成要件的完整性，将2013年《商标法》第57条第（2）项作与上述相反的解读，即新法中相似并不包含"混淆

---

❶ 理查德·A. 波斯纳. 法理学问题 [M]. 北京：中国政法大学出版社，2002：132-133.

之虞"。那么"导致混淆"就成了商标相似的充分条件；能否作为充要条件，还须个案而定。

把商标使用作为侵害商标权的认定标准存在下列问题。第一，"使用"这一术语在获得商标权、维护商标权、确定商标权的范围方面等都具有不同的含义。尽管在认定侵害商标权的时候，也涉及"使用"，但这一"使用"与作为商标权获权条件的"使用"，意义并不完全覆盖。如果将两个不同性质的"使用"统合在商标使用这一标准之下，就会产生在一个理论框架中，同一个术语有不同内涵的结果。❶ 第二，"商标使用"的理论基础是商标法应为消费者提供更多的消息，更多的信息可以提高社会的福利，并降低消费者的搜索成本。在这个理解框架之下，互联网环境下的广告词销售服务就是非商标使用，因为这一服务给消费者提供了更多的与消费者搜索有关的其他经营者的信息。然而，过多的信息并不会降低消费者的搜索成本，反而会增加消费者的负担。最近的一项研究表明，过多的信息对于消费者而言，必须面临着挑选与质量的问题，这反而会增加消费者的搜索成本。❷ 事实上，在商品或者服务市场上，消费者需要的是有价值的信息，而不是简单的、多的信息。"较多的信息，有时只是多而已。实际上，它反而是少。"❸ 对于消费者而言，我们应当提供的是能够保证其真正选择和消费者自主的信息。❹ 第三，商标使用倡导者试图在"获得商标权"和"侵害商标权"之间建立一种对应关系，将"获得商标权"的"使用"移植到"侵害商标权"的认定中，

---

❶ Graeme B. Dinwoodie, Mark D. Janis. Use, Intent to Use and Registration in the USA [M] // Jeremy Philips, Ilanan Simon (ed.). Trademark Use, London: Oxford University Press, 2004: 326.

❷ Frank Pasquale. Copyright in an Era of Information Overload: Toward the Privileging of Categorizer [J]. Vand., L. Rev., 2007 (60): 135.

❸ Graeme B. Dinwoodie, Mark D. Janis. Confusion Over Use: Contextualism in the Trademark Law [J]. TMR, 2008 (98): 1121-1122.

❹ Graeme B. Dinwoodie, Mark D. Janis. Confusion Over Use: Contextualism in the Trademark Law [J]. TMR, 2008 (98): 1121-1122.

并进而主张商标使用标准为侵害商标权的认定提供了一种确定性。❶ 有学者通过梳理有关的判例指出，尽管美国有的法院在判例时使用了"商标使用"这一术语，但它们无非是在具体情况下综合考量各种因素证明"混淆的可能性"的结果。在此基础上，该学者提出了"语境论"路径，认为商标法的目的并不是单一降低消费者的搜索成本这一目标；相反，商标法具有促进自我认同、政治言论自由、有效组织信息、产品比较等功能。"语境论"要求法院在具体情况下，考量商标法的各种竞争性目标，然后作出一个选择，而没有必要追求形式主义的逻辑统一。❷ 第四，在现代传播技术的影响下，如果过度扩大"使用"的内涵，还会引起商标本身的异化。传统的商标使用指的是将标示附着于商品之上或者与此密切的活动，如在商业信函中的使用。现代传媒兴起之后，在广告中进行宣传也是商标的使用。如此，商标与广告密切勾连。❸ "商标因了广告宣传，便不再仅仅是商品或者企业的标记。它成了我们这个消费者社会的消费文化的中心环节。"❹ 如此，商标变成了一个过度依赖传播的符号。无论是国家工商行政管理总局颁布的《驰名商标认定和保护规定》，还是最高人民法院通过的《关于审理涉及驰名商标保护的民事纠纷案件应用法律若干问题的解释》，都把企业在商标宣传上付出的时间、程度和方式作为认定的一个重要因素。慢慢地，商标变成了一个活期存单，只要经营者注入越多的广告资金，经营者的收益就大，其禁止其他人利用的范

---

❶ Stacey L. Dogan, Mark A. Lemley. Trademark Use and Consumer Search Costs on the Internet [J]. Hous. L. Rev., 2004 (41)：805.

❷ Graeme B. Dinwoodie, Mark D. Janis. Confusion Over Use：Contextualism in the Trademark Law [J]. TMR, 2008 (98)：1150-1151.

❸ 一如冯象所说，商标对于广告的重要意义在于，凭借商标的私有垄断形状，广告宣传得以吸引巨额资本。若无商标而宣传一件产品（如围巾），不啻替所有花色品质类似的围巾做了免费宣传；因而除非是独一无二的产品，不然就不会大做广告。参见冯象. 生活中的美好事物永存不移 [M] //冯象. 木腿正义. 北京：北京大学出版社，2007：62.

❹ 冯象. 生活中的美好事物永存不移 [M] //冯象. 木腿正义. 北京：北京大学出版社，2007：63.

围就大。这样，生产商改进商品或者服务质量的激励减退了。第五，在我们看来，商标使用尽管有其合理之处，但其体现的是一个过程，与商标权本身并不等同。更何况，并不是所有的对商标的使用都可以产生商标权，因此，在我们看来，商标使用标准在逻辑上最重要的问题在于，它没有从权利本身受到侵害这一视野下讨论侵害商标权的认定标准。

三、本书的研究进路和框架

最初，商标和企业的售后服务一样是一种竞争手段，后来基于意识观念的变化以及社会的需要，市场主体基于商标这种竞争手段而产生的利益上升为权利后，即受专门法（商标法）的调整。尽管商标法仍具有竞争法、秩序法的性格，但其着眼点已和竞争法有所不同。商标法着眼点在于从正面给商标所有人确权，提供权利保护和权利救济；而竞争法的着眼点在于规制行为、结构或状态。在这个意义上，通过商标法保护商标，和通过一般竞争法保护商标又存在诸多差异。由于存在既有的保护商标的专门法，因此，在适用法律保护商标时，商标法应当优先于竞争法。与此相应，对商标的保护，应当从商标权这一"权利"角度来理解。对侵害商标权的认定标准，应当按照权利本身受到损害或者有损害之虞来界定。

从商标权本身的性质讨论侵害商标权的认定标准这一认识并不新鲜，孔祥俊先生在其2009年出版的一本著作中着重提出，我国在认定商标侵权行为时应当依据商标的固有权利，从商标的功能入手，认为商标的基本功能对商标侵权的认定具有基础作用。在此基础上，孔先生将侵害商标权的行为划分为直接妨碍商标功能的侵权行为和延伸的商标侵权行为。❶

---

❶ 孔祥俊. 商标与反不正当竞争法：原理和判例 [M]. 北京：法律出版社，2009：310-312，170-171.

我们这里提出的侵害商标权的认定标准，着眼于商标的本质，即显著性，认为"显著性受到损害之虞"是侵害商标权的判定标准。"现代商标的价值依赖于其销售力（selling power），决定销售力的就是商标的唯一性（uniqueness）或者特殊性（singularity）。商标的保护范围就决定于这种唯一性或者特殊性的程度。"❶ 而显著性就是这种销售力、唯一性的体现，与商誉密不可分。我们认为，从商标的本质来确定商标保护标准的思路仍然具有启发意义。尽管有的学者已经从显著性方面讨论了商标法的保护基础，但其主旨没有集中于商标权人。❷ 与此不同，笔者认为商标法是商标所有人主义的（trademark owner oriented），保护商标权人是商标法的第一要旨，这与商标法同时发挥了防止消费者混淆的功能并不矛盾。在这样的进路下，我们提出"显著性受到损害之虞"是侵害商标权的认定标准。显著性不是一个本体，不是一个客观的陈述，而是企业、商标与商品/服务之间的关系。当我们表述一个商标是否具有显著性的时候，并不仅仅说的这个标示本身是否具有显著性，而是说这个标示和商品联系在一起是否具有显著性。因此，"苹果"这个词不具有显著性，但当它用于电脑或者手机上时就在同类商品中具有了显著性。显著性暗含了一个比较的框架，是和其他企业生产的产品或者服务对比而言的。另外，显著性又表明了商标与企业的关系，它指示了商品的来源（企业），并区别了同类产品或者服务（商品）。在这个意义上，简单地认定某个标示是臆造的、任意的，从而认定其有无区别能力是武断的。

把"显著性受到损害之虞"作为判定侵害商标权的标准的另一个理由是，它可以统合商标法的基础。按照"混淆标准"，其依据的主体是消

---

❶ Frank I. Schechter. The Rational Basis of Trademark Protection [J]. Harv. L. Rev., 1927 (40): 813-865.

❷ 参见邓宏光. 商标法的理论基础 [M]. 北京：法律出版社，2008. 该书作者认为，商标法的第一立法宗旨是"维护消费者利益"。在我们看来，这样的认识就偏离了显著性。因为，显著性是指向商标的，是以商标权人为导向的。

费者；按照淡化标准，其依据的主体是商标所有人。这样，在商标法上就存在两个角度不同的判定侵权的参考系，其结果是造成商标法基础的混乱不一。更重要的是，在认定商标的混淆时，按照 TRIPS 第 16 条第 1 款的规定，若对相同商品或者服务使用了与他人相同的标志，则推定存在混淆的可能。并以此为基础，认定构成了对商标权的侵害。这种武断的认识忽略了一种现实生活中常见的一种情况，有时尽管行为人在相同商品或者服务上使用了与注册商标相同的标志，但消费者并没有造成混淆，如行为人在价格、产地等方面明示，消费者根本不可能混淆。知假买假就是这种情况。例如，在我国南方某市的港口市场上，英纳格手表售价 200 元，一般的消费者显然不可能把其当作瑞士生产的手表。❶ 但这种行为仍然应当认定为侵权，理由就是，英纳格这个商标的显著性降低了。在这个意义上，我们认为，行为的性质与行为人是否与商标所有人之间存在竞争关系并无必然联系，重要的是后果。

把"显著性受到损害之虞"作为判定侵害商标权的标准预示了救济模式的转变。在以混淆为侵权认定标准的前提下，考量的是消费者，把消费者当作受害人。按此逻辑，行政保护就是应有之义。在前段时间关于修改商标法的讨论中，诸多的呼声是减少行政救济。这类呼声的主要理由是，商标局是国家机关，靠纳税人的税收维持运转；如果过多的采纳行政救济，就会得出用纳税人的钱帮助商标权人维权的结论。细思量，这样的分析并不成立。如果防止给消费者造成混淆作为判定侵害商标权的标准，其结论显然是商标法的消费者主义。众多消费者的利益显然可以构成公共利益。❷ 为什么不能行政保护？经济学家许成钢

---

❶ 经济学家张五常就认为，假货给消费者造成混淆的可能性就非常小，原因在于，市场会给消费者以保护。参见张五常. 打假货是蠢行为吗？[EB/OL]. [2009-12-10]. http://blog.ifeng.com/article/3514951.html. 也正是在这个意义上，日本学者田村善之才指出，市场和法律之间在保护民事主体权益方面的竞争性。参见田村善之. 知的财產法［M］. 东京：有斐阁，2003：9-13.

❷ 关于公共利益的构成与判断，参见陈新民. 德国公法学基础理论（上）［M］. 济南：山东人民出版社，2001：第 5 章.

和卡塔琳娜·皮斯托认为，由于法律是内在不完备的，仅仅依靠法院阻吓违法的被动式执法有时是次优的，必须通过其他的立法和执法方式进行矫正。他们得出通过模型得出结论，在损害行为标准化程度高，而且预期损害的外部性大时，采纳主动的监管者执法模式就是最优的。❶ 行政保护就是监管的一种方式。因此，如果以消费者混淆作为侵害商标权的认定标准，行政保护就是有效率的。与此相反，我们认为，侵害商标权的判定标准是"显著性受到损害之虞"，这时法官就可不以消费者为考量的标准，而径行判定行为人的行为是否降低了商标所有人商标的显著性。如果一个行为降低了商标的显著性，他应当向商标权人赔偿；如果该行为同时还给消费者造成了混淆，使消费者蒙受损失，则消费者可以通过向有关部门投诉或者通过起诉获得救济。

就一般商标而言，已有的研究表明，并非所有的直接侵害商标权的行为都以混淆为前提。❷ 就驰名商标而言，不仅是源自具有竞争关系的经营者的淡化行为构成了对驰名商标的侵害，在我们看来，即使是某些个人性质的使用，如果降低了商标的显著性，同样有被认定为侵权的可能。将"显著性受到损害之虞"作为侵害商标权的认定标准并不意味着扩大了商标权的保护范围。例如，在诸如贴牌加工那样的行为中，我们就认为由于商标与商品之间的联系没有被切断，显著性就没有减低，商标所代表的商誉没有被窃取。因此，把"显著性受到损害之虞"作为认定侵害商标权的标准，是基于商标法以商标所有人为中心，对侵害商标权的行为进行的一次概括和重组，与商标权保护范围的扩大与缩小没有必然联系。

事实上，本书提出的"显著性受到损害之虞"这一标准并不意味着混淆标准和淡化标准是错误的，"显著性受到损害之虞"标准与既有的

---

❶ 许成钢，卡塔琳娜·皮斯托. 不完备法律：一种概念性分析框架及其在金融市场监管发展中的应用 [M] //吴敬琏. 比较（第3辑）. 北京：中信出版社，2002.

❷ 孔祥俊. 商标与反不正当竞争法：原理和判例 [M]. 北京：法律出版社，2009：第9章.

"混淆标准""淡化标准",哪怕是商标使用标准并不矛盾,反而相容。如果承认商标的本质是显著性,承认其体现着商标所有人的销售力和商誉,那么他人擅自使用商标所有人商标造成混淆的行为、构成淡化的行为,以及商标性使用行为没有降低这种销售力吗?应当说,混淆、淡化、商标使用行为都是显著性受到损害的具体表现。所以,我们认为"显著性受到损害之虞"这一标准是上述三种标准的公约数。在司法实践中,当考量商标的显著性时,既考虑标志本身的显著性,又考量它所适用的商品或服务。显著性高的商标,其销售力强,保护范围较大;显著性低的商标,其销售力弱,保护范围较小。这样的思路与目前认定消费者混淆以及淡化的考量要素非常一致。将"显著性受到损害之虞"作为侵害商标权的判断标准在理论上具有自洽性,在实践中不会造成混乱,有其现实意义。

按照此思路,本书先梳理了商标权保护的起源——假冒之诉,之后分别对混淆标准、淡化标准以及商标使用标准进行了讨论,分析了其与显著性的关联,总结了显著性标准的内涵与意义,最后对那些虽然损害了显著性但具有违法性之阻却事由的行为类型进行了讨论与总结。

第一章

假冒之诉：商标保护的开端

第一节 假冒之诉的起源

一、作为工具的商标

商标的历史源远流长。《创世纪》中记录了标志的描述，该隐（Cain）种田，亚伯牧羊，上帝接受亚伯的贡物而不选该隐的贡物，该隐发怒而杀亚伯。于是上帝将该隐从定居地赶走。该隐害怕在流离飘荡中被人杀害，因此上帝给他身上留下记号以保护他，并说凡杀该隐的必遭报七倍。在史前时代，古代的埃及、希腊、罗马等地出土的陶器、砖瓦、动物的蹄角上发现刻有各种标记，人类在那时已经使用标记表示"我的东西。到了黑暗时期，除少数的刀刃或其他武器还使用标记外，标记几乎绝迹。其原因一直是个谜，困惑着商标史学家。❶尽管学者们对商标的缘起、早期商标与现代商标之间的传承发展关系有所分歧，但大都认可中世纪是商标发展的黄金时代。❷自中世纪起，❸欧洲的社会环境产生了巨变，封建制度逐渐瓦解，自由城市不断兴起。❹获得自主权的城市，商品经济得到了较大的发展。政府和行会为了维持产业与商业的交易秩序而建立各种管理制度，商标就是其中之一。

所有权标记（Proprietary Marks），指凡印有某一特定标记的牲口、工具、货物都是属于所有权人的，他人不得有非分之想。如遗失或被盗，所有权人可以依据标记请求返还。❺斯凯特（Schechter）指出，中世纪商标的法律意义并非是在于表彰或者识别商品来源，而是仅仅作为证明商

---

❶ Gerald Ruston. On the Origin of Trademarks [J]. Trademark Rep, 1955 (45): 127-144.

❷ Sidney A. Diamond. The Historical Development of Trademarks [J]. Trademark Rep, 1983 (73): 222-247.

❸ 中世纪（Middle Ages）（约公元 476—1453 年），是欧洲历史上的一个时代（主要是西欧），自西罗马帝国灭亡（476 年）到东罗马帝国灭亡（1453 年）的这段时期。另有说法认为中世纪结束于文艺复兴时期。"中世纪"一词是 15 世纪后期的人文主义者开始使用的。这个时期的欧洲没有一个强有力的政权来统治。封建割据带来频繁的战争，造成科技和生产力发展停滞，人民生活在毫无希望的痛苦中，所以中世纪或者中世纪早期在欧美普遍被称作"黑暗时代"，传统上认为这是欧洲文明史上发展比较缓慢的时期。参见布莱恩·蒂尔尼，西德尼·佩因特. 西欧中世纪史 [M]. 袁传伟, 译. 北京: 北京大学出版社, 2011.

❹ 在城市兴起之前，西欧的土地已为教俗封建主所瓜分。城市多兴起在封建主的领地上，因而受到领主的盘剥。城市必须向领主交纳实物和货币，服劳役或军役，还要交纳各种苛捐杂税。因此城市在兴起以后采取各种形式（公开的或隐蔽的）、各种手段（暴力的或赎买的）与领主进行斗争，有的城市取得某种程度的自由与特权，成为"自由城市"。一部分自由城市又取得选举市政官员、市长和设立城市法庭的权利，因而成为"自治城市"。城市的自由和自治的取得，一般都以从领主和国王处取得特权证书作保证。这种证书一般赋予城市以人身自由和司法审判等特权。有关中世纪城市的兴起，可参见亨利·皮雷纳. 中世纪的城市 [M]. 陈国樑, 译. 北京: 商务印书馆, 2006.

❺ Sidney A. Diamond. The Historical Development of Trademarks [J]. Trademark Rep, 1983 (73): 222-247.

品所有权归属的证据。❶ 例如，在爱德华三世（1327—1376年）期间，英国法律规定：船舶遭遇意外而货物被冲上海滩且没有一个幸存者的情况下，失事的船舶（Wreck）以及货物是属于国王（国家）的。除非，能够通过货物上的标志辨认出所有权人，所有权人可以通过普通法院请求返还财产。1353年，英国政府为了推动航海运输，更好地维护商人的利益，以立法形式规定商人的货物在运输途中出现了上述意外，可以通过货品上的标记提出返还财产的要求，而不用到法院去提起诉讼。该法案的内容如下：❷

我们将允许任何人，如果他的货物在海上或者在我们领土范围内被盗了，可以通过货物上的标记、单证（Chart）或者海关印章（Cocket），证明他对这些货物拥有所有权。那么他不用通过普通法诉讼，这些货物都应该返还给他；如果船只在我们的海域范围内，遭遇暴风雨或其他天灾而搁浅，船上的货物被冲到了海滩。货物的所有人可以在提供上述三种证据的前提下，要求拿回这些货物。

当时，负责处理这类财产请求的是海事法院（Court of Admiralty）。海事法院起源于经营海运业和海外贸易的沿海港口城市，海事法院的主持人原是出现于13世纪的商船队队长（admiral）。最初，港口城市的商船队是各自为政的，后来为了加强行业保护和国际竞争力，才走上联营

---

❶ Frank I. Schechter. The Historical Foundations of the Law Relating to Trademarks [M]. Columbia: Columbia University Press, 1925：20-21.

❷ 原文是：We will and grant, That if any Merchant, Privy or Stranger, be robbed of his Goods upon the Sea, and the Goods so robbed come into any Parts within our Realm and Lands, and he will sue for to recover the said Goods, he shall be received to prove the said Goods to be his own by his Marks, or by his Chart or Cocket or by good and lawful Merchants, Privy or Strangers; and by such Proofs the same Goods shall be delivered to the Merchants, without making other Suit at the Common Law. See 27 Edward III, c. 13.

之路。进入16世纪，普通法院为维护自身的司法主导地位，借口海事法院"篡夺"了许多本来不属于它的司法权，不断签发令状干涉海事法院的诉讼活动。直到17世纪后期，普通法院在司法权的竞争中获得了胜利，船只租赁、货物装运、海上保险、在外国签订的商务契约等案件都落入普通法院的手中。❶ 在1771年普通法院的"汉密尔顿和斯迈思诉戴维斯案"（Hamilton and Smythe v. Davis），当事人双方对因船舶遇难而漂浮到岸上的货物所有权产生争议。曼斯菲尔德（Mansfield）法官以上述法案为根据，要求双方提出对货物所有权的证明。最后，在原告顺利举证所有权的标记、相关单据的前提下，曼斯菲尔德法官支持了原告的诉求。换言之，直到17世纪后期，货物上的标记仍主要作为证明所有权的证据使用。❷

中世纪，行会开始强制成员使用商标。早期的工商业集中在伦敦及其他大城市，这些城市的商人及工匠们自组行会（Guild）。行会基于国王授予的行会特许状（guild charters）成立为法人团体，这种法人团体在某一区域对某一行业拥有垄断性的权利，并且可以制定章程，用于监管成员的买卖及制造的手工艺。行会章程连同特许状、权力机关的立法构成了中世纪的"城市法",❸ 规定了许多关于适用商标的条文。

爱德华四世期间（1442—1483年）的一个法案规定：❹ 布料生产者必须在其生产的棉绒衣服的边角上加盖印章（seal）。这种强制性的使用，使得这种类型的标记如同一种"警察标记"（police marks），如果出现他

---

❶ 程汉大，李培峰. 英国司法制度史［M］. 北京：清华大学出版社，2007：85-86.

❷ Frank I. Schechter. The Historical Foundations of the Law Relating to Trademarks ［M］. Columbia：Columbia University Press, 1925：31.

❸ "城市法"是指中世纪西欧城市中形成、发展、适用的法律体系，其内容一般涉及商业、贸易、征税、城市自治及城市居民的法律地位等。它不是统一的国内法，也不是统一的国际法。参见德全英. 城市·市场·法律——西方法律史中的城市法考察［J］. 法律科学, 2000 (2). 叶秋华. 资本主义民商法的摇篮——中世纪城市法、商法与海商法［J］. 中国人民大学学报, 2000 (1).

❹ 4 Edward IV c. 1.

人假冒或者生产者自身的手艺缺陷，则可能构成一种"警察罪行"（police offence），受到严厉的惩罚。❶ 1303 年，伦敦市长法院审理了一起食品质量案件。❷ 案件中，面包店老板斯蒂芬（Stephen）由于涉嫌制作一种劣质的褐色面包被捕（劣质指的是面包的重量比行会要求的要轻）。虽然斯蒂芬在法庭上郑重宣誓，一再声称面包并非其生产的，但看到面包上标注的是自己商标时，百口莫辩。后经法院调查，原来是面包店的工人托马斯（Thomas）悄悄制作面包，并偷偷将斯蒂芬的商标标注在市场上销售。法院最终判决，斯蒂芬无罪释放，没收托马斯所获的不当利益，而这已经算是最轻的处罚。❸

　　强制性使用商标的规定，无疑是一种有效的市场规制手段。中世纪的社会阶层中，手工劳动已经不是卑贱的代名词，得到了社会公众的高度尊重。行会集体声誉是通过成员们向社会提供优质产品而获得的。如，工匠们所制作的东西，必须是符合规范的；手艺工人用的材料，必须非偷工减料的；制作的面包必须质量有所保证，等等。成员们都必须要以高度的责任心，对自己的产品质量负责，一旦出现技术上的瑕疵，就会破坏行会的集体利益。❹ 在这种情形下，集体的利益得到了保障，个体的发展却受到了压抑。事实上，行会内部成员之间的竞争是严厉禁止的。强制性使用商标的行为，并非是为了发展个体声誉，而是一味追逐集体

---

　　❶ Frank I. Schechter. The Historical Foundations of the Law Relating to Trademarks [M]. Columbia: Columbia University Press, 1925: 38.

　　❷ 市长法院（mayor's court），某些城市的名义上由市长主持的法院，主要审理市区内发生的违警或其他轻微违法案件（如违反交通法规、市政法规的案件）和轻微民事案件，也得行使其他法定权力。

　　❸ 在金银饰品制造行业，假冒商标的行为，早期是处以死刑，而后逐步放宽，但也要判处在军船的厨房上服役 5 年之刑期，累犯者则终身在军船上服役。参见 Gerald Ruston. On the Origin of Trademarks [J]. Trademark Rep, 1955 (45): 127-144.

　　❹ 克鲁泡特金. 互助论 [M]. 李平沤, 译. 北京: 商务印书馆, 1963: 175-177.

声誉。❶

与行会强制性使用的标记不同，证明商标在强制性的基础上，增加了检验的要求。商品生产者必须在满足检验要求的前提下才能标示此类商标。贝尔森（Belsen）教授是这样定义证明商标的：由对某种商品或服务具有检测和监督能力的组织所控制，而由其以外的人使用在商品或服务上，以证明商品或服务符合某些特定标准的商标。❷

以金银饰品行业为例。在十三、十四世纪，金银饰品都是由合金制成的，一般百姓很难判断其纯度。为规范市场生产和保护消费者利益，1300年英国政府首次立法规定：只准金匠公会的会员从事金饰行业，所有金饰制品在销售前必须送到行会的地方分馆中检验、标记。❸ 通过检测的制品上注有两种标记：其一，制造者的个人标记；其二，国王的标记，即一颗带着皇冠的豹头（见图3-1）。未经检验私自销售或者生产不合格者，早期是处以死刑，而后逐步放宽，科以罚金。曾经，一位金匠就因生产了不合格的勺子而被处以5天监禁并罚款20先令。❹ 尽管有如此严格的立法和执法，金银饰品的假冒仍屡禁不绝。为此，1423年，英国政府制定了更为严格的法律。❺ 其要点包括：第一，将类似的规定适用于银饰品；第二，在加注豹头标记和工匠的标记之前，产品不能出售。违反者，处以所得利益的双倍惩罚；第三，治安法官在处理此类问题时，可以行使自由裁量权，无须考虑行为人的主观是否具有犯意。

---

❶ Frank I. Schechter. The Historical Foundations of the Law Relating to Trademarks [M]. Columbia: Columbia University Press, 1925: 23.

❷ Belson J. Certification Marks: Special Report [M]. London: Sweet&Maxwell, 2002: 1.

❸ 28 Edward I, c. 20.

❹ Belson J. Certification Marks: Special Report [M]. London: Sweet&Maxwell, 2002: 16-24.

❺ 2 Hen. VI. c. 14.

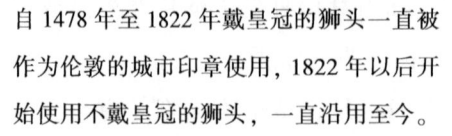

自1478年至1822年戴皇冠的狮头一直被作为伦敦的城市印章使用，1822年以后开始使用不戴皇冠的狮头，一直沿用至今。

在1560年约克生产的银器就开始使用这印章，一直沿用到1858年停止生产银器。

图3-1　英国早期金银器印章示例

在1478年，为了便于追究责任与提高检验标准，英国政府再次对金银行业颁布了新的法案。❶ 该法规定了另一种证明标记：检验标记（assay mark）。用以规范检验人员的工作，如检查发现有不合格的金银饰品被标为合格，将对检验者进行惩罚。至此，英国政府对金银行业的质量控制体系基本完成。通过这三种标记，一方面政府控制了金银市场的生产质量标准，维护了社会公众的利益；另一方面，使得生产者、工匠、化验人员的责任更为明确，确保在出现问题时，能第一时间追查到相关责任人。

二、源究：欺诈之诉

令状，指由文秘署（Chancery）以国王的名义签发给郡长、法庭或政府官员，要求接收令状的人作为或不作为的命令。令状起初为了行政管理和司法而签发，后仅为司法目的签发，尤其是在国王和王室法庭干预地方法庭或领主法庭时使用。令状制度产生后，普通法的诉讼逐渐演变

---

❶　17 Edward IV, c. 1.

为必须使用令状进行。❶ 按照密尔松的说法，普通法是英格兰逐渐走向中央集权和特殊化的进程中，行政权力全面胜利的一种副产品。❷ 而这个进程中，令状制度（writ）成为国王争夺国家司法权力的利器。

英王通过令状扩大了王室法院的司法管辖权，王室法院则通过审理案件发展出全国统一适用的法律。从这个意义上说，令状制度的发展史就是普通法的发展史。即使令状制度彻底从历史舞台消失后，它仍然通过普通法在英国的社会生活特别是法律实践中起着不可忽视的作用。"尽管我们已经埋葬了诉讼形式，但它们依然从坟墓中统治着我们"。按照梅特兰的论述，❸ 没有令状，就没有权利。在中世纪的英格兰，当事人如果要到法院起诉，他和律师首先要选择诉讼形式。诉讼形式的选择将直接决定当事人的合法权益能否得到保护以及得到怎样的保护。作为诉讼形式的载体，令状所涉及的事由千差万别，种类也多种多样。

欺诈令状（writ of deceit），是指在诉讼开始前颁发的，针对被告的欺诈行为所导致的损害赔偿之起始令状（original writ）。❹ 作为历史最久远的令状之一，欺诈令状可以追溯到1201年，针对的行为是使他人因不明事实真相而受骗上当，并遭受损失的虚假陈述或手段。❺ 欺诈令状的适用范围，起初限制在双方当事人有直接契约关系的行为中，如一些故意的违约行为。后来，由于"欺诈"内涵的不确定性，欺诈令状的适用范围逐渐扩大。

---

❶ 有关普通法令状制度的研究，可参见屈文生. 普通法令状制度研究 [M]. 北京：商务印书馆，2011. 郑云端. 英国普通法的令状制度 [J]. 中外法学，1992（6）：69-78. 项焱，张烁. 英国法治的基石——令状制度 [J]. 法学评论，2004（1）：118-122.

❷ S. F. C. 密尔松. 普通法的历史基础 [M]. 李显冬，等，译. 北京：中国大百科全书出版社，1999：5.

❸ 梅特兰. 普通法的诉讼形式 [M]. 王云霞，等，译. 北京：商务印书馆，2010：18.

❹ 起始令状（original writ）：起始令状是启动司法程序的必备要件之一，国王通过自己的文秘署签发令状，当事人需要花钱购买，因此它成为王室收入的主要来源之一，但其意义并不限于或主要在于财政收入方面，而主要在争夺案件的司法管辖权方面。控制司法管辖权的制度就是令状制度。原则上，它只不过是中央集权化过程所必需的行政管理实务的一部分。参见钱弘道. 英美法讲座 [M]. 北京：清华大学出版社，2004：33.

❺ Curtiss, W. David. State of Mind Fact or Fancy [J]. Cornell LQ, 1947（33）：351-359.

"欺诈"一词，或许是法律名词中最难以捉摸、定义的。现实生活中构成欺诈的因素林林总总，涉及的手段更是千变万化。为了应对这种情况，法院逐渐认可了，欺诈之诉并不限于当事人之间有直接的交易行为，也不在乎被告实际上做了些什么事，而是要看他做出来的事情的属性以及是否有侵害他人权利的结果的发生。这种判断，可以概括称为"不诚实（dishonest）"。不过，"不诚实"一词的法律概念本身也是很复杂的，要从客观和主观方面衡量。从客观方面，按照明理而诚实的人的一般标准，看被告的所作所为是否不诚实。从主观方面，因为被告必须明白以这些客观的标准来看，他正在做的事情是不诚实的。❶ 简而言之，普通法上的欺诈可以概述为，任何人不诚实地导致另一人蒙受或可能蒙受经济不利，而使得自己或他人从中获益。

在普通法僵化的背景下，欺诈令状展现出难得的灵活性。进入14世纪以后，大法官创制新令状的权力受到严格的限制，既有的令状不可能将纷繁多样的诉讼都囊括，更不能满足时刻变化的社会需要，致使某些正当的权利得不到法律的保护。因此，1285年的《威斯敏特Ⅱ号法令》规定，"若对某个案子运用了某一令状，类似的案件就应使用相似的法律，并给予同样的救济。"❷ 也就是说，大法官在遇到"类似案件"时，可以适用某一相似的令状。此时，"欺诈"一词的不确定性，使得欺诈令状在面对市场上"类似欺诈"的行为时展现了灵活性，为假冒等行为提供了及时的救济。❸

对于法院运用欺诈令状审理的第一个商标案件，史学界存在诸多争

---

❶ Arlidge A. Arlidge & Parry on fraud [M]. London: Sweet & Maxwell, 1996: 1.
❷ 程汉大，李培峰. 英国司法制度 [M]. 北京: 清华大学出版社，2007: 55.
❸ 假冒，是自中世纪重商主义抬头时就已存在的老伎俩。从最早的古币、古董、邮票等的假冒，到晚期针对法国、意大利的名牌服饰、名酒厂牌的剽窃。只要是具有品牌信誉和市场价值的商品，无一不是被假冒的对象。随着国际贸易的流通，商品的销售范围逐步扩大。假冒品所造成的危害日益严重，深受被害人的痛恨。See Jonathan Fendy. Piracy and the Public: Forgery, Theft, and Exploitation [M]. London: Frederick Muller Limited, 1983: 12-33.

议。在早期的一些判例和著作中，❶ 1618 年的 Southern v. How 案被认为是普通法开启商标保护与反不正当竞争的第一案。在 Southern v. How 案中，原告从被告的代理人处购买了价值 800 英镑的珠宝，并将这些珠宝转卖给南非的国王。在发现珠宝是赝品后，原告在王座法院（King's Bench）提起了欺诈之诉。德布瑞吉（Dodderidge）法官在判决中援引了早期的一个无名案件。这个无名案件的原告是一名布商，其制造的布料上标有"JG"标记，该布料因品质优良而受到消费者青睐。被告为了攫取原告的利益，在自家生产的劣质布料上标上原告的标记，导致原告遭受了严重的损失。在缺乏专门的"假冒令状"的情形下，德布瑞吉法官对这两个案件进行了类比，认为销售假冒货物的行为构成了欺诈，应承担普通法的责任。

对于 Southern v. How 案的价值，史学界一直存在诸多的质疑。以斯凯特为代表的学者，认为 Southern v. How 案并不能作为普通法商标保护的起源。❷ 原因在于：第一，记录这个案件的五个判例汇编中，有三个并没有提到德布瑞吉法官曾经引用过这个无名案件；第二，对于 Southern v. How 案发生的时间，存在 1616 年、1618 年、1619 年三种不一致的记录；第三，对于这个无名案件的当事人，有的认为是由受到侵害的布商提起的，有的认为是受到欺诈的消费者提起的。基于此，斯凯特认为 Southern v. How 案对商标法的发展并没有多大贡献，真正的普通法商标第一案应该是发生在 1824 年的"赛克斯诉赛克斯案"（Sykes v. Sykes）。❸

20 世纪 70 年代，英国的法律史学者对斯凯特的怀疑进行了考证，并

---

❶ Dawson N. English Trade Mark Law in the Eighteenth Century: Blanchard v Hill Revisited-Another "Case of Monopolies" [J]. Journal of Legal History, 2003, 24 (2): 111-142.

❷ 斯凯特（Schechter）在其名著《商标法的历史基础》中专门用了 7 页来讨论这个案件并无任何价值。F. I. Schechter. The Historical Foundations of the Law Relating to Trademarks [M]. Columbia: Columbia University Press, 1925: 9-12, 123-126.

❸ F. I. Schechter. The Historical Foundations of the Law Relating to Trademarks [M]. Columbia: Columbia University Press, 1925: 137.

解开了他的迷惑。在说出谜底之前，有必要对英国早期的判例汇编进行说明。英国早期是通过《年鉴》的方式记载判例的，但记载的内容无非是案件中法官和律师的辩论。《年鉴》由谁编纂、最早编纂于何时尚不可考，但一些判例表明可以追溯至13世纪70年代。随后，几乎无间断地持续至1535年才不知何故而终止。此后，一些私人机构和非官方组织陆陆续续进行着一些判例集的汇编工作。但各个汇编的风格、内容以及质量都有极大差异。❶ 许多判例的记载含有不相关的内容，有些甚至为了刻意描画法官与律师的机智辩论而出现诸多错误。

1979年，贝克教授（Baker）对Southern v. How案现存手稿进行考证，认定Southern v. How发生在1618年，❷ 这个著名的无名案件是1584年"JG诉山姆福特案"（JG v. Samford）。案情是：原告是一名布商，其在英格兰西南部的城市——格洛斯特郡生产销售羊毛衣服已经12年了，在制作的衣服上标有"J. G"字母以及一个称为"塔克"（Tucker）的手柄标记。由于物美价廉，原告的产品在格洛斯特郡和英格兰其他城市都享有良好的信誉。顾客只要通过衣服上的标记就能习惯性地购买原告的产品，而不需要仔细地检查。近两年来，被告在制造的质量低劣的衣服上也同样标注了"J. G"字母和"塔克"标志。被告的行为一方面混淆了消费者，降低了原告的销量；另一方面，原告收到众多投诉，消费者因为购买了这种劣质衣服而改变了对原告之前的良好印象。因此，原告对被告的行为提起诉讼。

不过，原告是否依据"欺诈令状"以及法院的最后判决，贝克教授未能查清。只知道，当时审理该案的四名法官对此有不同的看法。彭晏（Peryam）法官和米尔德（Mead）法官认为，任何人都可以自由使用标记，这种行为属于"无不法行为的损害"（damnum absque injuria），即双

---

❶ 翟建雄. 英国判例法文献与判例查找方法介绍[J]. 法律文献信息与研究, 2000 (2): 49-52.

❷ Baker J H. An Introduction to English Legal History [M]. London: Butterworths, 1979: 385.

方对事故的发生都没有过错，因而遭受损失的一方不能对造成损失的一方提起诉讼要求获得赔偿。维德汉姆（Wyndham）法官支持原告的请求，原因在于被告的行为违反了当地布料行业协会的章程。仅有安德森（Anderson）法官认为被告的行为构成了欺诈，应当承担普通法的责任。❶ 显然，德布瑞吉法官在后来的 Southern v. How 案引用的是安德森法官的观点，成为后世描述的"商标保护来源于欺诈"之源头。

历史的真相我们无从考证，假设贝克教授对这个案件的探究都是真实的，那么该案无疑为现代商标法和反不正当竞争法提供了一个绝佳的范本。从这个案件，我们可以找寻到写作现代商标法与反不正当竞争法所需的所有素材：（1）原告商品的广泛分布（在本地与外地都有销售）；（2）标记具有显著性（"J. G""塔克"手柄）；（3）长时期的商标使用（12年）；（4）商标凝聚了良好的商誉（无论是本地还是在外地）；（5）产生了消费者混淆的后果；（6）造成了实际的损害（销量的降低、商誉的损害）；（7）被告的不当得利；（9）被告故意的行为；（10）假冒行为的存在。

三、普通法与衡平法的冲突与协调

历经数百年的发展后，令状制度促成了普通法体系的形成。然而，法律模式的形式并非仅仅是法学家研究的成果，人们的思维和活动部分取决于他们对社会的认识，法律不仅可以消极地适应社会变化，还可以积极促进社会变革。❷ 随着英国经济的发展，代表着王权利益的令状制度逐步僵化，为衡平法的产生提供了机遇。从功能主义的角度，衡平法的

---

❶ Wadlow Christopher. The Law of Passing-Off: Unfair Competition by Misrepresentation [M]. Lodon: Sweet & Maxwell, 2011: 25.

❷ S. F. C. 密尔松. 普通法的历史基础 [M]. 李显冬，等，译. 北京：中国大百科全书出版社，1999：156-157.

产生与发展正是为了弥补普通法令状制度的缺陷。但是，衡平法的出现并非意味着普通法的消亡。两者的关系，如梅特兰所言，是"文本"与"注释"的关系；如英国比较法学家韦尔的论述，衡平法是对普通法这座古老大厦的修饰与增建。❶ 所以说，作为以令状制度为核心的普通法而言，衡平法不过是以自身独有的方式来帮忙延长其寿命而已。

两种法律制度的并存带来了许多现实问题。17世纪初，衡平法院与普通法院在一系列欺诈的案件中针锋相对、互不相让。一方面，衡平法院禁止在普通法院获得胜诉的当事人执行判决。而当事人拒绝服从时，衡平法院就下令将其监禁。另一方面，普通法院也毫不示弱，下令将该当事人释放，同时颁布人身保护令。到了1616年，普通法院与衡平法院的冲突进入白热化。司法界的两位代表人物，衡平法院院长的埃尔斯米尔（Ellesmere）爵士与普通法院首席法官科克（Coke）爆发了直接的冲突。冲突的焦点是：衡平法院的判决优先，还是普通法院的判决优先。双方在争执不下的情况下，将案件交由国王詹姆斯一世裁决。詹姆斯一世出于政治上的考虑，裁决衡平法与普通法冲突，应以衡平法为准。❷ 此后虽有不少的普通法院提出质疑，总的来说，衡平法院判决的优先地位并未受到挑战。沿着普通法与衡平法的轨迹，假冒之诉也从曾经的双轨制进化为衡平法为准的单一制。

假冒之诉的早期判决，不管是普通法院还是衡平法院都以"欺诈"为基础，强调的是一种过错责任。1742年的"布兰查德诉希尔安案"（Blanchard v Hill），❸ 是第一个衡平法院审理的由商标所有人对假冒者提起诉讼的案件。原告认为，"Great Mogul"标记是由他首先使用的，并经过伦敦扑克牌行会的核准。根据查理一世颁发给行会的特许状，其对该

---

❶ 沈宗灵. 论普通法和衡平法的历史发展和现状 [J]. 北京大学学报：哲学社会科学版, 1986 (3): 43-51.

❷ 钱弘道. 英美法讲座 [M]. 北京：清华大学出版社, 2004: 60-63.

❸ Blanchard v. Hill, (1742) 2 Atk. 484, 26 Eng. Rep. 692 (Ch.).

标记拥有排他性的使用权。❶ 被告在其销售的扑克牌上加印"Great Mogul"的行为损害了他的利益。法官汉德韦克（Hardwicke）援引"JG诉山姆福特案"的观点，认为被告虽然使用与原告相同的标记，但是不能证明被告的行为具有欺诈性，于是驳回了原告的诉讼请求。相似的衡平法案件还有，1783年的"辛格尔顿诉博尔顿案"（Singleton v. Bolton）。❷ 原告的父亲发明了一种药膏，名为"Dr. Johnson's Yellow Ointment"。在其父亲去世以后，原告继续在市场上生产这种药膏。后来，原告发现被告也在市场上以同样的名称生产和销售功效相似的产品，于是提请衡平法院颁布禁令。但是，曼斯菲尔德法官驳回了原告的请求。理由同样在于，没有任何证据显示被告的行为具有欺诈性。在普通法院，被告主观上具有"欺诈的故意"一直是审理假冒案件的必要因素。1824年，在"赛克斯诉赛克斯案"，❸ 这个被斯凯特誉为"普通法商标保护第一案"的案件中，原告声称：被告制造劣质的枪带（Shot belts）和散装弹（powder flasks），并在产品上未经其同意使用"Sykes patent"标记。被告的行为明显属于欺诈，造成原告损失。被告抗辩"Sykes"是他的姓名，他有权使用。但是，法院驳回被告的抗辩，认定被告行为属于欺诈，被告的目的是通过吸引原告潜在的消费者，获得原本不属于他的利益。

19世纪初期，商标财产权的观念在衡平法院萌发，假冒之诉的归责原则开始转向一种严格责任。❹ 引领这个历史性变革的人物是衡平法院的韦斯特布里（Westbury）法官。在1838年的"米林顿诉福克斯案"

---

❶ 在那个年代，国王的特许状一直是王权与国会权力斗争的核心议题。有关讨论可以参考 Nachbar, Thomas B. Nachbar, Thomas B. Monopoly, Mercantilism & the Politics of Regulation [J]. 91 VA. L. REV., 2005：1333-1340.

❷ Singleton v. Bolton, (1783) 3 Dougl. 293, 99 Eng. Rep. 661 (K. B.).

❸ Sykes v. Sykes, (1824) 3 B. & C. 541, 543, 107 Eng. Rep. 834, 835 (K. B.).

❹ 英美法的无过错原则可参考彭诚信，罗萧. 英美侵权法中严格责任的源起与实践应用 [J]. 社会科学战线，2009（3）：183-190.

（Millinton v. Fox），❶ 韦斯特布里法官依据财产权理论，颁发禁令制止被告之侵权行为。他认为，纵使被告没有欺诈故意以及善意不知悉原告商标，其在产品上使用了与原告相同商标的行为侵犯了原告的财产权。这个案件不仅推翻了之前以"欺诈"为基础的判例，还确认了商标在衡平法上具有财产性质。但对于商标财产权的认识，此时仍然属于萌芽阶段，韦斯特布里法官在判决中也仅仅是笼统地提到了"侵害了他的排他性财产权"，至于是何种财产，财产的性质为何？并未仔细论述。这种认识在当时也并未得到同行一致认同。

不久，在1842年衡平法院审理的"佩利诉特鲁菲特案"（Perry v. Truefitt）❷，朗德里（Langdale）法官仍坚持以"欺诈"为基础来判断假冒案件。值得注意的是，在"佩利诉特鲁菲特案"中，朗德里法官首次对假冒之诉（passing off）进行了解释，这段经典的语言也为后世众多著作所引。❸

> 我认为，不管普通法院还是衡平法院，在处理这一类型案件中所秉持的基本原则是很好理解的。即，一个人不应以自己的商品假冒他人的商品出售。他不准以任何的方式实施这种欺骗；他也不准使用这个名字、标记、字母或者其他标记，因为这样做，很可能会诱使购买者相信他出售的商品是其他人生产的。虽然，我不认可一个人能够对名字、标记拥有财产权，但是我认为，不管一个人对此是否拥有财产权，没有人可以为了自身的贸易利益而去实施这种欺骗的手段。一般而言，如果没有这种不正当的行为，这些利益将会归于第一次使用者或者一直以

---

❶ Millington v. Fox, (1838). 3. My. & Cr. 338, 40 Eng. Rep. 956 (Ch.).

❷ Perry v. Truefitt, 49 ER 749 (1842).

❸ Wadlow Christopher. The Law of Passing-Off: Unfair Competition by Misrepresentation [M]. Lodon: Sweet & Maxwell, 2011: 28.

来独自使用该特定名称或标记的人。❶

商标是否可以视为财产？不仅在法院之间存在争议，政府内部也进行过激烈的辩论。1862年，英国政府成立了一个特别委员会，就商标的财产问题进行讨论。经过激烈的交锋后，在赞同派与反对派僵持不下的情况下，直接导致保护商标财产权的《谢菲尔德法案》流产。❶ 紧跟政府的风潮，韦斯特布里法官在1862年的"艾德利斯腾诉艾德利斯腾案"（Edelsten v. Edelsten），❷ 1863年的"霍尔诉巴罗斯案"（Hall v. Barrows），❸ 以及"皮革布料公司诉AM皮革布料公司案"（Leather Cloth v. Am. Leather Cloth），❹ 不仅再次批判普通法院以"欺诈"为基础审理商标案件，还针对衡平法院内部，特别是朗德里法官的观点进行了驳斥。他强调，商标权是一项排他性的权利，是基于某个商人在特定的商品上使用而获得的，这种排他性的权利就是财产权。公众是否受到欺诈是测试被告是否侵犯了原告财产权的标准，法院判处假冒案件的基础是基于

---

❶ 原文是："I think that the principle on which both the courts of law and of equity proceed, in granting relief and protection in cases of this sort, is very well understood. A man is not to sell his own goods under the pretence that they are the goods of another man; he cannot be permitted to practice such a deception, nor to use the means which contribute to that end. He cannot therefore be allowed to use names, marks, letters, or other indicia, by which he may induce purchasers to believe, that the goods which he is selling are the manufacture of another person. I own it does not seem to me that a man can acquire property in a name or mark; but whether he has or not a property in the name or mark, I have no doubt that another person has not the right to use that name or mark for the purposes of deception, and in order to attract to himself the course of trade, or that custom, which without the improper act, would have flowed to the person who first used, or was alone in the habit of using the particular name or mark."

❶ Lionel Bently. From Communication to Thing: Historical Aspects of the Conceptualisation of Trade Marks as Property [M] //Graeme B. Dinwoodie, Mark D. Janis (eds.), Trademark law and theory: a handbook of contemporary research, Northampton: Edward Elgar Publishing, 2008: 3-41.

❷ Edelsten v Edelsten. (1863) 1 De G. J. & S. 185.

❸ Hall v. Barrows. (1863) 4 De G. J. & S. 150.

❹ Leather Cloth Co. v. Am. Leather Cloth Co., (1863).

财产权。❶ 韦斯特布里法官的判决对假冒之诉和商标成文法的影响意义深远。第一，被告主观是否具有欺诈的故意，已不再是法院关注的重点。换言之，法院对假冒案件的侵权归责演变为一种严格的责任。第二，衡平法院强调这类型案件的判决目的是保护原告的财产权，法院更为关注的是被告客观上是否有虚假陈述的行为，并通过这种虚假陈述行为使得原告的财产权受到了损害。一些学者甚至认为从韦斯特布里法官开始，假冒之诉就已经成为反不正当竞争法的一部分，目的是防止他人的商誉被盗用。❷ 第三，作为商标注册制度的先导，假冒之诉强调保护原告"财产权"的观点也深刻影响着后续的商标立法。

从上述考证，我们可以看到，普通法从12世纪到19世纪中叶经历了一个持续发展的时期。霍姆斯法官说到，法律蕴含着一个国家数个世纪发展的故事，我们不能像对待仅仅包含定理和推论的数学教科书一样对待它。要理解法律是什么，我们必须了解它以前是什么，以及它未来会成为什么样子。在任何特定时代，法律的内容，就其本身而言，都完全可能与时人所以为便利的东西严丝合缝；但是它的形式和机理，以及它在多大程度上能够导致我们所希望达到的效果，则极大依赖于过去。❸ 早期英王为了中央集权以令状的方式建立适用于全国的普通法。当令状制度因本身的刻板与粗糙而不能对快速变幻的社会作出反应时，衡平法成了延续普通法生命的一剂良方。然而，两种不同的司法系统始终存在矛盾与冲突。因此，1873年《司法制度改革法》从形式上取消了普通法院

---

❶ 原文是：The exclusive right to use any particular mark or symbol in connection with the sale of some commodity was property, and the act of the Defendant is a violation of such right of property, corresponding with the piracy of copyright or the infringement of the patent. I cannot therefore assent to the dictum that there is no property in a trade mark.

❷ Davison M J, Monotti A L, Wiseman L. Australian Intellectual Property law [M]. London: Cambridge University Press, 2008: 21.

❸ 小奥利弗·温德尔·霍姆斯. 普通法 [M]. 冉昊, 姚中秋, 译. 北京：中国政法大学出版社, 2006: 1.

与衡平法院之间的区别，改为在高等法院设立三个法庭，每一个法庭都有权运用普通法和衡平法的规则进行审判。实践中，如果同一个案件运用普通法规则和衡平法原则会得出相互矛盾的结果时，衡平法优先。从此，普通法与衡平法真正融合在一起。

四、现代形式的确立

19世纪中叶起，英国商标保护进入了一个新时代。作为世界上第一个工业化的国家和当时全球最强大的国家，随着国际贸易的发展，商标权成为英国各界关注的对象。1862年，英国国会制定《商品标记法》以打击"意图欺诈或使人欺诈"他人商标的刑事罪行。1875年，英国国会通过第一部《商标注册法令》，并于来年的6月在伦敦建立了最早的商标注册处。该法令设置的"法定商标注册簿"至今仍在使用。注册簿能够证明谁是注册商标的合法所有人，并保护该所有人在注册的商品上排他性使用商标。此外，这个法令也规定了商标的法律定义，为司法人员提供了标准，确认什么样的商业标识可以注册，注册了之后可以享受怎样的法律保护。

很大程度上，英国建立商标注册制度的动因，就是为了克服普通法假冒案件的取证缺陷。❶ 但是，商标成文法的出现并不意味着假冒之诉的消亡。这部《商标注册法令》无论从标题或条文内容看，仅仅对商标注册作了规定，阐明了注册与不注册对于商标所有人的权利造成的后果，详细说明了商标所有人的救济途径。特别是，这部法令本身并没有给商标增加财产权的内涵。解释、适用这部法令必须参照之前普通法中关于商标的内容。❷ 从此，商标便得到成文法和普通法双重保护。注册了商标

---

❶ 当时普通法与衡平法已经融合，此处"普通法"的表述，包括了"衡平法"与之相关的原则。

❷ 对于1875年《商标注册法令》与假冒之诉的关系，参考 Diplock 法官在 G. E. Trade Mark [1973] RPC297 案的陈述。

的被侵权人既可据商标法提出侵权诉讼，也可据普通法提出假冒之诉。未注册商标的被侵权人，则依旧可以通过普通法保护自身的合法权益。❶

19世纪后期，也是假冒之诉发展的关键时期。当时的很多判决对今天仍然影响深远。在"辛格尔诉罗格案"（Singer v. Loog），法官认为被告客观上的虚假陈述行为是假冒之诉的判断基础。"蒙哥马利诉汤普森案"（Montgomery v. Thompson）则确认了地名能够具有显著性，受到假冒之诉的保护。"利达威诉巴汉姆案案"（Reddaway v. Banham）开启了法律对"第二含义"商标的保护先河。法院认为，纯粹的描述性词汇，只要在使用中获得了显著性，可以得到假冒之诉的保护。从这个案件之后，假冒之诉的适用也不仅仅局限在竞争者之间，即使被告与原告没有直接的竞争关系也可以适用。"李维诉古德温案"（Lever v. Goodwin）是法院首次运用假冒之诉对商业外观（get-up）进行保护，并发展成为当今商业外观保护的范例。❷

到了20世纪初期，"斯伯丁诉伽马戈案"（Spalding v. Gamage）标志着假冒之诉现代形式的建立。❸ 在这个案件中，原告是一家知名的足球生产厂家，它从1907年开始生产一种新型的足球。足球的特别之处在于，外壳是用模具制作而非是传统的手工缝制。制造完成后，原告会在足球上标上"Orb"或者"Improved Orb"的名称。在1910年，由于制造工艺的缺陷，大批足球的质量不符合要求。原告随即将这批质量低劣的产品封存，后转卖给一家废品站。废品站在回收这批产品后，又转售给本案的被告。在1912年年初，原告推出一批质量上乘的新产品，并在产品和广告宣传中使用"Improved Sewn Orb" "Improved Orb"或者"Specially

---

❶ Rembert Meyer-Rochow. Passing Off: Past, Pesent and Future [J]. Trademark Rep, 1994 (84): 38-63.

❷ Wadlow Christopher. The Law of Passing-Off: Mainwork: Unfair Competition by Misrepresentation [M]. London: Sweet & Maxwell, 2011: 35-36.

❸ AG Spalding and Bros v. AW Gamage Ltd, (1915) 84 LJ Ch 449.

Tested Orb"，"Patent15，168"的标语，每个足球的零售价是10先令6便士。不久后，也就是1912年8月，被告将从废品站买回来的足球进行微加工，以相当于原告一半的低价出售（每个4先令9便士）。并在广告宣传中使用了与原告一样的"Improved Orb"和"Patent No 15，168"标语。8月29日，原告在发现被告的这种行为后，立即向法院提起了诉讼。在提请诉讼后的第二天，原告随即接到了被告的解释信。被告在信中解释，他们并不是故意使用与原告一模一样的广告语，并且承诺会马上停止这种不恰当的广告行为，希望原告能够谅解及撤回诉讼。但是，原告仍然继续诉讼，要求法院颁布禁令停止被告的销售行为和广告宣传行为，并要求赔偿自己的损失。这个案件在初审法院和上诉法院都充满了争议，最后一直上诉到上议院（House of Lords）。❶

上议院的合议庭是由霍尔丹子爵（Viscount Haldane LC）、阿特金森法官（Lord Atkinson）、帕克法官（Parker）、萨姆纳法官（Sumner）和帕尔默（Parmoor）法官组成。最后，帕克法官的论述令其他同仁信服，并为假冒之诉的现代形式奠定了基础。帕克法官的陈述重点在：首先，在回顾以往判例的基础上，认为假冒之诉的欺诈要件不是必需的。法官在假冒之诉中关注的是被告的虚假陈述（misrepresentation）。在以前的判决中，虚假陈述被描述为：任何人都不能将自己的商品假冒成他人的商品出售。帕克法官则认为，对于虚假陈述的解释应该更进一步表述为：任何人不仅不能将自己的商品假冒成他人的商品出售，而且也不能以明示或者暗示的方式对广大消费者或特定消费者作虚假陈述，使他们把假冒

---

❶ 指英格兰、威尔斯及北爱尔兰的终审法院。直到1948年，所有向上议院作出的上诉在上议院内庭进行聆讯。由五位上诉法院常任高级法官组成的上诉委员会进行聆讯。上议院具有更正因其在较早时所作出的命令而引致的不公正情况的权利。

者的货物误认为是他们心目中与这些标记有联系的货物。❶ 其次，帕克赞同衡平法院对于假冒之诉保护的是财产的见解。但是保护的是怎样的财产？他首先强调，标记、名称、商业外观本身并非是财产。假冒之诉保护的财产是一种商誉。与传统的财产权不同，这种财产权的存在是依靠他人的认知。财产所有人拥有商誉财产权的期间，取决于公众或者一部分公众对他的标记显著性的感知时间。一旦标记的显著性在公众心中消逝了，这种财产权就不复存在。❷

作为英国法院在商标法通过后最权威的假冒之诉判决，"斯伯丁诉伽马戈案"的重要性体现在：第一，它再次确认了假冒之诉中，被告人主观上的欺诈并不是主要关注对象，进一步确认了假冒之诉的严格责任的规则。第二，帕克法官扩展了虚假陈述的解释，使得虚假陈述的内容不局限于将自己商品假冒他人商品的情况，还应该包括各种虚假表示产品质量、联系等不正当竞争行为。如此，为假冒之诉的发展注入了新的活力。后世法院通过虚假陈述的包容性内涵，让假冒之诉从容地穿梭在商标法与反不正当竞争法的缝隙之中。第三，也是最为重要的，帕克法官揭示了假冒之诉保护的财产是商誉。虽然这时的商誉已经在其他普通法领域被认为是财产权。但是，帕克法官在假冒之诉领域引进这一概念的重要性是不言而喻的。一方面，它使得假冒之诉具有独立的保护对象，以使它与商标成文法区分开来，在普通法体系中占有一席之地；另一方面，将一种与社会大众的认知密切相关的财产权引入，使得假冒之诉的

---

❶ 原文是：The proposition that no one has a right to represent his goods as the goods of somebody else must, I think, as has been assumed in this case, involve as a corollary the further proposition that no one who has in his hands the goods of another of a particular class or quality has a right to represent these goods to be the goods of that other of a different quality or belonging to a different class.

❷ 原文是：Some authorities say property in the mark, name, or get-up improperly used by the defendant. Others say property in the business or goodwill likely to be injured by the misrepresentation, I think, strong reasons for preferring the latter view. Even in the case of what are sometimes referred to as common law trade marks the property, if any, of the so-called owner is in its nature transitory, and only exists so long as the mark is distinctive of his own goods in the eyes of the public or a class of the public.

目的定位更为明确。即，假冒之诉是一种主要保护商人利益的诉讼，但也兼顾消费者利益的保护。❶

第二节 假冒之诉的展开

一、传统的假冒之诉

从历史上看，假冒之诉就是一种普通法上控告他人商誉侵权的诉讼形式。假冒之诉的内涵可以描述为，假如一名商人把自己的商品、服务及相关业务，虚假陈述为另一名商人的，或者是与该商人的商品、服务及相关业务有密切联系，从而导致后者的商誉实际受损或者存在受损的可能性，受损害方便有权控告前者假冒，申索赔偿。❷ 目前在普通法国家对假冒之诉一般称为"passing off"，在美国有时还称为"palming off"。然而二者意义并无太大差异。

"palming off"一词最早出现在17世纪中期，美国法官承袭了英国普通法的传统，将其作为"passing off"的同义词使用在商标与反不正当竞争的案件中。在"奥斯古德诉艾伦案"（Osgood v. Allen）的判决书中，❸法官交叉重复使用"passing off"与"pamling off"，针对的法律问题是被告对商品来源的虚假陈述。在美国众多的"pamling off"案件中，不得不提1935年的"斯凯特家禽集团诉合众国案"。❹ 这个案件不仅对美国违宪

---

❶ Wadlow Christopher. The Law of Passing–off: Mainwork: Unfair Competition by Misrepresentation [M]. London: Sweet & Maxwell, 2011: 32-33.

❷ 需要指出的是，下文所论述的"假冒"包括了仿冒和假冒两种。

❸ Osgood v. Allen, Fed. Cas. No. 10, 603. (1872).

❹ A. L. A. Schechter Poultry Corp. v. United States, 295 U.S. 495 (1935).

审查制度有重要意义。❶ 主审法官休斯（Hughes）还在有关不正当竞争的论述中，阐述了"palming off"的含义：

> 众所周知，"不正当竞争"在普通法是一个限制性的概念。严格意义上来说，它往往与假冒竞争对手商品的行为相关联。"pamling off"在法律上体现为一种虚假陈述，即，一个生产劣质产品的人向公众表示他正在销售的产品是来自一个生产优质产品的人或者与这个人的产品有密切联系。❷

为了说明这个概念，休斯法官提到了"固特异橡胶制造公司诉固特异橡胶公司案"（Goodyear's Rubber Mfg. Co. v. Goodyear Rubber Co），❸ 该案对"pamling off"的描述为：被告通过产品标记或者其他的方式向公众表示，他销售的商品是由原告生产的。这种行为一方面使得自身获利，另一方面却损害了原告的利益。休斯法官还指出，不正当竞争行为层出不穷，假冒行为已不单单是一种虚假陈述行为，还与挪用行为（misappropriation）越来越相似。❹

随着判例逐渐增多，学者们一般将假冒之诉分为传统的假冒之诉与扩展的假冒之诉。传统的假冒之诉（classic trinity），指的是以商誉、虚

---

❶ 20世纪30年代，罗斯福总统实施新政，不断扩张行政权力，颁布了众多法案，《国家产业复兴法案》就是其中之一。1935年5月，本案的原告向法院起诉，认为联邦政府无权规定其工资和工时限制，《国家产业复兴法案》授予行政部门的权力超出宪法规定的范围。联邦最高法院的大法官们以9：0的投票结果宣判，该法违宪。最高法院的这个判决，在制度框架内对罗斯福新政发起挑战，避免了行政权力的过度扩张，迫使人们对罗斯福的新政进行反思。该案的详细介绍，可见：斯坦利·I. 库特勒. 最高法院与宪法——美国宪法史上重要判例选读 [M]. 朱曾汶，等，译. 北京：商务印书馆，2006.

❷ 原文是："Unfair competition" as known to the common law, is a limited concept. Primarily, and strictly, it relates to the palming off of one's goods as those of a rival trader. In recent years, its scope has been extended. It has been held to apply to misappropriation as well as misrepresentation, to the selling of another's goods as one's own-to misappropriation of what equitably belongs to a competitor.

❸ Goodyear's Rubber Mfg. Co. v. Goodyear Rubber Co., 128 U. S. 598 (1888).

❹ Misappropriation：挪用，指私自、非法将某种款项或财产移作他用或予以侵占。

假陈述和损害为构成要素；扩展的假冒之诉（extended form passing off），以20世纪70年代开始的一系列的"酒类案件"为开端，法官在三要件基础上对假冒之诉进行的扩大化解释。❶ 需要强调的是，尽管学术上对假冒之诉进行类型区分，并不代表这是两种不同的侵权诉讼。相反，这只是法官在实践当中针对不同的案情，对假冒之诉的传统判例进行新解说，赋予其新的生命。

最早对传统的假冒之诉进行阐释的是奥利弗（Oliver）法官。在1990年的"雷利和科尔曼公司诉博登公司案"（Reckitt & Colman Products Ltd. v. Borden Inc.），❷ 他指出当事人要想在假冒之诉中获得胜诉，必须证明：第一，原告必须（在有关国家或地区）在提供商品或服务的业务中建立商誉或声誉，而该业务是以其向公众提供特定商品或服务时所采用的名称或标记作为区别的；第二，原告需要证明被告向公众虚假陈述（无论有意或无意），导致或很可能导致公众相信被告人提供的商品或服务是原告的；第三，原告必须证明其因为被告的虚假陈述而蒙受或很可能蒙受损害。简而言之，要成功控告别人假冒，原告必须证明三项元素存在：商誉、虚假陈述及损害。❸

---

❶ David Kitchin et al., Kerly's Law of Trade Marks and Trade Names [M]. London: Sweet & Maxwell, 2005: 431.

❷ Reckitt & Colman Products Ltd v Borden Inc [1990] 1 All E.R. 873. 后世称之为"Jif lemon"案，是由于该案的原告Reckitt，生产一种名为"Jif lemon"的柠檬汁饮料，饮料的瓶子是一种柠檬形状的黄色塑料瓶。本案的被告Borden，也是一家生产柠檬汁的商家，它产品上使用了与原告极为相似的包装瓶，于是，原告以假冒之诉向法院寻求救济。

❸ 原文是：First, he must establish a goodwill or reputation attached to the goods or services which he supplies in the mind of the purchasing public by association with the identifying "get-up" (whether it consists simply of a brand name or a trade description, or the individual features of labelling or packaging) under which his particular goods or services are offered to the public, such that the get-up is recognised by the public as distinctive specifically of the plaintiff's goods or services. Second, he must demonstrate a misrepresentation by the defendant to the public (whether or not intentional) leading or likely to lead the public to believe that goods or services offered by him are the goods or services of the plaintiff. Third, he must demonstrate that he suffers or … that he is likely to suffer damage by reason of the erroneous belief engendered by the defendant's misrepresentation that the source of the defendant's goods or services is the same as the source of those offered by the plaintiff.

"雷利和科尔曼公司诉博登公司案"除了第一次阐述传统三要件外，还强调了假冒之诉的构成要件不是机械性的，法官应该根据案件的实际情况和具体证据进行解释、判定。假冒之诉的主旨很明确，一个人不应以自己的商品假冒他人的商品出售。但是，被告实施的假冒行为是错综复杂的。特别是，如何界定被告使用的名称、标记或者图片的范围构成了虚假陈述？往往越简单的标记、名称、图片，被告就越有可能以描述性的使用作为抗辩，假冒行为就越难以成立。❶ 因此，要获得胜诉，原告必须对假冒之诉的"三要件"提供充足的证据。这当中，虚假陈述的证明是最为困难的。

帕克法官在1915年的"斯伯丁诉伽马戈案"中也提到，❷ 假冒之诉最关键的就是被告的虚假陈述。在任何假冒之诉里，必须证明被告事实上已经实施了虚假陈述的行为。当然，虚假陈述的方式可以是言辞明示。但明示的虚假陈述比较罕见。较普遍的是采用隐晦的方式，在假冒他人商标、商号或装潢的过程中，对广大消费者或特定消费者作虚假陈述，使他们把假冒者的货物误认为是他们心目中与这些标记有联系的货物。在这种情形下，判定是否虚假陈述，需要考虑案件的所有情况。被告使用商标、商号或者装潢的方式是否明示、暗示商品来源于原告或者与原告具有某种特定联系。

奥利弗法官在"雷利和科尔曼公司诉博登公司案"中承继了帕克法官的观点，强调要对案件的来龙去脉进行全盘把握，深刻分析每一个要件背后的证据是否充分，而不要仅从主观上判断被告是否具有欺诈的故意。因为，在他的经验当中，"主观上的判断并不总是可靠的，案件的胜负取决于证据"。❸ 并且，要重视权威判例的作用。在引用之前判例时，

---

❶ David Kitchin et al., Kerly's Law of Trade Marks and Trade Names [M]. London: Sweet & Maxwell, 2005: 435.

❷ AG Spalding and Bros v. AW Gamage Ltd, (1915) 84 LJ Ch 449.

❸ Reckitt & Colman Products Ltd v. Borden Inc [1990] 1 All E. R. 873.

需要同时考察案件发生的现实语境，关注法官在诠释构成要件时所用之推理方法。因此，每一个假冒之诉判决的出现，与其说是产生新的分支，不如说是后来者对先前判例的归纳使用，是一种对传统假冒之诉的注释。

二、扩展的假冒之诉

20世纪70年代，英国法院陆续审理了一系列"酒类案件"，假冒之诉进入了新的发展阶段。酒类案件包括："香槟案"（Bollinger v. Costa Brava Wine Co Ltd）、❶ "苏格兰威士忌案"（John Walker & Sons v. Douglas McGibbon）、❷ "雪利酒案"（Vine Products Ltd v. Mackenzie & Co Ltd）、❸ "荷兰蛋黄酒案"（Erven Warnink BV v. J Townend & Sons (Hull) Ltd）。❹ 这类案件的共同特点是，产品的商誉是由某个地区某个行业的商人共同创造、共同享有的。消费者在看到某种产品的时候，很容易与他们心目中的某一个地区联系起来。如，法国的香槟、西班牙的雪利酒、苏格兰的威士忌等。这类产品的商誉不属于任何特定的某个商人，而是由生产

---

❶ Bollinger v. Costa Brava Wine Co Ltd [1961] 1 WLR 277. "Champagne"产区位于法国巴黎的东北部的 Rheims 和 Epernay 的葡萄酒产区，当地的气候寒冷赋予了香槟酒别样的清新之感。自1927年，法国就以法律规定只有特定的区域产的酒才能称为"Champagne"，此种酒在香槟产区需要一个特别的双重发酵的过程，需要符合法定的生产规范。

❷ John Walker & Sons v. Douglas McGibbon 1972 SLT 128. "Scotch Whisky"，一种只在苏格兰地区生产的威士忌。特别的是，苏格兰威士忌在制造过程中使用了泥炭这种物质。1909年，英国政府明文规定，必须在位于苏格兰的蒸馏厂里，使用水与发芽的大麦作为原料制造的威士忌才能称为"苏格兰威士忌"。苏格兰威士忌的生产者们有权采取法律行动禁止他人假冒。

❸ Vine Products Ltd v. Mackenzie & Co Ltd [1969] RPC 1. "Sherry"（雪利酒）是一种由产自西班牙南部安达卢西亚赫雷斯-德拉弗龙特拉（Jerez de la Frontera）的白葡萄所酿制的加强葡萄酒。在欧洲，"Sherry"是一个专用于原产地的受保护名称，在西班牙法律中，所有标识为 Sherry 的葡萄酒都必须产自雪利三角洲地，这是加迪斯省（Cádiz）Jerez de la Frontera, Sanlúcar de Barrameda, 和 El Puerto de Santa María 之间的一块区域。

❹ Erven Warnink BV v. J Townend & Sons (Hull) Ltd [1979] AC 731. "Advocaat"（荷兰蛋黄酒），由荷兰法律规范，一种蛋、糖、白兰地及香料混合制成的酒，在荷兰称之为"brandewijn"，"brande"是燃烧的意思，"wijn"指的是葡萄。

这一类产品的商人共享。❶ 如果商品并非来自法定的原产地，而是其他国家或地区的商家生产，并在商品上使用诸如"Champagne""Scotch Whisky""Sherry"等名称就构成假冒。

在荷兰蛋黄酒案中，法官迪普罗克（Diplock）和费萨尔（Fraser）在总结前人观点的基础上，给出了自己对假冒之诉构成的解释。迪普罗克认为，假冒之诉包括：

（1）虚假陈述；

（2）该虚假陈述系商人在商业中所为；

（3）该虚假陈述的对象是原告提供产品或服务的潜在消费者（prospective customers）或最终消费者（ultimate consumers）；

（4）该虚假陈述意在损害其他经营者的业务或商誉（该损害是可以被合理预见的）；

（5）该虚假陈述对原告的业务或商誉造成实际损害。若是商品出售前提出预防性诉讼（in a quia timet action），则必须存在造成这类损害的可能性。❷

费萨尔表示，假冒之诉在传统的三要素的基础上，应细化为：

（1）原告在英格兰必须具有相关营业；

（2）这类商品很容易被界定，在英格兰的公众或部分购买者通过原告的标记识别出其与其他类商品的区别；

---

❶ Naresh, Suman. Passing-off, Goodwill and False Advertising: New Wine in Old Bottles [J]. Cambridge LJ, 1986 (45): 97-120.

❷ 原文是：(1) a misrepresentation; (2) made by a trader in the course of trade; (3) to prospective customers of his or ultimate consumers of goods or services supplied by him; (4) which is calculated to injure the business or goodwill of another (in the sense that this is a reasonably foreseeable consequence); and (5) which causes actual damage to a business or goodwill of a trader by whom the action is brought or (in a quia timet action) will probably do so.

（3）这类商品在英格兰地区的声誉，产生了相关商业名称的商誉；

（4）作为销售这类商品的一员，原告在英格兰拥有这种商品的商誉；

（5）被告通过使用原告商业名称的行为，已经导致或很可能导致原告商誉的实质性损害。❶

从迪普罗克和费萨尔的意见可以看出，一方面，两位的见解并未超越传统假冒之诉三要素的范围，实质是对假冒之诉的传统要件进行更加系统、细致的阐述，以便能对新类型案件适用；另一方面，两位法官对推进假冒之诉的扩展也是不遗余力，费萨尔强调商誉的地域性，即原告必须在法院地——英格兰拥有商誉；而迪普罗克则坚决认为，假冒之诉必须针对的是商人的行为。至于，何谓假冒之诉中的商人（trader），该词到现在并没有任何统一的定义，而如果要下一个笼统的定义，就难免会在没有充分理由的条件下，把一些特别的行业排除在外。

不过，任何因提供商品或服务而取得收入的人似乎都能称为商人。瓦德洛（Wadlow）教授提到，商人（trader）一词的解释是广义的，包括从事专业、艺术或文学方面工作的人，具体地说，包括作家、漫画家、表演者，而在澳大利亚还包括了专业交际舞者。在很久以前的一宗案件里，一名诉讼律师就以某法律教科书作者的身份成功追讨到象征式的损害赔偿。实践中，原告无须证明他的业务是以营利为目的。至于是为了

---

❶ 原文是：(1) that his business consists of, or includes, selling in England a class of goods to which the particular trade name applies; (2) that the class of goods is clearly defined, and that in the minds of the public, or a section of the public, in England, the trade name distinguishes that class from other similar goods; (3) that because of the reputation of the goods there is goodwill attached to the name; (4) that he, the plaintiff, as a member of the class of those who sell the goods, is the owner of goodwill in England which is of substantial value; (5) that he has suffered, or is really likely to suffer, substantial damage to his property in the goodwill by reason of the defendants selling goods which are falsely described by the trade name to which the goodwill is attached.

公共利益还是为了他人的利益经营业务，并不重要。正因为如此，一个法定的赌金计算器委员会曾经提起假冒之诉并获胜诉，英国广播公司作为假冒之诉的原告同样也曾胜诉。❶

除了商誉要件的扩展外，随着现实贸易状况的日趋复杂，法院对虚假陈述的解释也日渐多样。随着这种多样化的扩展，假冒之诉成为法官手中一道"灵活的方程"，❷ 对市场上五花八门的不正当竞争行为进行规制。这些不正当竞争行为包括虚假广告（false advertising）、虚假代言（false endorsement）与反向假冒（inverse passing off or reverse passing off）。

虚假广告，就是被告在明知或罔顾误导消费者的后果下，作出任何含有失实、具误导性或欺骗性陈述的广告，并意图向公众推广、售卖其货品或服务。这其中，虚假陈述范围由原来的商品来源扩展到商品的性质、特征、质量。如在前文提及的"酒类案件"中，首先，原告要证明被告的广告中有对其商品的虚假陈述；其次，被告的虚假广告误导了消费者。值得注意的是，美国法院对于英国"酒类案件"的做法并不认同。例如，"香槟"（Champagne）一词在美国属于通用名词，如果一名华盛顿商人在美国生产、销售，只要其正确地在产品上和广告中标注自己产品的产地、质量等信息，并不会引起消费者混淆。相应的，那些在美国经营香槟（产自法国原产地）生意的商人并不能对其提起假冒之诉，除非该名华盛顿商人在广告中，虚假宣传它的香槟是来自法国的或与法国香槟的品质相关，从而误导消费者进行购买，并最终降低了法国香槟在美国消费者心中的商誉。

虚假代言，指的是未经名人、明星的授权许可，擅自使用他们的平面肖像或录像，通过一系列的宣传载体，使得消费者误以为该名人、明

---

❶ Wadlow Christopher. The Law of Passing-off: Mainwork: Unfair Competition by Misrepresentation [M]. London: Sweet & Maxwell, 2011: 119-125.

❷ Morison, W. L. Unfair Competition and Passing-off-The Flexibility of a Formula [J]. Sydney L. Rev., 1956 (2): 50-65.

星与被告的商品或服务之间具有代言关系而去购买，从而损害了名人、明星们的信誉。在美国，虚假代言的假冒之诉往往与形象权（Right of Publicity）紧密联系在一起。形象权是从隐私权中分立而来的。传统上对名人、明星的肖像、图像之保护采用的是隐私权理论，而有感隐私权理论已经不足以保护人们人格特征所体现的财产价值的时候，美国法官弗兰克（Frank）在1953年的"贺兰实验室诉托普斯口香糖公司案"（Helan Laboratories, Inc. v. Topps Chewing Gum, Inc）中创设了形象权制度，❶ 使人们获得对自身的形象、姓名等人格特征作商业性用途的权利。❷ 英国没有明确承认形象权制度，但是法官通过假冒之诉对名人、明星人格特征上的财产利益予以保护。较为知名的案件是2002年的"埃尔文诉英国体育广播电台案"（Irvine v. Talksport Ltd）。❸ 在本案中，原告艾迪·埃尔文是著名的世界一级方程式赛车锦标赛选手，被告是英国体育广播电台Talksport。被告在未经原告同意下，擅自在其广告手册上使用原告肖像图片。兰迪（Laddie）法官认为，名人常常通过有偿代言的形式，授权商家在商业活动中使用他们的名字和形象以促进业绩的增长。无可争议的，艾迪·埃尔文通过在赛车场上的优异表现，已经在世界范围内积累了可观的声誉。被告在未经其同意的情况下在宣传活动中使用他的肖像，这种行为属于虚假代言（false endorsement），本质上犹如向消费者虚假陈述它们的产品是由原告代言的，直接导致的结果就是损害了原告的财产利益和使得消费者受到了欺诈。

反向假冒，在英美法中指的是两种情况：一种是被告在市场上买回原告的商品，未经其同意，将原商品上的商标更换成自己的商标后出售；另一种是被告向消费者虚假陈述原告的商品是由它提供的，或者说它对

---

❶ Helan Laboratories, Inc. v. Topps Chewing Gum, Inc., 202 F. 2d 866 (2d Cir.1953).
❷ 王泽鉴. 人格权保护的课题与展望——人格权性质及构造：精神利益与财产利益的保护［J］. 人大法律评论，2009：51-103.
❸ Edmund Irvine & Tidswell Ltd v. Talksport Ltd［2002］2 All ER 414.

原告的产品质量负责。相较于前者，后一种情况发生的频率更常见。❶ 在"布里斯通温室公司诉卡斯托姆温室公司案"（Bristol Conservatories v. Conservatories Custom Built），❷ 双方都为建筑温室花园的公司，与被告相比，原告的商誉明显高出一筹。被告的销售人员在向消费者推广业务的时候使用了原告的产品图案。被告的做法使得消费者误以为原告的产品是由其设计、建造的。初审法院认为，将他人的产品表示为自己的并不是假冒。但是上诉法院推翻了这个决定，吉布森（Gibson）法官认为，被告的行为属于虚假陈述，他错误地向消费者声称原告的产品是由它设计、建造的。虽然他在判决书中并未细致地阐述反向假冒的概念，但他说道，"我不打算去定义这种形式的侵权行为是否就是人们所说的'反向假冒'。但我有充分的理由相信，本案的情形属于假冒之诉的范围"。❸

三、假冒之诉的适用

（一）未注册商标

根据英国商标法的规定：商标指任何以图形表示的、能够将某一企业的商品或服务与其他企业的商品或服务区分开来的标记。商标可以，尤其是，由文字（包括人名）、图形、字母、数字或商品形状或商品包装构成。❹ 美国商标法规定：商标，是指人们为将自己制造或销售的商品（包括特殊产品）与他人的相区别，以表示商品来源（即使该来源不为公

---

❶ Rogier W. Towards a European Unfair Competition Law: A Clash Between Legal Families: German and Dutch Law in Light of Existing European and International Legal Instruments [M]. Leiden: Martinus Nijhoff, 2006: 254.

❷ Bristol Conservatories v. Conservatories Custom Built [1989] RPC 455.

❸ 原文是：I do not intend to decide whether there is a form of the tort to be known as reverse passing off. It is sufficient, I think, to hold that the facts alleged can properly be regarded as within the tort of passing off.

❹ 《1994年商标法》（*TradeMarks Act 1994*）第1章第1条。

众所知），而在商业中使用的或意图真实使用的，并根据本章规定在主注册簿申请注册的任何词汇、姓名、标志、图案或上述要素的组合。此外，标题、角色名称或广播电视节目的显著性特征可以注册为服务商标，尽管这些标志或节目会为赞助商商品做广告。❶ 据此，假冒之诉中保护的未注册商标，指的是符合商标法的构成要素，但是未履行注册手续的商标。

在对未注册商标的适用过程中，法院的核心观点是：任何人都可以自由使用各种具有识别功能的标记。无论普通法还是衡平法，都认为任何人不能对一般的词汇、图案、个人的名字、地理名字行使排他性的权利。除非，在使用过程中，一方当事人实施了虚假陈述，既损害了当事人商誉又伤害了消费者的利益。❷ 法院在判案实践中针对每种假冒情形进行认真考究，逐渐探索出一套假冒之诉的判案标准。

一般而言，与描述性词汇相同，臆造性（fancy）词汇，如 Kodak、Nike、Adidas、Mondeo 由于更具显著性，更容易获得假冒之诉的保护。而普通的描述性词汇，即原来不符合商标注册条件，但是经过长期与某种商品或服务结合使用，具备了与原来一般意义不同的"第二含义"，使消费者可以通过"第二含义"识别出特定的商品或服务来源。

1896 年的"法兰克雷迪威公司诉乔治班纳姆公司案"（Frank Reddaway Ltd. v. George Banham）是这方面的标杆案件。❸ 法院在判决中认为，纯粹的描述性词汇，如"camel hair belting"能够在使用中获得"第二含义"。原告多年来一直生产机器运输带（machine belting），并在产品上标有"骆驼毛带"（camel hair belting）。被告是原告的前雇员，离职后，自己也生产起这种运输带，并在产品上标注同样的"camel hair

---

❶ 15U. S. C. § 1125.

❷ 法院并不承认任何人可以对词汇、标记的本身享有排他性的权利。参考：Reddaway v Banham［1896］AC 199；Bile Bean Manufacturing Co v Davidson（1906）8F 1181；Kinnell v Ballantine 1910 SC 246；Salon Services (Hairdressing Supplies) Ltd v Direct Salon Services Ltd 1988 SLT 417.

❸ Reddaway v. Banham［1896］AC 199.

belting"。原告声称,市场中大部分消费者都能通过"camel hair belting"识别出他的产品。还列出证据证明,被告的行为已经造成很多消费者因为混淆而错买了产品。原审法院在判决中认为,作为纯粹的描述性词汇"camel hair belting",原告不能对其享有任何的排他性权利,不支持其提出的假冒之诉主张。而终审法院推翻了这个判决,赫斯切尔(Herschell)法官认为:单纯的描述性词汇"camel hair belting"能够通过使用获得"第二含义",使公众能够通过该第二含义精确地识别出原告的产品。赫斯切尔法官还提到,制止被告的这种欺骗行为是法律维护基本商业道德之需要。❶

不过,"第二含义"的问题较为复杂,必须综合考虑描述性词汇本身的构成特点、广告宣传、使用频率、消费者的认识、使用时间长短等因素。因此,当事人的主张并不都能获得法院的支持。在"办公司清洁公司诉威斯敏斯特清洁公司案"(Office Cleaning Services Ltd v. Westminster Window and General Cleaning Cleaners Ltd),❷ 两家清洁公司就为此对簿公堂。原告使用的名称是"Office Cleaning Services Limited",被告使用的名称是"Office Cleaning Association"。原告的服务更具知名度,并认为自己的"Office Cleaning"一词已具备"第二含义"。被告在服务中使用的"Office Cleaning"属于假冒,于是提起诉讼。西蒙迪斯(Simmonds)法官在审理后不支持原告的诉讼请求。他认为,商人在商业中使用一些相同词汇,从而可能造成的一些混淆是不可避免的。必须允许这种风险存在,没有人能够仅仅凭借第一次使用就可以对词汇垄断性占有。法院将

---

❶ 原文是:I cannot help saying that, if the defendants are entitled to lead purchasers to believe that they are getting the plaintiffs' manufacture when they are not, and thus to cheat the plaintiffs of some of their legitimate trade, I should regret to find that the law was powerless to enforce the most elementary principles of commercial morality.

❷ Office Cleaning Services Ltd v. Westminster Window and General Cleaning Cleaners Ltd (1946) 63 RPC 39.

会包容这种相对较少的差别,并认为这种差别能够避免消费者混淆。❶

另外,一些标题、角色名称或广播电视节目在市场上已经获得显著性,虽然并未注册为服务商标,也可能得到法院的保护。1902年的"沃尔特诉阿什顿案"(Walter v. Ashton)为我们提供了很好的借鉴。❷ 原告是英国久负盛名的《泰晤士报》(The Times),被告为一家自行车生产企业。诉由在于:被告生产的泰晤士自行车(The Times Bicycles)以及在其后续的广告宣传中,虚假向消费者表示它们的产品与《泰晤士报》有直接的联系,让广大公众误以为"泰晤士自行车"是《泰晤士报》的一个附属产业。法院支持了原告的诉求,禁止被告在产品中使用"泰晤士报"(The Times)的用语。法官对此说明:到目前为止,还没有哪家报纸集团兼营生产自行车的,虽然这两者之间并不是一个竞争关系。在我看来,禁止被告的理由有两个。第一,被告虚假陈述原告是其主要合作伙伴,让公众以为被告是原告的一个部门,并对其产品质量负责;第二,这种虚假陈述很有可能造成原告财产的损害。对于被告的行为,与一般的诽谤、商业诽谤等是不同的,我们应该从商业竞争的角度考虑,判断它是否构成假冒之诉。❸

---

❶ 原文是:Where a trader adopts words in common use for his trade name, some risk of confusion is inevitable. But that risk must be run unless the first user is allowed unfairly to monopolise the words. The Court will accept comparatively small differences as sufficient to avert confusion.

❷ Walter v. Ashton [1902] 2 Ch 282.

❸ 原文是:Now, it is no part of the general business of a newspaper to carry on a cycle business, and this is not a question arising between rivals in trade. It appears to me that to entitle the plaintiffs to an interlocutory injunction they have to establish, first, that the defendant has represented the plaintiffs as his principals or partners, or, at least, as responsibly connected with his venture; and, secondly, that there is tangible probability of injury to the property of the plaintiffs in consequence of such representations. Mere annoyance is not enough, nor libel, not being trade libel; nor is a shadowy possibility of actions being brought enough. The case has to be considered apart from those cases turning on trade competition, infringement of rights, trade names, trade-mark, or the ordinary passing off equity.

(二) 商　　号

商号（Trade Name），即厂商字号或企业名称。作为企业识别度的标志，商号常常由一些个人名字、描述性词汇、臆造性词汇构成，使用在牌匾、商品包装等地方。商号与商标的共同之处在于：为消费者提供区分标识，引导社会公众进行消费选择，并借此提高自身商誉与扩大市场经营。作为一种知识产权，商号权的法律地位已经得到《巴黎公约》确认。❶ 在英美法国家，一般是通过假冒之诉对商号侵权行为进行救济。

"马克思姆诉戴尔案"（Maxim's Ltd v. Dye）是英国法院在1977年审理的商号案件。❷ 原告是英国的公司，从1907年开始经营法国巴黎的马克西姆餐厅"Maxim's"。马克西姆餐厅的装修运用了法国19世纪古典、优雅的新艺术传统风情，提供最时髦、最浪漫之佳肴。随着欧洲各国的富豪和贵族们纷纷惠顾，"Maxim's"这个名字也随之传播至整个欧洲。1975年11月，被告在英国的诺维奇注册登记，开设了一家餐厅，并使用"Maxim's"名称。餐厅的装饰模仿巴黎马克西姆餐厅的风格，运用了许多法国艺术家的卡通画和油画，渲染了与巴黎马克西姆餐厅相似的浪漫氛围。当然，被告的价格定位比原告低很多，吸引了众多不明真相的消费者前往。原告在知晓后，向法院提起假冒之诉。需要补充的是，原告虽然是一家英国注册的公司，但在英国并没有实际的商业活动。"马克思姆诉戴尔案"争议点在，第一，商誉的地域性。在本国没有营业实体的商人，通过国外的商业行为积累了延展至本国的商誉，这种商誉能否受到保护？第二，经本国注册核准使用的商号，能否成为对在先使用的商号进行抗辩。

针对商誉地域性的问题，20世纪之前受限于交通运输与信息传播手

---

❶ 《巴黎公约》第一条第二款规定，工业产权的保护对象有专利、实用新型、外观设计、商标、服务标记、厂商名称、货源标记或原产地名称和制止不正当竞争。

❷ Maxim's in Maxims Ltd v. Dye [1977] FSR 364.

段的匮乏，国际商品的流动性较低。商人的营业范围一般局限在本地或本区域。假冒之诉往往是由在本国营业的商人针对共同营业范围内的竞争者提起。本案的特殊性要求法官对商誉的地域性问题进行阐释。格雷厄姆（Graham）法官说到，尽管他赞同之前判例的观点，商誉不能脱离实体的营业而存在。但就此认为商誉具有严格的地域性的观点太狭隘了。原告虽然没有在英国具有实体营业，并不影响其在英国国内享有商誉。因为有些企业，或多或少已经具有国际性的特征。它们的商誉超越了国界。特别在欧共同体（EEC）成立后，国与国之间的距离感变小了，已经很难将商誉限定在某个地方。因此，原告虽然没有在英国国内实际营业，不影响其在英国国内享有商誉的权益。❶ 针对被告已经在英国国内注册了"Maxim's"商号的问题，格雷厄姆法官认为，商号的注册并不等于授予被告排他性使用这个名称的权利，这种注册行为不能对抗原告的在先权利。基于以上判断，法院最终支持了原告的请求，颁发禁令制止被告继续使用"Maxim's"商号。

（三）商业外观

商业外观（Trade dress），包括产品的外形或者形状、包装，在产品或包装上使用的颜色或者其他因素的组合。商业外观一词并未规定在美国商标法中，但是美国《反不正当竞争法重述（三）》在总结判例的基础上认为，只要其具有显著性和非功能性，就可以作为商标保护。❷ 在英

---

❶ 原文是：Some businesses are, however, to a greater or lesser extent truly international in character and the reputation and goodwill attaching to them cannot in fact help being international also. Some national boundaries such as, for example, those between members of the EEC are in this respect becoming ill-defined and uncertain as modern travel, and Community rules make the world grow smaller. Whilst therefore not wishing to quarrel with the decisions in question, if they are read as I have suggested, I believe myself that the true legal position is best expressed by the general proposition, which seems to me to be derived from the general line of past authority, that that existence and extent of the plaintiffs' reputation and goodwill in every case is one of fact however it may be proved and whatever it is based on.

❷ 孔祥俊. 论商业外观的法律保护 [J]. 人民司法，2005（4）：44-51.

国，并没有商业外观（Trade dress）一词，而是使用产品的包装、装潢（get-up），在判例中指涉的范围与前者大致相同。前文"传统的假冒之诉"的论述中，我们提到的"雷利和科尔曼公司诉博登公司案"，❶ 就是有关产品包装的假冒案件。案件中，原告是一家饮料公司，自1956年开始生产销售一种柠檬汁饮料，饮料的包装使用一种独特的柠檬形状的塑料瓶，瓶子上同时标有原告的商标"Realemon"。原告的产品在市场上受到消费者的追捧。截至1980年，原告在英国的柠檬汁饮料的市场占有率超过25%。被告于1985年夏天开始在英国市场制造、销售柠檬汁饮料，饮料包装上使用的是与原告一模一样的包装。于是，原告向被告提起了假冒之诉。

奥利弗法官在案件中结合"三要素"对商业外观进行了分析。他认为，一般而言，在柠檬汁饮料的包装上使用柠檬形状的瓶子是不具有显著性的。本案着重解决的问题有三个：第一，消费者心中是否已经将柠檬形状的包装与原告的产品相联系？第二，被告有无在市场上进行虚假陈述，导致消费者误认为购买的是原告的产品？第三，如果上述两个问题的回答是肯定的话，法院如果对被告的行为不予理睬，消费者的利益是否会受到损害，原告的商誉也会受到这种行为的损害？

从案件的审理过程来看，证明产品包装的显著性是很困难的。一方面，原告需要提供大量的证据，证明它为了推广这个产品而进行的投资并向法院提供了产品在英国、美国等国家的销量报告，试图说明这个产品在消费者心中具有良好的商誉，消费者能够通过这个包装很快地识别商品来源。另一方面，法院也通过向消费者进行调查取证，以深入了解双方产品在市场上的实际情况。最后，在确认符合假冒之诉的"三要素"的前提下，法院颁布了禁令，制止被告继续使用柠檬形状的塑料包装。

除了产品包装外，一些具有显著性并在市场上享有商誉的标识也受

---

❶ Reckitt & Colman Products Ltd v. Borden Inc [1990] 1 All E. R. 873.

到假冒之诉的保护。例如，餐厅独特的装修风格、❶ 企业官方网站的独特设计。❷ 这些商业外观除了传递一种商品来源或者质量信息，还有助于消费者作出购买选择，凝聚了生产者的商誉。这也与英、美一贯实行的公共政策目标相一致。传统上，英国和美国都实行竞争性的市场经济，特别注重奖励那些在商品或者服务质量上满足消费者需求的生产者。❸

（四）域　名

从技术性定义来看，域名是互联网识别和定位计算机的层次结构式的字符标识，与所在计算机的互联网协议地址（IP）相对应。从通俗的语言来说，在电子商务发达的年代，一个显著性强的域名就相当于企业的"门牌号码"。通过易被识别的域名，能够给企业网站带来更多的访问量，而访问量的数量给企业带来无数商机。目前，国际上对域名的申请处理方式，采取所谓的"先到先选原则"（first come first serve）。简而言之，只检查申请的域名是否已经被在先注册，并不考虑其是否有实质上的权利。如此，也就产生了"网络蟑螂"（cybersquatter）所引发之争议。网络蟑螂就是域名的抢注者，专门抢先注册他人公司的名称或商标作为域名或者域名的一部分，企图以高价卖回给原所有人或者给其他企图利用这个域名牟利的人。如此，常常使广大网络用户产生混淆，促发了许多网络不正当竞争行为。

为规范网络竞争环境的需要，假冒之诉再次扮演了急先锋的角色。1999 年，英国法院审理了"英国电信公司诉百万分之一公司案"（British Telecommunications v. One in a Million）。❹ 原告是世界知名的英国电信公司。被告是一家专门从事域名注册的公司，也就是我们俗称的网络蟑螂。

---

❶ My Kinda Town v. Soll [1983] RPC 407.
❷ EasyJet v. Dainty [2002] FSR 111.
❸ 孔祥俊. 论商业外观的法律保护 [J]. 人民司法，2005（4）：44-51.
❹ British Telecommunications plc v. One in a Million Ltd [1999] 1 WLR 903 (CA).

它在未经授权的前提下,以原告的名称注册了域名。原告于是向法院提起假冒之诉。初审法院认可了原告关于其企业名称负载了不菲的商誉,被告的行为损害了原告的在先权利。但是,法院不认为被告的行为构成了假冒之诉。原因在于,注册了企业的名称,但并未将这个域名使用或者转卖给其潜在的买家,被告的抢注行为相当于为他人提供"欺诈的工具"(instrument of fraud),仅仅有工具而未有具体虚假陈述的行为,不符合假冒之诉的构成要件。虽然法院没有以假冒之诉来审理这个案件,最后还是以"因恐惧而请求保护"(quia timet)为名禁止被告的抢注行为。❶

被告不服,提起上诉。理由是,基于"先到先选"原则,其并不是所谓的提供"欺诈工具"。上诉法院的艾德欧斯(Aldous)法官在审理中,首先,赞同了初审法院对"欺诈工具"的判断,认为被告以营利为目的抢注域名的行为,实际是为将来拟从事利用原告商誉混淆消费者的人提供了一种便利的"欺诈工具"。其次,艾德欧斯法官回顾上文提及的"荷兰蛋黄酒案",❷ 认为本案满足假冒之诉的要件。从商誉来看,原告的企业名称在英国众所周知,拥有良好的商誉;从损害结果来看,被告的抢注行为有可能在未来损害原告的商誉。至于,被告是否满足虚假陈述要件。艾德欧斯法官认为,被告的行为不仅为他人提供"欺诈工具",还构成了虚假陈述。理由在于,域名一经注册就会记录在互联网上,任何人可以通过域名查询服务系统(whois)查找该域名。当人们在查找后,发觉这个本应该属于原告的域名,而登记在册的却是被告,这本身就是一种虚假陈述。

---

❶ "quia timet":衡平法上,当事人惧怕或担心其某一权利或利益将可能遭受损害,而现有的普通法上的诉讼又不能预防该损害的发生时,允许当事人向衡平法院提起诉讼,寻求衡平法上的救济。法院可根据具体情况作出不同处理,如向被告签发禁令(injunction)等。

❷ Erven Warnink BV v. J Townend & Sons (Hull). Ltd [1979] AC 731.

第三节 假冒之诉的基础

一、商誉的概念

在 19 世纪初期，商誉（goodwill）仅是一个商业概念。1810 年，英国法官埃尔顿（Eldon）将商誉定义为，"老顾客光临老地方之可能性"。❶ 这个定义常常被美国学者引用。约塞夫（Joseph）在于 1841 年出版的《关于合伙关系的法律评论》中说道，"商誉，是一种企业所取得的优势或利益，不是其资本、股票、资金或财产的价值，而是顾客因其地理位置、技术等，对该企业产生的一种偏好。如何判断一个企业的成功与否，就在于商誉。"❷ 但是，商誉是财产吗？作者说到，虽然商誉很像财产，但严格来说，商誉不能单独存在，不是传统上的财产。约塞夫的见解得到了当时法官的认同。在一起破产案件中，被告是一家经营报纸的合伙企业，在合伙协议中列明的资产当中，特别说明了商誉是合伙人的共同财产。后来由于经营不善，宣告破产。原告作为债权人，向法院提出清算被告的商誉。法院在审理中认为：作为债权人，被告有权要求清算原告的所有财产。但是，合伙协议中写明商誉是财产的做法是不恰当的，因为商誉属于一份成功报纸的附带价值，其虽然很像财产，但并不是财产。因此，除了被告的有形财产外，不能够对商誉进行清算。那商誉是不是财产？为什么很像财产？囿于当时涉及商誉的案件数量很少，

---

❶ Cryttwell v. Lye, 17Ves. 335. 346. 34. Eng. Rep. 129, 134 (1810).

❷ Stuart Banner. American Property: A History of How, Why, and What We Own [M]. Cambridge: Harvard University Press, 2011: 37-40.

我们并没有找到法官很清楚的描述。不过，在1839年的一个案件中，我们还可以看到，美国法官在一个有关租赁业务的案件中提到，"实际上，在出租的时候，当事人是把商誉考虑进去的，对于这种具有市场价值的利益，法院将会给予保护。"❶ 由此可见，虽然法院没有明确说明商誉就是财产，但是承认其价值所在并给予保护。

到了19世纪后半叶，商誉的财产观念逐渐成形。1859年，纽约的一位法官认为，"商誉是企业的财产，就像企业的办公桌一样。"俄亥俄州的法官阐述到，"商誉常常弥漫在商业的空间里并进行传递，是企业必不可少的一种价值。"在学界，费城学者阿瑟·比德尔（Arthur·Biddle）论述到，"商誉属于一种无形财产，法律应该对其规制"。❷ 但是，人们对于商誉的财产属性并不是一致赞同。例如，作为财产，商誉是否可以继承？它的价值是单独估算还是与死者生前的有形财产捆绑在一起？商誉能不能抵押？如果债务人不履行合同，可否申请法院强制执行？国家能否针对商誉征税？在1897年，美国联邦最高法院审理了一个有关商誉征税的案件——"亚当斯快递公司诉俄亥俄州审计长案"（Adams Express Co. v. Ohio State Auditor）。❸ 案件中，原告是全国知名的快递公司。该公司在全国拥有众多资产，市场价值超过1600万美元，其中75%源自商誉的估值。被告俄亥俄州政府在当年颁布了一项针对快递公司征收消费税的法案，并根据这个法案对原告征收了533 095美元。原告不服，遂向法院提起诉讼，一直上诉到美国联邦最高法院。原告的理由在于，它在俄亥俄州的有形资产，包括马匹、马车、运输箱子等共只有42 065美元。被告只能根据它在当地的有形资产来征税，商誉并不属于此列。联邦最

---

❶ Stuart Banner. American Property: A History of How, Why, and What We Own [M]. Cambridge: Harvard University Press, 2011: 37-40.

❷ Stuart Banner. American Property: A History of How, Why, and What We Own [M]. Cambridge: Harvard University Press, 2011: 37-40.

❸ Adams Express Co. v. Ohio State Auditor. 166 U.S. 185 (1897).

高法院显然不同意原告的看法，梅韦利·富勒（Melville Fuller）法官认为，难道仅仅凭借这些马匹、马车、运输箱子，原告一年就可以在俄亥俄州获利275 446美元吗？原告的资产不单单是来源于这些有形资产，更加重要的是它的商誉。在民事关系越来越复杂的今天，企业的很大一部分财产都是由无形财产构成的，没有理由不对其进行征税。

进入20世纪，商誉是财产已经成为共识。1901年，英国法院审理了"IRC诉穆勒案"（IRC v. Muller & Co's Margarine），❶ 三位主审法官阐释了他们对商誉的理解，马克内格腾（Macnaghten）法官认为，商誉凝聚着企业良好的声誉、信誉和业务关系带来的利益与好处。它具有的吸引力可以招揽顾客。它可以把已具规模的老企业和经验不足的新企业区别开来。德威（Davey）法官则描述到，商誉一词只是用来概述买家因购买业务和该业务所使用的财产而累算应得的权利。而根据林德利（Lindley）法官的理解，商誉涵盖任何因标记的使用、顾客的联系等令业务增值的东西。在美国，法官也对商誉的概念进行了诠释。在"理查德父子公司诉美国政府案"（Richard S. Miller &Sons, Inc. v. United States）中，❷ 法院认为，商誉有时候被形容为企业所有无形资产的集合体。因为，获利率通常只用在计算有形资产，而商誉则被当做企业无形资产获利的同义词。严格来说，商誉乃是老顾客再度光临老地方的预期。它是无法估量的，是一种依靠消费者而无须合同加以拘束的价值。在"纽瓦克诉美国政府案"（Newark Morning Ledger v. United States），❸ 美国联邦最高法院认为，商誉有许多不同形式的定义，简而言之就是：消费者"持续光顾的预期性"。同时代的著名经济学家康芒斯（John R. Commons）的描述则更有意境，"商誉乃将漫溢在企业中一种不为人知的要素视为一个整体，不能被分离或区分，它不是科学而是人格。它是生物的个体，切开就会死亡。它甚

---

❶ IRC v. Muller & Co's Margarine. Ltd [1901] AC 217.
❷ Richard S. Miller & Sons, Inc. v. United States, 537 F. 2d 446, 210 Cl. Ct. 431 (1976).
❸ Newark Morning Ledger v. United States, 507 U. S. 546 (1993).

至不同于一个人的人格,而是更难捉摸的品格,如法国人所称的身体的精神、手足之情以及团结的自由人格。法人的商誉的特质造成它的价值不确定并问题重重。法人常被认为是没有灵魂的,但是商誉就是它的灵魂。"❶

在假冒之诉的案件中,1915年的"斯伯丁诉伽马戈案",法官首次将假冒之诉保护的对象定位为商誉,❷ 由此确立了假冒之诉的保护基础。对于商誉概念的讨论,在案件中也经常被提及,不管如何定义,法官的立足点都是:商誉是财产。具有代表性的,当数1976年的"星实业公司诉亚普科威案"(Star Industrial Company v. Yap Kwee Kor),❸ 迪普罗克法官认为:

> 假冒之诉是一种当财产权受到侵犯的时候可以寻求的救济途径。这种侵权并不在于被不当使用的商标、商品名称或装潢之财产权受到侵犯,而是在于商业或商誉的财产权因某种行为而受到侵犯,该种行为是以虚假表示为手段、以自己的货物冒充他人的货物、可能导致他人的商业或商誉受到损害的行为。商誉本身不可以单独存在,不能脱离它所依附的商业而独立存在。商誉具有区域性和可分性;如果在不同的国家开办商业,可分别在商业所在的每一个国家享有商誉,因此,如果在一个国家取得商誉后结束在该国的业务,在该国取得的商誉就随即消失。当然,在其他国家,业务仍然可以继续经营。❹

---

❶ John Rogers Commons. Industrial Goodwill [M]. New York: McGraw Hill, 1919: 19-20.
❷ AG Spalding and Bros v. AW Gamage Ltd, (1915) 84 LJ Ch 449.
❸ Star Industrial Company Ltd v Yap Kwee Kor (1976) FSR 256.
❹ 原文是:"A passing-off action is a remedy for the invasion of a right of property not in the mark, name or get-up improperly used, but in the business or goodwill likely to be injured by the misrepresentation made by passing-off one person's goods as the goods of another. Goodwill, as the subject of proprietary rights, is incapable of subsisting by itself. It has no independent existence apart from the business to which it is attached. It is local in character and divisible; if the business is carried on in several countries a separate goodwill attaches to it in each. So when the business is abandoned in one country in which it has acquired a goodwill the goodwill in that country perishes with it although the business may continue to be carried on in other countries."

迪普罗克法官将商誉定位为假冒之诉的基础，这是与之前的权威判例是相符合的。此外，他还强调了商誉具有三个特性：第一，商誉不能脱离它所依附的商业而独立存在。换言之，商誉不能与商人的其他各种可辨认的有形资产分开来单独出售。第二，商誉存在具有区域性，或者说，商誉具有一种经济地域性。即，商人可以根据其在不同国家和地区开展的业务而获得在各自区域的商誉。第三，商誉具有可分性，这种可分性并不是说商誉可以与商业实体相分离，而是因为在商业纷繁复杂的时代，商誉的创造不仅仅限于商品或服务的提供者，而其他一些市场主体，例如商标的被许可方、国外的代理人、经销商等都可以成为商誉的主体。只是这种可分性带来的主体不确定性，同时也为假冒之诉的主体资格认定带来了一些困难。

二、商誉的归属

一般而言，商誉是商品制造者或者服务提供者在贸易活动中创造及拥有的。但是在进入消费领域之前的商品和服务流通过程中，一般都涉及一个以上的商人参与。这样的话，当公众熟知的商品或服务被第三者假冒时，如何判定谁是商誉所有人？谁受到损害？谁能提起假冒之诉？为解决这些问题，瓦德洛教授强调在假冒之诉中，原告的商誉必须符合两项基本条件：（1）必须与引起纠纷的货物或服务有联系；（2）必须来自该货物的消费群众，不管消费群众是否为原告的直接顾客。判断复杂的商誉归属关系，可以考虑以下问题（用于服务业时问题细节可作适当修改）：

（1）购买者是否能认出货源的经营者并根据该经营者的商誉购货？

（2）公众认为谁应该对货物的质量和特性负责任，货品质量差劣应该向谁追究？

（3）事实上谁应该对货物的质量和特性负最大的责任？

（4）某经营者请求法庭确立某商誉为其所有的时候，有什么具体的情况足以证明或否定他是该商誉之所有人？❶

此外，瓦德洛教授针对市场中常见的商誉纠纷进行了分析：（1）外国企业及其代表；外国企业即使不独立地进行贸易，仍然可以成为商誉所有人。只要能证明这里有顾客需求其货物，不管他们是否与该企业有直接合同关系，都已经足够了。特别是，如果该外国企业在本地是由某个在法律上性质完全不相同的企业作为其代表的，无论以什么身份代表，只要该外国企业被承认是货物的主要来源，那么一般来说，商誉都会归其所有，而不归于其本地代表。（2）进口商、经营商与零售商；经营进口业务的企业以进口商的身份成为商誉所有人，也是相当有可能的。同样，任何企业，其货物众所周知是从第三方取得的，也可能取得商誉，该商誉反映了公众信任其选择和经销货物的能力达到了某一个水平。这种商誉可以与另外一种性质的企业的商誉，如制造商的商誉并存。（3）许可人与被许可人；商品名称或商标在使用许可证有效期期间，因使用该商品名称或商标进行经营而建立的商誉，归许可人所有，而不归被许可人所有。按瓦德洛教授的说法是，被许可人并不取得该商品名称或商标的任何权利，而且，他在许可期终止时必须停止使用该商品名称或商标。只要许可证是有效的，即使被许可人也许被作为有关货物的供应者，并且实际上也许对货物的质量和特性要负最主要的责任，都不重要。❷

从普通法判例来看，确定商誉归属的标准有两个："控制权测试"与"公众理解测试"。控制权测试，就是弄清楚对该商品的质量和特性负责

---

❶ Wadlow Christopher. The Law of Passing - off: Mainwork: Unfair Competition by Misrepresentation [M]. London: Sweet & Maxwell, 2011: 192.

❷ Wadlow Christopher. The Law of Passing - off: Mainwork: Unfair Competition by Misrepresentation [M]. London: Sweet & Maxwell, 2011: 198-209.

的事实上是谁；公众理解测试，就是弄清楚公众认为对该商品的质量和特性负责的是谁。与前者相比，后者较具意义，但仍然不能完全解决问题。在很多情况下，谁可能跟商品有联系，怎样把该有联系的人识别或辨认出来，公众并不关心。既然如此，那么进行前一种测试，找出掌握实际控制权的人，毕竟也可以提供一个较为确定的答案。下述两个案件中，法院便是根据"控制权测试"与"公众理解测试"对商誉归属进行分析。

【案例一】"欧尔特利诉鲍曼案"（T. Oertli AG v. E. J. Bowman）。❶ 原告是瑞士一家生产"Turmix"搅拌器的制造厂。它给一家经销商公司签发了独占使用许可证，允许该公司在英国制造和销售该种搅拌器，并在该搅拌器上使用原告在英国注册的商标"Turmix"。后来该经销商公司在原告同意的情况下把该使用许可转移了给被告。被告以"Turmix"的名称制造和销售该搅拌器，但无论在产品、包装箱或在介绍的文书，都没有提及原告的信息。该许可证终止之后，被告不仅继续以同一名称销售该产品，而且还开始销售一种被称为"Magimix"的搅拌器，并声言这些新产品是旧款产品"Turmix"的改良款式，原告于是提起假冒之诉。

初审法官杰金斯（Jenkins）在审理中认为：原告的请求能否得到法院的支持，必须看原告能否证明，争议所涉的商标或装潢在该国内通过使用，已经使消费者能辨认出该标记所依附的货物是它的特有货物。原告通过使用及公开介绍其货物的商标或装潢，使该标记或装潢与该货物之间产生某种联系，或使它成为识别该货物的标记。在这过程中，原告已经取得使用于同一类货物的该商标或装潢的一种"准所有权"，即专用权。假冒之诉的主要诉因，就是这专用权因为某种行为而受到侵犯。这种行为就是以欺诈的手段，在非原告制造的货品上使用相同的或容易混淆的商标或装潢，诱使消费者误认为该货物是原告制造的货物，从而夺

---

❶ T. Oertli AG v. E. J. Bowman (London) Ltd. and Others [1957] 16. R. P. C. 388.

取消费者原本想给原告的订货单。本案中,被告在英国制造和销售"Turmix"搅拌器的过程中,并未刻意令'Turmix'一字成为识别原告货物特征的标记,公众也不会认为这个产品是原告的,于是驳回原告的诉讼请求。原告不服上诉,上诉法院的里德(Reid)法官陈述了这样的意见:"在上诉人给被上诉人签发的使用许可证有效期间,在被上诉人制造及销售"Turmix"机器的过程中,上诉人对该机器的制造、经销和销售并没有加以控制,也无权控制,购买者也没有接到任何形式的、说明上诉人与该机器之间有任何联系的通知。"❶

【案例二】"丹托尔公司诉斯德托雷公司案"(Dental Manufacturing v. C. de Trey & Co)。❷ 原告是一家英国的公司,独家销售一家美国公司的产品。原告在销售该物品的时候保持着它出厂的原状和装潢,但装潢上完全没有任何痕迹显示该产品与原告有任何的联系。被告制造及销售同类物品,所用的装潢与美国厂家供应的产品原装潢相似,为此,原告向法庭提起假冒之诉。法庭拒绝受理该独家经销商的诉讼。巴克利(Buckley)法官持以下意见:"所谓'原告的货物',不一定是原告制造的货物,可以是他购买的、进口的或以其他方式取得的货物;又可以是他用某种装潢销售的货物,但该货物无论是他制造的、进口的或销售的,其装潢带给消费者的信息必须是:该货物的好处在于它载有原告商誉的保证,其质量由原告为人熟知的商行负责保证。"❸ 另一位法官弗雷切

---

❶ 原文是: "during the currency of the Appellants'licence to Bowmans, Bowmans made and marketed the "Turmix" machines without the Appellants having controlled or having had any power to control the manufacturer, distribution or sale of the machines, and without there having been notice of any kind to purchasers that the Appellants had any connection with the machines."

❷ Dental Manufacturing Company Limited v. C. de Trey&Co. [1912] 3 KB76.

❸ 原文是: "The plaintiff's goods need not be goods manufactured by the plaintiff. They may be goods which he purchases, or which he imports, or otherwise acquires, and which he sells under some "get-up" which conveys that they are goods which, whether made, imported, or sold by him, carry with them the advantage of the reputation that the plaintiff's well-known firm are responsible for their quality or their character."

(Fletcher)认为,"很明显,公众不认为这些货物是该独家经销商的货物。事实上,这些货物亦非该经销商的货物;而且,被告本身从来没有表示该涉嫌侵权的产品是原告的货物。"❶

三、商誉的损害

在假冒之诉中,商誉的损害是虚假陈述行为所造成的。最直接的表现形式有两种:毁损(destruction)与剥夺(deprivation)。❷ 毁损,指的是被告假冒原告产品,而且产品的质量存在瑕疵。当被告将这些产品投向市场的时候,不明所以的消费者上当受骗后,降低了对原告产品的信任,导致原告的产品对其不再有吸引力。剥夺,是指被告假冒原告的产品,但是产品的质量与原告相差无异,使得许多潜在的消费者流向被告,从而剥夺了本应属于原告的利益。从严格意义上来说,毁损才是真正的损害商誉的行为。不过,无论毁损还是剥夺,其本质都是一种割裂原告与消费者之间的贸易联系,而这种贸易关系实际就是原告商誉的重要组成部分。

实践中,原告只要能证明其商誉可能受到损害就可以得到法院的救济。法院并不要求原告提供实际损害的证明,也不受限于同一行业或者同一地区的竞争者之间。例如,在1972年审理的"安娜贝尔诉索克案"(Annabel's v. Shock),❸ 原告在当地经营一家夜总会,这家夜总会因为奢华的服务吸引各地名流前往,享有很高的商誉。被告在原告所在地开设

---

❶ 原文是:"But in this case it is clear that in no proper sense of the word were these goods ever regarded by the public as, nor were they in truth, De Trey & Co.'s (i. e. the sole agent's) goods, and there never was any representation on the part of the plaintiffs that the alleged infringing articles were De Trey & Co.'s goods."

❷ Wadlow Christopher. The Law of Passing - off: Mainwork: Unfair Competition by Misrepresentation [M]. London: Sweet & Maxwell, 2011: 255.

❸ Annabel's (Berkeley Square) Ltd v Shock [1972] RPC 838.

了一家与其同名的私人保镖服务公司。当然,原告与被告并不存在任何的联系。原告向法院提起假冒之诉。法院在审理中认为,被告的服务在当地的名声并不好,而它明知原告在当地享有很高知名度的事实,仍将原告的名称使用在公司名称上的行为将会使公众产生混淆,对原告的商誉构成了潜在的损害。因此,法院颁发禁令制止被告继续使用与原告相同的名称。

此外,商誉损害还体现在商誉的淡化(dilution)上。我们对淡化的理解很多都是基于美国后来的立法,实际上,淡化的概念早在假冒之诉中出现,并且淡化的范围不仅指商誉的淡化(dilution of goodwill),还包括个人声誉的淡化(dilution of a personal reputation)。在"泰亭亨诉安倍维案"(Taittinger v. Allbev),❶ 第一原告是一家法国的知名香槟酒厂(Champagne),第二原告是法国国内香槟产区法定的行业协会,这个协会专门负责监控香槟酒的生产质量和产地标记的管理。被告是英国生产饮料的公司,其在生产的饮料包装上标有"Elder Flower Champagne"标记。原告于是提起假冒之诉,要求禁止被告在其产品上使用"Champagne"标记。法院在判决中提到,被告的行为淡化了(dilution)原告的商誉,将会对原告的商誉造成很大的损害。❷

个人声誉淡化的情形,如我们前文提到的"欧文诉英国体育广播电台案"。❸ 兰迪法官在此案中将淡化的理论适用于公众人物个人的声誉上,从而扩大了淡化的范围。但对于损害的证明,上述两个法院都重申了,在实践中要准确评估原告的实际损害是很困难的。不过,只要原告证明

---

❶ Taittinger SA v. Allbev Ltd [1993] FSR 641.

❷ 原文是:On the facts of the instant case, there were serious issues to be tried in relation to the allegation of passing off since, inter alia, the dilution of the plaintiffs' reputation by the use by others of the word "Champagne in connection with beverages which were not in truth champagne, and which had no connection with champagne, could be a serious cause of damage to the reputation and the goodwill attached to the word "Champagne".

❸ Edmund Irvine & Tidswell Ltd v. Talksport Ltd [2002] 2 All ER 414.

了它的商誉存在，以及被告的虚假陈述行为将导致原告商誉存在损害的可能性，法院就会颁发禁令以防止产生不利后果。

第四节　假冒之诉与不正当竞争

反不正当竞争法，就是通过制止市场中的不正当竞争行为以维护市场秩序的法律规范的总和。纵观人类商业史，"公平""诚实"等理念早就在人们心中产生，现代有关规制商业的法律可以追溯到罗马法，但主要是在中世纪才逐渐展开。❶ 那时，不管是参与市场经营的商人，还是一般的消费者，都习惯通过"价格"这个指标来判断交易是否公正。对于反不正当竞争法的发展来说是很关键的，这显示出人们对交易"平等"感到敏感，自己有否占别人便宜或者被占便宜成为交易的顾虑。到了近代，开启反不正当竞争保护先河的是《巴黎公约》。《巴黎公约》在1900年修订后，将反不正当竞争的行为纳入。根据"条约必须遵守"的强行法规则，各个缔约国开始在国内进行反不正当竞争的成文立法运动。目前，各国对反不正当竞争的规制主要有两种形式，一种是制定专门的成文法典，如德国、瑞士；另一种，就是普通法传统的国家，如英国、美国等，通过假冒之诉以及其他辅助立法对不正当竞争行为进行规制。❷

在英国，假冒之诉是反不正当竞争法的代名词。在普通法史上，"不正当竞争"（unfair competition）一词甚至比假冒之诉（passing off）历史悠久。在1803年"霍格诉吉尔曼案"（Hogg v. Kirby），埃尔顿法官（Eldon）在判决书中首次使用了"不正当竞争"一词。在这个案件中，原告

---

❶ 黄仁宇. 资本主义与21世纪 [M]. 上海：三联书店，2012：9.

❷ Protection against Unfair Competition: Analysis of the Present World Situation, International Bureau of WIPO. No. 725（E）. 1994.

是当地一家知名的杂志社,被告在未经其同意的情况下,在杂志封面上标注了原告的名称,让公众误以为这是原告的出品。埃尔顿法官在判决中提到,被告的这种不正当竞争行为是可以诉究的,因为虚假陈述了他的出品与原告的出品有联系。❶ 19世纪末到20世纪初,法院对"不正当竞争"与"不正当贸易竞争"(unfair trade competition)相互使用,不过并没有专门的反不正当竞争的诉讼形式,法院将这种行为归入假冒之诉的范围。早期的法律书籍《丹尼尔的衡平法实践》(Daniell's Chancery Practice)中,认为不正当竞争还包括了侵犯知识产权的行为。书中提到,"所谓的反不正当竞争,就像我们看到的,法院通过颁布禁令去制止专利侵权、盗版、侵犯商标、商号的行为,去防止贸易当中的不正当竞争行为。"❷

1900年《巴黎公约》修订后,反不正当竞争一词开始在欧洲流行起来。许多国家都仿照《巴黎公约》制定了反不正当竞争法。英国虽然没有单独的立法,实际上,假冒之诉的内容已经包括了《巴黎公约》中规定的不正当竞争行为。❸ 对于假冒之诉与反不正当竞争法的关系,英国法院有两种不同的观点,有的认为假冒之诉就是反不正当竞争法的最好阐释;有的则认为假冒之诉虽然可以解决大部分的反不正当竞争问题,但不等于反不正当竞争法,反不正当竞争法还包括其他类型的诉讼。这两

---

❶ Wadlow Christopher. The Law of Passing-off: Mainwork: Unfair Competition by Misrepresentation [M]. London: Sweet & Maxwell, 2011: 2-4.
❷ Wadlow Christopher. The Law of Passing-off: Mainwork: Unfair Competition by Misrepresentation [M]. London: Sweet & Maxwell, 2011: 2-4.
❸《巴黎公约》第十条第二款规定,(1)本联盟国家有义务对各该国国民保证给予制止不正当竞争的有效保护。(2)凡在工商业事务中违反诚实的习惯做法的竞争行为构成不正当竞争的行为。(3)下列各项特别应予以禁止:1.具有不择手段地使竞争者的营业所、商品或工商业活动造成混乱性质的一切行为;2.在经营商业中,具有损害竞争者的营业所、商品或工商业活动商誉性质的虚伪说法;3.在经营商业中使用会使公众对商品的性质、制造方法、特点、用途或数量易于产生误解的表示或说法。

种观点的代表人物分别是艾德欧斯法官和迪普罗克法官。艾德欧斯法官认为,❶ 假冒之诉在当代的扩展,特别是以商誉为基础的体系建构,就是反不正当竞争法的最好表述。迪普罗克法官则认为,❷ 不正当竞争行为是可以提起诉究的。因为,不正当竞争行为使得其他商人遭受了商业或者商誉上的损失。英国法制止不正当竞争行为主要有三种,除了最常见的假冒之诉外,还包括诽谤(slander)、串谋损害(conspiracy to injure)。❸

到了20世纪90年代中期,有部分商人呼吁英国政府制定更严格的反不正当竞争法,他们认为假冒之诉已经不能满足现实需要。例如,一般而言,生产商会将产品通过各种渠道进行销售,包括各地的零售商和大型的超级市场。而超级市场往往进行低价促销吸引顾客,生产商认为超级市场的这种不正当竞争行为损害了他们的商誉。不过,根据假冒之诉的构成要件,生产商是很难提起假冒之诉的,因为超级市场并没有虚假陈述。❹ 对此意见,英国议会在1994年制定商标法的过程中曾有过辩论,最后并没有采纳。一方面是因为,经过普通法法官的"造法",假冒之诉的范围已经包罗万象,包括适用于域名抢注、虚假代言等,早已超越了《巴黎公约》的对于不正当竞争行为的规定;另一方面,英国政府也担心过于严厉的反不正当竞争法会抑制市场上的自由竞争,危害经济秩序的稳定。❺

---

❶ Arsenal FC plc v. Matthew Reed [2003] RPC 39.
❷ Erven Warnink BV v. J Townend & Sons (Hull) Ltd [1979] AC 731.
❸ 原文是:Unfair trading as a wrong actionable at the suit of other traders who thereby suffer loss of business or goodwill may take a variety of forms, to some of which separate labels have become attached in English law. Conspiracy to injure a person in his trade or business is one, slander of goods another, but the most protean is that which is generally and nowadys, perhaps misleadingly, described as passing off. The forms hat unfair tradeing takes will alter with the ways in which trade is carried on and business reputation and goodwill acquired.
❹ Mills. Own Label Products and the "Lookalike" Phenomenon: A Lack of Trade Dress and Unfair Competition Protection? [J]. EIPR, 1995 (20): 116-135.
❺ Carty H. An Analysis of the Economic Torts [M]. New York: Oxford University Press, 2010: 163-179.

在美国，假冒之诉从反不正当竞争法的代名词，演变为更广泛的反不正当竞争法的一部分。承袭英国普通法的传统，假冒之诉在美国一度成为反不正当竞争法的代名词。1909 年出版的《商标与不正当竞争》一书中，作者认为假冒之诉就是反不正当竞争法的同义词。❶ 20 世纪初，高举自由竞争的大旗，美国的市场经济得到了迅速的发展。但过于自由的经济也暴露了不少缺陷，导致了大萧条的局面。罗斯福总统在凯恩斯理论的指引下，逐步对市场实施国家干预。反不正当竞争法可以说是这种"受管制竞争政策"的产物之一。❷ 第一次世界大战后，反不正当竞争的概念在美国法律、政治、经济等领域滥觞。反不正当竞争法逐渐从假冒之诉的传统侵权理论中解脱，除了国内立法和最高法院的判例，还常常出现在国际反倾销、反垄断等问题上。

当前，美国反不正当竞争法的范围广泛。它不仅包含了普通法上的假冒之诉，还包括了商标法等与竞争行为密切相关的成文法。在美国《反不正当竞争法重述（三）》中假冒之诉被规定在第 4 条："与来源相关的虚假陈述：假冒之诉。"❸ 从重述的规定来看，美国把假冒之诉的"虚假陈述"限定在"来源"上，至于其他类型的虚假陈述，则体现在《兰哈姆法》第 43 条第（a）款，❹ 这一规定也被称为是"联邦普通法"

---

❶ Wadlow Christopher. The Law of Passing – off：Mainwork：Unfair Competition by Misrepresentation［M］. London：Sweet & Maxwell，2011：2-4.

❷ McCarthy. McCarthy on Trademarks and Unfair Competition［M］. New York：Clark Boardman Callaghan，2008：4-7.

❸ Restatement（3d）Unfair Competition（1995）§4.

❹《兰哈姆法》第 43 条第（a）款第（1）项规定：任何主体在商业活动中，在任何商品或服务或任何商品容器上商业使用任何文字、术语、名称、符号、图案或任何它们的组合或虚假来源陈述，虚假或引人误解描述事实，虚假或误导性表示事实：（A）从而可能在确认该人与他人的关系或联系上，在确认该人的商品或服务或他人的商业活动的来源、赞助人情况或许可方面，引起混淆，产生错误或发生误解；或者（B）在商业广告或促销活动中错误表示自己或他人商品、服务或商业活动的性质、特征、质量或产地来源。应在任何认为自己由此受到或可能受到的损害的主体提起民事诉讼。

或者"联邦反不正当竞争的一般条款"。❶ 另外，美国规制反不正当竞争行为的成文法还包括 1914 年的《联邦贸易委员会法》等。值得注意的是根据《联邦贸易委员会法》授权建立的联邦贸易委员会（FTC）。FTC 的主要职责就是保护消费者的利益，确保市场具有竞争性并高效地发展，对市场主体的活动进行调查，可以对不正当的商业活动发布命令阻止不正当竞争。从实际效果看，FTC 的存在为维护美国市场经济秩序贡献良多，使得微软、谷歌、英特尔等企业步步为营。

---

❶ 孔祥俊. 论商业外观的法律保护 [J]. 人民司法，2005（4）：44-51.

第二章

混淆标准

第一节　混淆标准的历史沿革

一、混淆标准的确立

普通法的假冒之诉开启了商标保护的历史。现代商标制度从中得到启发，确定其保护标准，甚至安排其框架。❶ 在商标成文法制定之前，假冒之诉是对商标所有人维护其市场利益的唯一利器。与成文法相比，假冒之诉的优点在于，基于普通法法官的"造法"，可以迅速灵活地应对社会发展。这种优势使得假冒之诉在商标成文法制定之后，能够对其未能涉猎的未注册商标、网络域名、角色营销、商业外观等领域发挥作用。不过，假冒之诉自身仍然存在一些不足。首先，取证困难。原告需要证

---

❶ 彭道敦，李雪菁. 普通法视角下的知识产权 [M]. 谢琳，译. 北京：法律出版社，2010：5.

明商誉的存在，往往要花费大量的成本去证明商誉的分布地域、消费者的认知度等。同时，原告还必须要证明被告存在虚假陈述。由于虚假陈述的定义较广，实践中法官要根据被告的行为导致消费者的结果而作出认定。其次，假冒之诉保护的对象是商誉。在现实中，在商誉产生之前，商人们往往需要进行许多前期的投资，假冒之诉对此显得保护不足。而商标成文法则弥补了这些不足，只要成功注册了商标，经过注册制度的公示作用，商标所有人就可以获得全国范围内排他性的权利。这不仅有利于减轻当事人的举证负担，而且允许当事人可以安心的进行前期的广告推广等活动。

商标成文法制定之后，出现了一种新的侵权诉讼形式：商标侵权（trademark infringement），指的是侵犯注册商标权的行为。商标侵权与假冒之诉既有联系又有区别。从联系上来说，两者的适用范围是重叠的，都针对假冒行为，❶ 并且在英国和美国都可以指称为广义上的反不正当竞争行为。如英国法院所述，❷ "假冒之诉与商标侵权的概念是很容易理解的。长期以来，法律和政策都鼓励市场上的公平竞争，而禁止不正当的竞争……假冒之诉与商标侵权都是禁止不正当竞争行为的重要组成部分。它们的共同原则就是，任何人都不能假冒他人的商品，损害他人的商誉；或者使用相同或相似的注册商标，获得不正当的利益。"❸ 假冒之诉与商

---

❶ 本文所叙述的"假冒之诉"中的"假冒"包括假冒、仿冒两种情形。

❷ United Biscuits (UK) Limited v. Asda Stores Limited [1997] RPC 513.

❸ 原文是：These causes of action are the subject of a great deal of learning, some of which has been deployed in argument during the hearing, but their basic idea is quite simple. It is (and has been for a very long time) the policy of the law to permit and indeed encourage fair competition in trade but to discourage and indeed prevent unfair competition. Fair competition is encouraged by the doctrine nullifying unreasonable restraint of trade; that common law doctrine is now supplemented by statutes and European Union measures. The rules as to passing off and trade mark infringement are (in non-statutory and statutory form respectively) a very important part of the law preventing unfair competition. Their basic common principle is that a trader may not sell his goods under false pretences, either by deceptively passing them off as the goods of another trader so as to take unfair advantage of his reputation in his goods, or by using a trade sign the same as, or confusingly similar to a registered trade mark.

标侵权的区别主要体现在以下三方面：其一，从用语上看，普通法上无"商标侵权"。假冒之诉不承认商标本身是财产，假冒之诉保护的是商标所有人经过使用获得的商誉。所以严格意义上说，"商标侵权"仅仅针对注册商标制度。并且，假冒之诉与商标侵权的称呼是不同的。在英美法语境下，假冒之诉被称为是一种"tort"，而商标侵权是"infringement"。虽然两者都可以翻译成"侵权"。不过，"tort"是一种私法或民法意义上的，由三个要素构成，即被告对原告负有某种法律义务、被告违反了义务，并且因此对原告造成了损害。而"infringement"则主要指侵犯了专利权、版权和商标权。❶ 其二，构成的要件不同。假冒之诉起源于普通法，其构成要件主要包括商誉、虚假陈述、损害。普通法院在司法实践中，不考虑消费者是否混淆，法官还可以针对这三要件进行不同的阐释，根据不同的情况适用。而在商标侵权中，消费者是否混淆或混淆之虞是原告取得胜诉的关键。其三，适用的范围不同。自商标成文立法后，商标所有人针对注册商标权的保护主要是通过提起"商标侵权"之诉，适用范围主要在相同或相似的产品或服务中。而假冒之诉主要对未注册商标以及其他具有商誉的商业性标识的保护，适用范围不限于相同或相似的产品或服务中，甚至不同的产品或服务也可以适用。当然，两种诉讼并不是互斥的，注册商标的权利人可以同时提起两种诉讼。只是，提起假冒之诉的话，证明责任的负担会远远大于商标侵权诉讼。

"混淆标准"是假冒之诉之后发展而来的保护商标权的标准。在假冒之诉中要证明被告的主观意图，存在很大的难度。随着实践的发展，出现了很多无法论证行为人欺诈意图但仍引起高级用户客户流失并损害其利益的情形，这样假冒之诉理论就凸显出了适用上的弊端。从严格意义上说，直到20世纪，才不再要求被告的欺诈意图，并将考虑的焦点转移

---

❶ 李明德. 美国知识产权法 [M]. 北京：法律出版社, 2003：256.

到了购买者的混淆可能性上，关注的问题从被告的心理状态转向购买者的心理状态。例如，早在 1904 年，美国联邦最高法院表示："在商标侵权案件中，从证明责任来说被告的'邪恶意图'和'欺诈意图'都不是必需的，因为关键因素是消费者的混淆——如果混淆是有可能的，那么被告必须被假定已经预期了其行为的自然结果。"❶ 作为保护商标和制止不正当竞争的重要法律基础，❷ 商标混淆理论得到了知识产权国际条约和各国商标立法的确认。TRIPS 第 16 条规定："注册商标的所有者应享有一种独占权，以防止任何第三方在未经其同意的情况下，在商业中对于与已注册商标的商品或服务相同或相似的商品或服务采用有可能会导致混淆的相同或相似的符号标记。在对相同或相似的商品或服务采用相同的符号标记时，就推定混淆的可能性已经存在。"

美国国会在草拟 1946 年商标法时，在其参议院报告中指出：商标法具有保护公众免于混淆以及商标商誉的双重目的，既然商标权人花费可观之时间、劳力与金钱，使其商标成为具有向公众表彰来源的功能，其对商标的投资不需被他人任意剽窃或者以不诚实方法盗用。❸ 在随后的《兰哈姆法》修改中引进了广义的混淆概念，规定"从而可能在确认该人与他人的关系或联系上，在确认该人的商品或服务或他人的商业活动的来源、赞助人情况或许可方面，引起混淆。"❹ 麦卡锡教授认为，所谓混淆之虞，指的是后使用人使用相同或近似的商标，而可能对购买人等造成

---

❶ Dodge Stationery Co. v. Dodge, 145 Cal. 380, 78 P. 879 (1904). 或服务已取得另一企业的同意（对赞助关系造成混淆）。

❷ 孔祥俊. 商标与不正当竞争法：原理和判例 [M]. 北京：法律出版社，2009：257.

❸ 原文是：One goal is to protect the public so it may be confident that, in purchasing a product bearing a particular trademark which it favorably knows, it will get the product which it asks for and wants to get. The other goal is to protect a trademark owner's investment of energy, time and money in presenting to the public the product from the mark's misappropriation by pirates and cheats. See 8 Senate Rep. No. 79-1333 at 3, 5 (1946).

❹ 美国商标法的中文翻译参考：美国商标法 [M]. 杜颖，译. 北京：知识产权出版社，2013.

来源、赞助、联结（联合企业或组织）或关联的混淆。混淆之虞的"虞"（likelihood）是可望发生之意，不仅仅是一种可能性（possibility）。❶ 根据《兰哈姆法》规定，混淆之虞的后果包括：（1）商标侵权；（2）不予注册；❷（3）申请商标注册如经审定公告，利害关系人可以提起异议；❸（4）商标如已经注册，利害关系人可以申请撤销。❹

《欧共体商标条例》在引言中指出："鉴于欧共体对注册商标的保护应完全适用，其功能在于特别保证商标起到一种区分商品来源的作用，特别是在商标与标记相同、商品或服务间相同的情况下；鉴于这种情形同时适用商标与标记、商品或服务间相似的情况；鉴于应该联系可能引起混淆来解释相似的概念；对引起混淆的可能性的判断取决于很多因素，特别是取决于商标在市场上的被认可程度、与已使用或注册的标记相联系的可能，商标或标记、商品或服务间相类似的程度，这些是提供这种保护的特殊条件。"《欧共体商标条例》第8条、第9条明确规定，除了在相同商品或服务上使用相同商标的情形推定为存在混淆外，在相同或类似商品上使用相同或近似商标时，除非存在混淆的可能，否

---

❶ McCarthy. McCarthy on Trademarks and Unfair Competition [M]. New York：Clark Boardman Callaghan，2008，§23：3，§23：5.

❷ 《兰哈姆法》第2条第（d）款规定：据宣誓人所知，并且宣誓人也确信，没有人有权在其商品之上使用相同或类似标记而可能造成混淆、错误或欺骗；(i) 声明主张排他使用权利的例外情形；且 (ii) 在宣誓人知晓的范围内，明确（Ⅰ）任何其他人进行的并存使用（Ⅱ）并存使用的商品类别以及地域；（Ⅲ）每一并存使用的期间；以及（Ⅳ）申请人所要设定的注册商品类别和地域范围。

❸ 《兰哈姆法》未明文规定异议的理由，但是在实践中，混淆之虞成为常援用的理由。See McCarthy. McCarthy on Trademarks and Unfair Competition [M]. New York：Clark Boardman Callaghan，2008，§23：13.

❹ 《兰哈姆法》未明文具体的撤销事由，但混淆之虞也是最常援用的理由。See McCarthy. McCarthy on Trademarks and Unfair Competition [M]. New York：Clark Boardman Callaghan，2008，§23：52.

则不应驳回商标注册申请，或者不应当认定构成商标侵权。❶

我国 2013 年修改前的《商标法》中并无"混淆"的概念，在商标侵权案件中是否以"混淆可能性"为标准，实践中争议颇大。2001 年《商标法》第 52 条规定，"未经商标注册人的许可，在同一种商品或者类似商品上使用与其注册商标相同或者近似的商标的"，属于侵犯注册商标专用权的行为。在司法实践中，最高人民法院在司法解释中对"商标近似""商品类似"作出了解释。"商标近似"是指，易使相关公众对商品的来源产生误认或者认为其来源与原告注册商标的商品有特定的联系。"类似商品"是指在功能、用途、生产部门、销售渠道、消费对象等方面相同，或者相关公众一般认为其存在特定联系、容易造成混淆的商品。❶ 最高人民法院的司法解释将混淆作为认定商品类似和商标近似的要素，本质上是将混淆可能性纳入认定侵权的考虑因素，即在相同商品上使用近似商标、在类似商品上使用相同商标，以及在类似商品上使用近似商标的，都应当通过混淆可能性进行侵权判定。不过，2013 年修改前的《商标法》并无"混淆""混淆可能性"的规定，各地法院对 2001 年《商标法》第 52 条的理解有所差异，导致认定商标侵权标准问题在实践中存在较大争议。

---

❶ 《欧共体商标条例》第 8 条规定：驳回注册的相对理由：1. 申请注册的商标，因在先商标所有人的异议，不得予以注册：（a）申请注册的商标与在先的商标相同的，以及申请注册的商标使用的商品或服务与在先的商标所保护的商品或服务相同的；（b）由于申请注册的商标与在先的商标相同或近似，以及申请注册的商标所使用的商品和提供的服务与在先的商标所保护的商品或服务相同或相似，而容易在在先商标受到保护的共同体区域内的公众中引起混淆的；这种容易引起混淆包括容易与在先商标相联系。第 9 条规定：共同体商标所赋予的权利：1. 共同体商标应赋予商标所有人对该商标的专用权。商标所有人有权阻止所有第三方未经其同意在贸易过程中使用：（a）与共同体商标相同，使用在与共同体商标所注册的相同商品或服务上的任何标志；（b）由于与共同体商标相同或近似，同时与共同体商标注册的商品或服务相同成类似的任何标志，其使用可能会在公众中引起混淆的；这种可能的混淆包括该标志和该商标之间可能引起的联系。

❶ 见《最高人民法院关于审理商标民事纠纷案件适用法律若干问题的解释》（法释〔2002〕32 号）。

2013年8月修改的《商标法》明确将混淆可能性作为商标侵权的一般要件。新《商标法》第57条将原来的第52条第（1）项拆分为两项：第（1）项规定"未经商标注册人的许可，在同一种商品上使用与其注册商标相同的商标的"，属侵犯注册商标专用权；第（2）项规定"未经商标注册人的许可，在同一种商品上使用与其注册商标近似的商标，或者在类似商品上使用与其注册商标相同或者近似的商标，容易导致混淆的"，属于侵犯注册商标专用权。第（1）项规定适用于在相同商品上使用相同商标的情形，此种行为属于直接侵犯了商标专用权，无须考虑混淆的可能性。而第57条第（2）项则包含了原来第52条第（1）项中的另外三种形态，即在相同商品上使用近似商标、在类似商品上使用相同商标、在类似商品上使用近似商标，这三种形态的共同点是商标不完全相同、商品并非同一种，即商标是近似的、商品是类似的。在这三种情况下判断是否构成商标侵权较为复杂，若存在混淆可能性则构成商标侵权。

二、混淆标准的发展

（一）混淆标准的扩张

从历史上看，混淆标准并非一成不变。面对层出不穷的商标侵权情况，法院在实践中不断丰富和扩大混淆标准的适用。依据1946年《兰哈姆法》的规定，商标侵权要成立，原告必须证明使用被控商标"有可能导致购买者对这种产品的来源产生混淆、错误或欺骗"。这些购买者可能是消费者、专业采购商、批发商或零售商。因此，传统意义上的商标法，主要是防止实际购买者对产品或服务的来源发生混淆，即误以为其所购买的商品或服务来源于某个经营者，而事实上来源于另一个不同的经营者。审查混淆可能性需要解决的另一个方面是混淆的相关时间。该时间因素与被混淆的相关人员密切相关。例如，购买者可能在销售点被混淆，而使用者可能在售后的背景下被混淆。事实上，依据1946年《兰哈姆法》的规定，法院都是将分析焦点放在实际购买者的混淆上，涉及的是销售点混淆。❶然而，销售点混淆并不意味着标记了商标侵权的外部边界。随着美国国会1962年《兰哈姆法》第一修正案的颁布，商标法获得了重大修改。商标法修改的主要目的是纠正印刷中的错误并澄清语言不一致或不明确条款的含义。另外，一些修订内容旨在引起程序上的变化。然而，国会的改革措施确实引起了商标法的实质性变化，通过扩张商标侵权的关键性定义，修订案扩大了混淆的禁止类型、相关人员和混淆的适用时间。❷

1. 可诉混淆内容

在混淆可能性检测标准框架下，1962年的修订案对可诉的混淆类型进行了重大扩张。原来的《兰哈姆法》要求的是"对产品或服务的来源产生混淆"。而在1962年修订案中，国会删除了"来源"（as to source of origin）内容。因此，一些法院将该内容的删除解释为国会旨在禁止任何有可能引起混淆的商标使用行为。这些混淆的形式包括附属关系混淆、赞助混淆或联系混淆，统称为"赞助混淆"（sponsorship confusion）。❸ 这种混淆类别来源于一个错误的意识，即由于双方当事人商标间的相似性，购买者会认为初级用户的产品或服务在某种程度上隶属于高级用户或得到了高级用户的认可。虽然赞助混淆通常并不会引起销售的分流，但确

---

❶ J. Thomas McCarthy. McCarthy on Trademarks and Unfair competition [M]. New York: Clark Boardman Callaghan, 2008, §23: 5.

❷ J. Thomas McCarthy. McCarthy on Trademarks and Unfair competition [J]. New York: Clark Boardman Callaghan, 2008, §5: 6.

❸ J. Thomas McCarthy. McCarthy on Trademarks and Unfair competition [J]. New York: Clark Boardman Callaghan, 2008, §23: 10.

实会损害原告的商誉和声誉。❶ 例如，一款从 1969—1974 年制造的具有经典外形的法拉利跑车因其显著性的商业外观而受到保护，从而免受来自仿制品汽车制造者的侵害。虽然未经授权的仿制品汽车购买者知道该车并不是正品，但他可能认为该公司受到了法拉利公司的赞助、批准或许可。此外，如果在公路上看见了仿制品汽车的非购买者认为该车看起来很便宜或年久失修，则法拉利公司源自其产品的稀有性和高质量的商誉将会受到损害。❷ 在这种情况下，"侵权者可以从商标所有者的商誉中获益，并且该商誉会因侵权者产品的低劣质量而受到玷污。"❸ 事实上，无论侵权产品的质量如何，侵权者都能够免费搭原告商誉的便车。1962 年修订案产生的推论于 1988 年获得了证实，此时美国国会在未注册商标的侵权法规中明确纳入了赞助混淆内容。随着修订内容的完善，现行《兰哈姆法》的混淆内容包括"关于来源的附属关系、联系或关联混淆"以及"有关来源、赞助或许可关系的混淆"。1988 年的修订案将大多数法院对 1962 年修订案关于混淆可能性的开放性解释内容进行了编纂。

2. 相关人员

美国国会也扩大了被混淆人员的范围。要确定混淆可能性调查的范围，必须系统地阐述被混淆的相关人员。依据 1946 年《兰哈姆法》明确提及的"购买者"，法院将混淆可能性调查局限于实际购买者的可能性混淆上。而在 1962 年修订案中，国会省略了"购买者"的措辞。对这种改变从根本上说存在两种解释。第一种解释是，国会试图协调法律各章节的规定，因为"购买者"一词在《兰哈姆法》的其他章节中根本不存

---

❶ Anne M. McCarthy. The post-sale confusion: Why the General Public should be Included in the Likelihood of Confusion Inquiry? [J]. Fordham Law Review, 1999 (67): 3337.

❷ Ferrari S. p. A. Esercizio Fabriche Automobili e Corse v. McBurnie, 11 U. S. P. Q. 2d 1843, 1989 WL 298658 (S. D. Cal. 1989).

❸ Richard L. Kirkpp. rick. Likelihood of Confusion in Trademark Law [M]. New York: Practising Law Institute press, 1995, §1: 4.

在。第二种解释是，国会旨在消除对相关混淆人员类型的限制。❶ 该司法解释扩大了相关人员的范围，制定法除了保护购买者外至少还保护潜在购买者。按照修订的制定法的字面理解，一些法院除了这两个类别外已经将保护范围延伸至普通大众，❷ 尤其是扩大对售后市场的保护。事实上，界定"相关人员"范围，最好的方式是根据谁处于"市场链的分配过程"中❸或是谁的混淆可能性威胁了商标所有者的商业利益进行判断。法律认可因混淆可能性所造成的损害，不仅仅是销售损失，还包括对名声和商誉造成的侵害。因此，在非购买者中产生的混淆也可以引起对名声和商誉的侵害。除了实际购买者，潜在购买者，未购买者（有时可能重叠）的混淆可能性也被包含在相关人员的混淆处理之中，如那些影响购买决定的人、商品或服务的使用者、受赠人，等等。

3. 相关时间

最后，1962年的修订案也引起了混淆可能性相关时间的扩张。虽然最为常见的混淆可能性形式是消费者购买时的混淆，但是依据该修正案，损害商标权人的混淆可能性不必局限于销售时。1962年的修订案，国会通过省略"购买者"的措辞不仅扩大了相关人员的范围，而且在混淆可能性时间方面也加以了扩张。因此，随着"购买者"限制术语的省略，混淆可能性也可以在购买前或购买后产生。❹ 售前混淆源于侵权标志引起了消费者的初始兴趣并混淆为其他商标，尽管消费者在最终的实际购买

---

❶ Syntex Lab. Inc. v. Norwich Pharmacal Co., 437 F. 2d 566, 568 (2d Cir. 1971).

❷ United Stp. es v. Hon, 904 F. 2d 803, 807, 14 U. S. P. Q. 2d 1959, 1962 n. 2 (2d Cir. 1990)（在相关的立法沿革与制定法修订中都没有排除在仿冒案件中的购买者和非购买者的混淆）; Commc'ns Sp. ellite Corp. v. Comcet, Inc., 429 F. 2d 1245, 166 U. S. P. Q. 353, 356 (4th Cir. 1970)（包括消费者、供应商、投资者、雇工和普通公众）.

❸ In re Decombe, 9 U. S. P. Q. 2d 1812, 1814-15 (T. T. A. B. 1988). 混淆可能性并不局限于争议产品的购买者，而是可能产生于任何分配过程阶段。

❹ Richard L. Kirkpp. rick. Likelihood of Confusion in Trademark Law [M]. New York: Practising Law Institute press, 1995, §1: 7.

行为发生前已经排除了混淆，但是仍应认定为商标侵权行为。❶ 依据售后混淆原则，如果第三方当事人可能通过观察他人所购买的物品而产生错误的购买意图，则可以认定存在售后混淆。售后混淆以这种观念为基础，即虽然某个消费者在购买贴附被控侵权商标的产品之时可能没有被混淆，但是该消费者对产品的使用可能会引起其他人的混淆。通过这种认定，法院含蓄地承认了因商标所有者的努力而产生的财产价值，即商誉。

（二）新型的混淆类型

1. 初始兴趣混淆

初始兴趣混淆也称售前混淆，即在作出购买决定之前，一个被侵权商标吸引的潜在购买者可能被误导并对侵权人产品产生"最初兴趣"，虽然这种混淆最终被消除，但仍具有可诉性。目前美国大多数法院都认可初始兴趣混淆理论并将其作为混淆可能性理论形式的一种。美国联邦第七巡回上诉法院认为，侵权商标是一个"开关式诱饵"，要么站在"法律门口"，要么"欺诈入境"。❷ 即使进行仔细研究和比较，可能会发现商标之间或其他信息之间的差异性从而有可能消除混淆，但是最初的混淆相似性还是对商标权人的商誉造成了损害。"重要的不是混淆的持续时间，而是对原告商誉的挪用。"❸ "支持售前混淆理论的学者，无论是主张将其纳入反不正当竞争法的范畴，还是主张将其纳入商标法的范畴，都认为商标权人的商誉被利用了，客户的注意力发生了转移。"❹ 因此，即使并没有因为初始兴趣混淆而最终完成实际销售行为，仍然可以依据

---

❶ J. Thomas McCarthy. McCarthy on Trademarks and Unfair competition [M]. Thomson, 2008, §23: 6.

❷ Dorr-Oliver, Inc. v. Fluid-Quip, Inc., 94 F.3d 376, 39 U.S.P.Q.2d 1990, 1995 (7th Cir. 1996).

❸ Promp. ek v. Equitrac, 300 F.3d 808, 812-13, 63 U.S.P.Q.2d 2018, 2021 (7th Cir. 2002).

❹ 李雨峰. 迷失的路——论搜索引擎服务商在商标法上的注意义务 [J]. 学术论坛, 2009, 32 (8): 61-68.

初始兴趣混淆认定商标侵权的存在。因混淆相似性商标而被引诱进入侵权人的商店，此时即使消费者已经意识到他们的错误，但是出于便利考虑他们仍然可能会停留下来继续完成交易，或是沮丧地放弃对商标权人的商标搜寻。麦卡锡教授将商标初始兴趣混淆形象地比喻为一个在简历上谎称自己学历而获得了面试的求职者，该求职者在面试中解释说这种虚夸的学历是一个"过失"或"拼写错误"。这种不实的陈述已使求职者获得了一个令人垂涎的面试机会，比其他在简历上如实陈述了自己学历并具有相同教育背景的人存在明显的优势。在这种情况下，不可能说该虚假陈述没有引起竞争性损害。❶ 美国联邦第七巡回上诉法院在"辛迪加销售公司诉汉普郡纸业公司案"（Syndicate Sales, Inc. v. Hampshire Paper Corp）中评论说："这种混淆也被称为初始兴趣的'引诱和转移'，在其允许竞争对手通过混淆消费者的方式'获得站在竞争门口的机会'时，将影响消费者的购买决定。如果售后对产品的检查是一种无效的补救方法，这种做法就是有意义的。"❷

初始兴趣混淆理论初见于1973年的"格柔特里安诉施坦威案"（Grotrian v. Steinway&Sons）。❸ 在该案中，地区法院表示虽然一架昂贵钢琴的潜在购买者往往是音乐专家，但他或她可能会被误导而考虑购买"grotrian-steinweg"钢琴，因为潜在购买者最初是依据"grotrian-steinweg"的制造商在某种程度上附属于著名的钢琴"steinweg"制造商的错误印象而作出的购买决定。"被误导地产生了初始兴趣的"steinweg"钢琴购买者可能会自我满足，因为相对比较便宜的"grotrian-steinweg"钢琴与"steinweg"钢琴质量相当甚至更好。因此这种欺骗和混淆伎俩侵

---

❶ J. Thomas McCarthy. McCarthy on Trademarks and Unfair competition [M]. Thomson, 2008, §23: 14.

❷ Syndicate Sales, Inc. v. Hampshire Paper Corp., 192 F.3d 633, 52 U.S.P.Q. 2d 1035 (7th Cir. 1999).

❸ Grotrian, Helfferich, Sehulz, Th. Steinweg Nachf v. Steinway&Sons. 523 F.2d 1331 (2d Cir. 1975).

占了高级用户"steinweg"的商誉。"美国联邦第三巡回上诉法院也认为该案的争议商标存在混淆可能性,因为即使后来的相关调查显示"grotrian-steinweg"与"steinweg"制造商间并不存在任何联系,但是误以为涉案的两个制造商存在某种联系的潜在购买者将会被"grotrian-steinweg"的名称所吸引而考虑购买该品牌的钢琴。

继"格柔特里安诉施坦威案"之后,初始兴趣混淆学说直到"美孚石油公司诉飞马石油公司案"(Mobil Oil Corp. v. Pegasus Petroleum Corp)才再次获得支持。❶ 在该案中,美国联邦第二巡回上诉法院依据初始兴趣混淆学说,判决被告的"飞马"标志侵犯美孚石油公司的"飞马"商标。原告美孚公司生产和销售石油产品,并使用了代表神话飞马的"飞马"图形作为自身的商标。而被告飞马石油公司从事石油贸易,但并没有直接销售给广大市民。法院指出,虽然美孚石油公司和飞马石油公司不是直接的竞争对手,但它们的确都在石油行业里竞争。实际上,飞马石油公司并没有使用"飞马"图形商标,但"飞马"的文字表达就象征着"飞马"图形表达,因为"飞马"一词在消费大众头脑中是与美孚石油公司的商标相联系的。美国联邦第二巡回上诉法院肯定地解释说:"认定混淆可能性并不是基于第三方当事人会认为飞马石油公司和美孚石油公司之间具有某种关联从而与之发生业务的考量,而是因为飞马石油公司在交易过程的初始阶段获得美孚石油公司的权威信誉是相当有可能的。"❷ 因此,法院考虑到这种

---

❶ Mobil Oil Corp. v. Pegasus Petroleum Corp., 818 F. 2d 254 (2d Cir. 1987).
❷ Mobil Oil Corp. v. Pegasus Petroleum Corp., 818 F. 2d 254 (2d Cir. 1987).

搭便车的可能性，运用初始兴趣混淆理论作出了商标侵权判决。❶

2. 售后混淆

售后混淆的指导性案件是 1955 年的"Atmos 时钟案"（Mastercrafters Clock&Radio v. Vacheron&Constantin Le CoultreWatches），弗兰克（Frank）法官认为除了产品购买者以外的其他人的可能性混淆也是可诉的。在该案中，初级用户模仿了高级用户售价昂贵的"Atmos"时钟的显著性外观。弗兰克法官认为：至少一些客户为了获得正品所带来的名望将会购买模仿者价格便宜的时钟，因为客户家中很多访客都会认为其所展示的是一件真正的名贵物品。从而，模仿者的不当行为构成了这样一种事实，即访客将有可能想当然认为该钟表是那种售价昂贵的正品 Atmos 时钟。因此，这种混淆可能性足以使模仿者的行为具有可诉性。❷ 在这种情况下对高级用户的损害是，消费者通过购买模仿者价格低廉的仿制品而获得高级用户产品的威望价值。尽管老练的购买者知道其所购买的是一个仿制品，但旁观者将被混淆。因此，高级用户遭受了顾客向初级用户分流的销售损失，此种情形与实际购买者被混淆的效果是一样的。此外，如果旁观者、重复购买者、礼品接收者将仿制品的劣等质量归于商标所有

---

❶ 近些年我国也出现了大量的涉及初始混淆理论的案件。例如，北京沃力森信息技术有限公司诉八百客（北京）软件技术有限公司案［北京市海淀区人民法院（2009）海民初字第 267988 号民事判决书，以及北京市第一中级人民法院（2010）京一中民终字第 2779 号民事判决书］；台山港益电器有限公司诉广州第三电器厂、北京谷翔信息技术有限和公司案［参见广州市白云区人民法院（2008）云法民三初字第 3 号民事判决书，以及广州市中级人民法院（2008）穗中法民三终字第 119 号民事判决书］；大众交通（集团）股份有限公司、上海大众搬场物流有限公司诉百度网讯科技有限公司、百度在线网络技术（北京）有限公司、百度在线网络技术（北京）有限公司上海软件技术分公司案［参见上海市第二中级人民法院（2007）沪二中民五（知）初字第 147 号民事判决书，以及上海市高级人民法院（2008）沪高民三（知）终字第 116 号民事判决书］。以上案件均是在网络竞价排名中对于商标侵权的认定。在上述案件的判决中，法院均认为被告通过擅自使用商标字样在网络媒体、搜索引擎中进行宣传，导致众多相关消费者在寻找相关信息时对于商品或者服务来源产生误认，造成了消费者的初始混淆，侵犯了商标持有人对于商标的专用权，判定被告侵权并承担相应的责任。

❷ Mastercrafters Clock&Radio Co v. Vacheron&Constantin Le CoultreWatches, Inc., 221F. 2d 464, 466 (2d Cir. 1955).

者,那么会损害商标所用者的商誉。这种方法因为无法依证据证明旁观者的行为而是依赖于对旁观者行为的假定因此受到了批评。

随着1962年美国国会删除了《兰哈姆法》中关于"购买者对产品或服务来源产生混淆、错误或欺骗"的要求,一些法院注意到了侵权检测范围的扩大。例如,美国联邦第三巡回上诉法院同意国会于1962年在修正案中将混淆的主体扩展至实际购买者外的其他相关人员的混淆可能性,认为《兰哈姆法》框架下的可诉性侵权行为包括潜在购买者的售后混淆。❶ 然而,尽管1962年对《兰哈姆法》进行了修订,但是一些法院仍然将混淆可能性分析界定在实际购买者的销售点混淆上。这些法院明确拒绝将分析的焦点放在售后混淆上,并且宣布混淆可能性调查只包括购买时的消费者混淆,而不包括消费者在售后背景下的混淆可能性。例如,在"耐克公司诉'Just Did It'企业案"(Nike, Inc. v. "Just Did It" Enterprises),❷ 原告以其注册商标商标"NIKE""Just Did It"以及旋风符号为由对被告提起了商标侵权诉讼行为。被告销售的T恤和运动衫贴附了与原告相同的旋风设计标志,但是用文字标志"MIKE"代替了"NIKE"。被告承认采用一个相似性符号的目的是在一个非销售背景下引起不经意观察者对著名商标耐克的混淆,但是法院并没有依据售后混淆理论判定商标侵权。

3. 反向混淆

在特定的市场中,通常认为首先使用某个商标的公司或个人为高级用户,而随后采用了相同或类似商标的公司或个人为初级用户。在商标侵权行为中,通常都是消费者认为商标的高级用户是随后初级用户产品的来源或赞助商。当消费者误以为初级用户的产品或服务与高级用户的产品或服务来自同一来源或具有某种联系时,便产生了传统的标准模式

---

❶ Checkpoint Systems, Inc. v. Check Point Software Technologies, Inc., 269 F.3d 270, 60 U.S.P.Q. 2d 1609 (3d Cir. 2001).

❷ Nike, Inc. v. "Just Did It" Enterprises, 6 F.3d 1225, 28 U.S.P.Q. 2d 1385, 1388 (7th Cir. 1993).

"正向混淆"（forward confusion）。希望购买高级用户产品的客户，由于商标的相似性反而错误性地购买了初级用户的产品。而在"反向混淆"情形下，是希望购买初级用户产品的客户基于错误印象而购买了高级用户的产品。也就是说，当初级用户的广告和促销活动压倒了高级用户在市场中的商誉，并导致客户误以为高级用户的产品是初级用户所生产时便产生了传统混淆方式的对立面——反向混淆。因此，只有当证据显示初级用户能够以一种相对较大范围的广告运作压倒高级用户在市场中的商誉时，才可以认定反向混淆的存在。正如美国联邦第三巡回上诉法院所评论："反向混淆原则旨在防止我们这里所存在的灾祸性情形——一个规模更大、实力更强的公司篡夺一个规模相对较小的高级用户的企业身份。"❶ 即大规模初级用户压倒小规模高级用户。当初级用户作为一个相对较大的公司，在其向全国范围内推出新产品之前，在相关领域发现了一个小型的（通常是地区性的）具有相似商标的高级用户时，便产生了反向混淆的原型。因为小型高级用户只有一个相对小范围的客户群体，大规模的初级用户可能认为在这种情形下只存在一个局部的和最低水平的正向混淆，而且初级用户并没有搭当地小型用户名声和商誉便车的意图，从而误以为相似性商标的使用行为不会引起任何冲突。因此，初级用户在全国范围内推出其新商标，并压倒了高级用户在当地的认可度。在这种情况下，高级用户的商标不再担负商标识别功能，而且摧毁了高级用户控制自身品牌质量、商誉及进入新市场领域的能力，尤其是初级用户所在行业范围。❷ 美国联邦第二巡回上诉法院表示："反向混淆是一种认为初级用户是高级用户产品来源的错误印象……消费者可能认为高级用户是未经授权的侵权者，而且初级用户对商标的使用可能以这种方

---

❶ Commerce Np.. Ins. Services, Inc. v. Commerce Ins. Agency, Inc., 214 F. 3d 432, 55 U. S. P. Q. 2d 1098 (3d Cir. 2000).

❷ Sands, Taylor & Wood Co. v. Quaker Op.s Co., 978 F. 2d 947, 24 U. S. P. Q. 2d 1001, 1010 (7th Cir. 1992).

式损害高级用户的名声与商誉。"❶

事实上,反向混淆案件的开创性判例是 1976 年的"大欧轮胎公司诉固特异轮胎橡胶有限公司案"(Big O Tire Dealers, Inc. v. Goodyear Tire & Rubber Co)。❷ 在该案中,原告是美国西部拥有 200 个轮胎特许经营权经销商系统并主要销售自有品牌的轮胎制造商。在 1973 年年末,原告计划以"BIGFOOT"为商标销售束带斜交轮胎并于 1971 年开始了其首次销售活动。与此同时,被告于 1974 年夏季决定使用"BIGFOOT"作为其将在 1974 年秋季上市的新产品辐射状轮胎的商标。被告预算在这将近五个月的时间内投入 600 万美元进行全国性电视广告宣传活动,但在广告准备下个月进行的八月,被告首次听说了原告在其轮胎上对"BIGFOOT"商标的在先使用。被告和原告之间进行了谈判但并未达成协议,被告决定按计划继续进行其广告宣传和新产品销售。因此原告商标的公众认可度被淹没了。在电视广告中看见了被告新款"BIGFOOT"辐射状轮胎的人们将会到原告批发店购买一些被告的轮胎。原告的经销商不得不对深表怀疑的客户解释说,他们只销售"BIGFOOT"束带斜交轮胎,而不销售被告辐射状轮胎。陪审团和法院一致认为,消费者假定原告盗用了被告的"BIGFOOT"商标是合情合理的。对于大多数客户来说,"BIGFOOT"商标象征的是被告,而且任何使用该商标的其他人一定是售价便宜的模仿者。虽然在该案中没有发现"正向混淆"或"假冒经营",但陪审团依据反向混淆理论及对原告商标和商誉的贬低行为判决被告承担包括惩罚性损害赔偿金在内的 1960 万美元的损害赔偿金。

上诉法院支持了这种赔偿责任,但将损害赔偿金减少到 470 万美元并在高级法院可能性的复审前审结了该案。该案是依据科罗拉多州的法

---

❶ Banff, Ltd. v. Federp. ed Dep't Stores, Inc., 841 F. 2d 486, 6 U. S. P. Q. 2d 1187 (2d Cir. 1988).

❷ Big O Tire Dealers, Inc. v. Goodyear Tire & Rubber Co., 408 F. Supp. 1219, 189 U. S. P. Q. 17 (D. Colo. 1976).

律作出的裁决。在司法实践中,"大欧轮胎公司诉固特异轮胎橡胶有限公司案"中所采用的反向混淆理论已经被大多数法院所认可,❶并将该规则编撰到了侵权法重述条文中,❷而且还应用到了美国专利商标局的操作程序中。对于联邦注册商标的侵权行为来说,《兰哈姆法》第32条第(1)款的混淆可能性宽泛措辞足以包括反向混淆在内。❸此外,美国联邦第二巡回上诉法院已经明确表示,根据《兰哈姆法》第43条第(a)款对未注册商标的侵权可依反向混淆理论进行诉讼。❹

第二节　混淆标准的逻辑前提：商标的识别功能

商标,其特点、功能是具有显著性和识别性。为了防止消费者或者社会公众对生产者、服务者的产品或者服务产生混淆,有必要对商标进行保护。在中世纪及之前,商人在商品上使用标记主要目的是表明其对商品的所有权。中世纪行会兴起之后,为了保护会员的整体利益,对标

---

❶ 在司法实践中,美国联邦第二巡回上诉法院、美国联邦第三巡回上诉法院、美国联邦第五巡回上诉法院、美国联邦第六巡回上诉法院、美国联邦第七巡回上诉法院、美国联邦第九巡回上诉法院、美国联邦第十巡回上诉法院都明确承认反向混淆规则。

❷ Restp. ement Third, Unfair Competition, § 20, comment f, 1995.

❸ 《兰哈姆法》第32条第(1)款第(a)项规定:任何人在未经注册人同意,在商业中将任何一项已注册标志的复制品、仿冒品、抄袭品或具有欺骗性的伪造品使用在与任何物品或服务有关的销售、提供销售、批发或广告上,并且这种使用有可能引起混淆、误解或欺骗……应在注册人提出的民事诉讼中承担下文规定的对注册人的补救。根据该条文的规定,足以认定反向混淆行为具有可诉性。事实上,根据欧盟商标法理论,其并不认为"反向混淆"有别于一般的混淆类型,因为"对商标侵权责任认定起决定性作用的是混淆的事实,而不是混淆的'方向'"。参见 Jeremy Phillips. Trade Mark Law: A Practical Anatomy [M]. Oxford: Oxford University Press, 2003: 351.

❹ Banff, Ltd. v. Federp. ed Dep't Stores, Inc., 841 F. 2d 486, 6 U. S. P. Q. 2d 1187 (2d Cir. 1988).

记进行强制性、管制性的使用。这时,商标的使用一方面是为了让消费者识别商品制造者的身份,另一方面是为了控制行业的垄断利益,并追查生产劣质商品的责任人。中世纪行会的标记管理制度,包括了对标记进行注册及品质保证的义务,遂成了现代商标制度的滥觞。中世纪的行会是在封建政治权威涣散的状况下,成为一种具有高度自主性、自律性和排他性的商业组织。这个时期的商业生产以手工业为主,产品相对单一,限售范围仅限于本地。生产者与消费者之间可以直接面对面交易,商标虽有识别作用,效果并不明显。此时的商标,表面上看是作为所有权的标记、检验标记以及追究产品责任时的证据。实质上,作为"管理标记"或者"责任标记"的商标更多是作为政府与行会管制商业发展的工具。❶

进入19世纪,工业革命的开展彻底改变了人类的商业史。❷ 在工业革命之前,全世界的商品大都是用手工制作的。这些生产活动中,动力靠的是人力或畜力,借助于杠杆或滑轮的作用,同时还辅之以水力或风力。此后,人类对蒸汽、电、煤气以及原子内部结构有了新的认识,不断得到新动力来源。1825年,在英国人约翰·菲奇和罗伯特·富尔顿的辛勤劳动下,蒸汽机被成功运用到海上运输和陆路运输。1866年,第一台发电机由维尔纳·西门子发明出来,电报以及电话随着电力的出现而被使用。此类技术创造,对于商业发展影响深远。

---

❶ 邓宏光. 从公法到私法:我国《商标法》的应然转向——以我国《商标法》第三次修改为背景[J]. 知识产权, 2010 (3): 24-31.

❷ 工业革命发源于英格兰中部地区,是指资本主义工业化的早期历程,即资本主义生产完成了从手工业生产向机器大工业过渡的阶段。工业革命是以机器取代人力,以大规模工厂化生产取代个体手工生产的一场生产与科技革命。由于机器的发明及运用成了这个时代的标志,因此历史学家称这个时代为"机器时代"。准确界定工业革命开始的年代是很困难的,因为它是从早期的技术实践中逐步发展起来的。18世纪中叶,英国人瓦特改良蒸汽机之后,由一系列技术革命引起了从手工劳动向动力机器生产转变的重大飞跃。随后向英国乃至整个欧洲大陆传播,19世纪传至北美。参见R.R. 帕尔默,乔·克尔顿,劳埃德·克莱默. 工业革命:变革世界的引擎[M]. 苏中友,等,译. 北京:世界图书出版公司, 2010: 4-5.

首先，行会制度日渐式微。工业革命相对于旧有的生产模式，最大的变化就是采用了新的科学技术，大大提高了生产效率和扩大了商品的生产规模。工人们被掌握资金和销售渠道的商人集中起来，在工厂中进行标准化生产，生产效率的提高和商品产量的增多相对降低了成本。此种物美价廉的商品迅速满足了市场的需求，受到消费者的喜爱。在手工业行会中，为了确保成员得到垄断优势，行会制定了：（1）控制原材料购买的规定，任何人只能在集市或市场上购买，原材料的价格由官方设定，任何人只能购买规定的数量；（2）对个体手工艺人的活动及其产品数量进行严格的限制，即有多少熟练工和学徒，就只能生产多少块布料；（3）为了使得供应稳定并避免行会成员之间的竞争，商品必须在某时某地以某种方式销售，不能挑拨行会同仁的顾客，一件已经开始的工作不能交由其他人完成。❶ 这种落后的生产方式可以保证产品的质量，但也阻碍了生产效率的提高，难以满足市场的需求和迎合消费者的爱好，越来越无法适应工业革命带来的变化。渐渐地，行会手工作坊生产的"奢侈品"被"物美价廉"的工厂商品所淘汰。行会制度也伴随着工业革命的浪潮逐渐式微，甚至消亡。

其次，运输方式的变革，为商人创造了新的市场。随着火车、轮船等运输工具的应用，人员和货物可以在全球市场中随意流动。从1860—1914年，美国加工食品的出口额从最初的3900万美元增长到2.93亿美元，增长率为7.5倍；半加工食品的出口额也从区区1300万美元上升到3.74亿美元，增长率为28.8倍；工业制成品从3600万美元增长到7.25亿美元，增长率也达到了惊人的20.1倍。❷ 时任美国财政部长阿尔伯特·加勒廷（Albert Gallatin）在其发表的政府报告中说道，"在美国最偏

---

❶ 费雷德里克·L.努斯鲍姆. 现代欧洲经济制度史［M］. 罗礼平，秦传安，译. 上海：上海财经大学出版社，2012：33.

❷ 乔纳森·休斯，路易斯·凯恩. 美国经济史［M］. 8版. 杨宇光，吴元中，杨炯，童新耕，译. 上海：致格出版社，上海人民出版社，2013：374.

远的地域，那些新修的道路和运河将缩短人们的距离，促进商业和个人的交往，人们以更加亲密的利益共同体团结起来。"❶ 交通运输的创新很快引发了商业行为的转型。运输成本降低使得市场变得更大，销售制成品的新内陆市场得以开辟。例如，在1818—1878年，由纽约到利物浦的"黑球航线"在欧洲和北美洲之间形成了定期的往返。每个月都有一班船满载粮食、油料、煤等美国产品到利物浦，而从利物浦运来了纺织品、药品等。

随着行会的衰落和市场的扩大，商标使用从"强制"转向"自愿"，识别功能日益凸显。为了宣传自己代理的产品是真正的行货，美国的销售商开始不断强调商标的重要性。药剂师扎博蒂（Zabdi）提醒顾客，要想买到正宗的"Lockyer"药丸就必须认准"Lockyer"标记，到其波士顿的店里购买。他在费城的同行彼得（Peter）手上囤积了大量的著名药品，包括"Squire'Grand Elixir""Bateman's Pectoral Drops""Easton's Stiptick"等，想要购买欧洲成药的人们必须清楚辨析出这些标记。❷ 商业的蓬勃发展使人们对商标的认识也逐步加深。在19世纪之前，商业上使用的名称和标记一直被称为"marks"，而"trade marks"或者"trade mark"一词是在商业迅速发展之后才出现的。

商标混淆理论即回应了这一现实需求。该理论认为，指示商品或服务的来源是商标最核心功能。因此，判断商标侵权与否，关键在于商标使用行为是否导致消费者可能对商品或服务来源产生混淆。商标混淆理论与消费者关心产品或服务质量的心理之间存在关联性。尽管产品质量是影响消费者选择的最重要因素，但是消费者在购买产品之前几乎不可能检验或测试产品质量，只能凭感觉判断产品质量水平；这种感性判断

---

❶ 斯坦利·布德尔. 变化中的资本主义：美国商业发展史 [M]. 郭军，译. 北京：中信出版社，2013：63.

❷ Pattishall B W. Constitutional Foundations of American Trademark Law [J]. Trademark Rep, 1988 (78): 456-475.

的主要依据就是商标：消费者相信相同商标的商品是由同一个经营者提供的，能够达到自己或他人以前购买产品的质量水平。商标在标明商品来源的同时，也成为产品质量等信息的代名词，浓缩了与产品有关的一切信息。❶ 商标所有人之所以愿意保证商品质量稳定，根源在于商品质量是树立商标信誉的基础，而商誉是不允许被其他经营者冒用或盗用的。因此，确保商标正确标明商品或服务的提供者，是商标发挥消费者购物向导的前提，也是商标所有人维持和提高商品或服务质量的要求。确保商标正确标明，措施之一就在于防止侵权者通过使用他人的商标而将自己的商品伪装成他人产品，欺骗公众从而侵占商标权人的商誉，最终导致公众混淆。是否可能导致消费者发生混淆，成了商标侵权的基本判断标准。美国汉德（Hand）法官甚至认为商标混淆是商标侵权的唯一标准，他在判决中写道："救济永远取决于这种观念，即任何人不得误导公众认为其产品是原告的，除非原告证明该行为将有可能导致这种结果，否则不能获得救济。"❷

指示商品或服务来源是商标的最核心功能。商标保护的根本目的在于，确保商标指示来源功能的实现。消费者在对商品或服务本身的性能没有切身体验时，商标充当了联系商品或服务与生产者之间的纽带；同时，商标对商品或服务的指示作用，对消费者的购买起到了极其重要的诱发与引导作用。商标区分商品或服务来源的功能，从商标含义的角度分析，商标蕴含了商品或服务、生产者与商标标志本身之间的内在联系（简称"三位一体"）。这种联系的本质属性就是商标的显著性。为了增加商标的显著性，生产商通过各类投资如广告宣传、冠名节目、节假促销、消费者体验等方式培养、维持商标的内在联系。香港鸿道集团有限公司冠名中国好声音短时间内迅速培植"加多宝"品牌的知名度，强化

---

❶ Michael J. Allen. The Scope of Confusion Actionable Under Federal Trademark Law: Who Must Be Confused and When [J]. Wake Forest L. Rev., 1991 (26): 331.

❷ G. H. Mumm Champagne v. Eastern Wine Corp., 142 F.2d 501 (2d Cir. 1944).

"加多宝"与生产者、商品之间的联系，就是明显的例子。

商标的显著性提升了该商品本身与其他同类商品之间的区别，展现了商标背后所凝结的商誉和产品质量保证，商品所具有的市场竞争优势得以凸显，对消费者产生了更强的吸引力，最终商品的销售力就会提升。销售量的增加或与其他品牌同类商品的销售差距就是显著性对于销售力影响的明证。与此同时，商品销售力的提升，销售数量的增加，使得商标在产品流通消费环节完成了在消费者及其周边潜在消费者群体的宣传，更多的公众知晓该品牌，更多的潜在消费者被培养和挖掘出来，商标的显著性在消费者的口碑相传中得以塑造，最终实现良性互进的循环。

商标的显著性是商标最为根本的特点，保护商标的目的在于保持和增进商标的显著性，维持、增加产品的销售力，进而扩大商标商品的销售量和市场占有率。商标持有人对于商标的保护与其说是防止消费者产生混淆保护消费者利益，倒不如说是维持、增进商标的显著性和销售力。因此，在侵权判定时应当将焦点聚集在其他竞争者的商标使用行为对于商标显著性和商品销售力的影响上来，围绕商标的显著性来展开。除了具备"三位一体"的内在联系外，商标是联系商品生产商和消费者之间关系的桥梁。商标只有协助商品完成了从生产者到消费者之间的权属转移，商品价值与使用价值得以互换，商标的价值才能真正得以实现。如果商标经过塑造、培植其显著性依旧不够，难以对消费者产生足够的吸引力，从积极方面来讲，生产者就会加大商标培植力度或更换显著性更为明显的商标；从消极方面来讲，或许生产者会搭已有知名驰名商标的便车以促进产品销售。

要完成上述转移，需要强化商标的显著性（提高商标的认可度与信任度）以实现商标的销售力。所谓销售力是商标的显著性对于消费者消费欲望和购买行为的激发能力与消费者对商标所蕴含信息的依赖度。它的衡量指标包括商品市场占有率、潜在市场开发能力与可能性、消费者的认可度、销售额等量化指标。在销售环节，销售力就是消费者购买负载商标商品的可能性。例如，当海尔冰箱与某一不知名品牌的电冰箱同时放在家电展区时，消费者通常情况下会购买具有更强显著性的海尔品牌的电冰箱。商标显著性和商标的销售力之间紧密联系、相互促进。现代商标的识别功能是"经营者—商品/服务—消费者"整体关系在销售力上的体现。理想状态中，经营者创立一个商标，即建立起与消费者之间进行沟通和提供商品或服务的唯一管道。商标如同该管道的外观，将经营者与消费者之间连接起来。通过特定的商标，消费者总能找到与之对应的商品或服务，也进而能够找到提供这种商品或服务的经营者。在这种没有其他干扰的情况下，经营者的销售力是无限强大的。当出现了竞争者，试图把相类似的商标与消费者之间建立另外一种联系，消费者在寻求原商标与之对应的商品或服务时，则有可能进入竞争者建立的类似管道——原商标的销售力因此下降。在证成这个商标的销售力下降过程中，混淆标准提供了一种进路：在各种可能影响理想状态中销售力管道的行为，都是破坏商标销售力的行为，属于可诉的商标侵权行为。包括从不同角度分析的行为，例如，直接混淆与间接混淆，售前混淆与售后混淆，等等。这些行为的共同结果在于，蚕食了经营者最初建立的、无限强大的销售力。

第三节 商标混淆的判定要素

一、混淆可能性的推定

当侵权者在相同产品上使用相同商标时，混淆是非常明显的。因此，欧盟商标指令、商标规则与德国商标法中都包含了适用于此类案件的特殊规则,即推定适用混淆可能性。它们给予了商标所有者禁止第三方在完全相同产品上使用相同商标的绝对权利。❶ 相比之下,美国《兰哈姆法》处理相同商标应用在相同产品上的同一性案件方法与相似商标应用在类似产品上的情形相同,即商标所有者都需要证明消费者的混淆可能性。而 TRIPS 采取了一种中和的立场。虽然它将所有的商标侵权案件都归于混淆可能性检测方法之下(与《兰哈姆法》相似),但前提是混淆可能性也适用于同一性案件(与德国商标法相似)。在很多案件中,运用不同的检测路径却可以得到相同的结果,只不过是因为当两个制造商在相同的产品上使用同一个商标时,消费者心目中的混淆可能性是非常强烈的。然而,也存在不同的情形。

  一类是涉及软件盗版案件。由于某个程序的数字拷贝与原版程序没有什么差别,理性消费者根本无法在二者之中挑选出他们所购买的那个。事实上,消费者可能更喜欢购买盗版产品,因为盗版产品通常都比正版更加便宜。依据混淆可能性检测方法,正版产品的生产者为了证实侵权行为的存在最好的论证理由就是采用售后混淆理论,即使盗版产品的实际购买者知道其正在购买产品的性质,但是对于潜在购买者来说仍然存在一种售后混淆风险。然而,证实售后混淆的存在不仅是一项沉重的负担,甚至根本无法确定其是否可以构成软件盗版案件。在司法实践中,法院确定售后混淆案件主要涉及的是那种人们在日常使用中可以看见的产品。与混淆可能性认定规则不同,在混淆可能性推定的绝对保护规则框架下,软件生产厂商所要做的就是去证明翻版产品与原版产品相同并且以相同商标向公众散布。

  另一类涉及的案件类型是出口商标案件。例如,20 世纪 80 年代中期

---

❶ Trademark Directive No. 89/104, art. 5 (1) (a), O. J. L 40/1, p. 4 (1989); Trademark Regulation No. 40/94, art. 9 (1) (a), O. J. L 11/1, p. 5 (1994); GTA, § 14 (1) (1), p. 612.

的奥地利"Bayer"案件可以很好地诠释这一点。❶ 在奥地利，Bayer 因其杀虫剂"Baygon"商标而受到商标法保护。第三方当事人在未经 Bayer 同意的情况下应用"Baygon"商标同样生产杀虫剂。但是，其所生产的杀虫剂并不在奥利地境内销售，而是将其出口到沙特阿拉伯。奥地利最高法院以奥地利境内的消费者之中并未产生混淆可能性为由否认了侵权行为的存在。显然，该裁决结果具有不合理性。因为在这期间，奥地利的商标法没有规定混淆可能性推定规则，而是只规定了混淆可能性检测规则。而依据混淆可能性推定规则，"Baygon"商标应用在相同产品上的事实足以认定侵权行为的存在。

然而，值得深思的问题是，同一性规则从政策角度考虑是否具有可取性。从商标功能角度来看，当不同的制造商在完全相同的产品上使用相同商标时，该商标便丧失了以一种明确的方式识别产品的能力。当产品具有迥然不同的质量时，商标的质量保证功能也受到损害。因此，在相同产品上使用相同商标的事实完全破坏了该商标的识别能力与交流能力。如果商标的功能被非常明显和彻底地破坏，那么看起来就没有理由要求商标所有者去证明消费者之中的实际混淆或混淆可能性了。虽然很少有裁决可以指示说明同一性情形与相似产品上应用相似商标的情形确实不同，但事实表明混淆可能性检测规则在诸如软件盗版案件和出口商标案件中确实不起作用。从商标侵权认定标准现状来看，证实商标侵权不需要争议商标间存在精确的相似性。事实上，精确的相似性是一种超越混淆可能性的更深程度。该声明应该被解读为：如果商标所有者成功地证明了精确的相似性，那么混淆可能性问题就是无关紧要的了。

---

❶ Mathias Strasser, supra note 46, p. 393.

二、混淆可能性的判定

虽然将相同商标应用在相同产品上的消费者混淆不言而喻，但是对那些商标或产品不相同却相似案件的混淆可能性认定并非易事。如果初级用户的商标只是与高级用户的商标相似，或是商标附加的产品并不是精确的一致，那么在不同司法区域可以获得的救济方式似乎是一致的。美国的《兰哈姆法》、欧盟的商标规则和《欧共体商标指令》以及德国商标法都要求商标所有者证明消费者中的混淆可能性。❶ 如前所述，各国立法例对混淆可能性的检测范围已经纷纷从狭义的来源混淆扩张为侵犯商标交流功能的广义混淆上。例如，在美国，商标所有者必须证明：（1）侵权标识下销售的产品来源；（2）商标所有者是否认可或赞助了附有该商标的产品；（3）商标所有者和被控侵权者是否具有附属关系或彼此关联。❷ 与《兰哈姆法》不同，为证实侵权行为的存在，德国商标法第14条只要求商标所有者证明"混淆可能性，包括标识与商标之间的联系混淆。"此外，在评估混淆可能性过程中，各国普遍采用了一种全球性"多因素分析方法"。在美国，几乎所有联邦巡回上诉法院通常都会考虑商标间的相似性程度、产品的相似性、被告选择产品时的意图、实际混淆证据以及消费者的注意力因素。这些因素并不是详尽的，而是说明性的，在个案中依据具体情况灵活适用。在欧盟，通常考虑商标的市场知名度、使用标识与注册商标之间的联系、商标之间的相似性以及产品或服务之间的相似性等因素。在加拿大，通常考虑商标强度、商标使用时间的长短、商标相似性等因素。

---

❶ 15 U.S.C. § 1125 (a) (1) (A); Trademark Directive No. 89/104, art. 4 (1) (b), O. J. L 40/1, p. 3 (1989); Trademark Regulp. ion No. 40/94 art. 8 (1) (b), O. J. L 11/1, p. 4 (1994); GTA, 12, § 14 (2) (2), p. 612.

❷ Wendy's Int'l, Inc. v. Big Bite, Inc., 576 F. Supp. 816, 821 (S. D. Ohio 1983).

混淆可能性是一个不确定的概念，在几乎所有国家的商标法中都需要考虑多种因素。对于商标侵权的认定来说，虽然不存在一种"试金石式"规则能够适用于所有的商标侵权案件，但是存在一种大家普遍接受的分析混淆可能性问题的方法，即"多因素检测方法"。该方法由针对全部案件事实适用的许多不同因素组成，但是所有这些因素的标准都不是等量齐观的，必须结合具体案件确定。

最有影响的是美国立法和司法中发展出的"多因素检测方法"理论。1938年的旧重述在第729条与第731条初步拟定了各相关因素以确定争议产品间的混淆可能性。其中第729条所列因素主要针对的是同类商品或服务间的混淆可能性认定，具体来说包括：相关标记与注册商标或商号之间在外观、所用文字的发音、有关图形或设计的字面含义以及指示的来源上存在的相似性程度；采用该标记的行为人意图；权利人推向市场的商品或服务与其他人推向市场的商品或服务在商标使用和行销方式上的关系；购买者在购买过程中可能给予的注意力程度。而第731条所列的9个因素可以延及适用到非竞争性商品或服务间的混淆可能性判断上，并最终适用于所有的商标侵权案件，包括竞争性案件和非竞争性案件。具体来说：权利人的商品、服务或贸易将被误认为其他人的商品、服务或贸易的可能性；他人扩展业务和权利人竞争的可能性；权利人推向市场的商品或服务和其他人推向市场的商品或服务拥有同样购买者和用户的范围；权利人推向市场的商品或服务和其他人推向市场的商品或服务通过相同的销售渠道的范围；权利人与其他人商品或服务功能的关系；权利人商标或商号的显著性程度；购买者在购买权利人或其他人商品或服务时给予商业标识的注意力程度；行为人使用其标志的时间长度；行为人采纳和使用该名称的意图。

1995年侵权法新重述中将基本因素目录分成了3个独立的部分，与"意图""实际混淆"一起列出了6个"市场因素"。因此，依据新重述，与混淆可能性裁决相关的有8个基本因素。对这8个因素归纳如下：争议名称之间的相似性程度;营销方式与销售渠道的相似性;预期购买者的特征与他们在购买时所施加的注意力程度;高级用户商标的显著性程度;当产品或服务不具有竞争性时,预期购买者期望高级用户扩展其业务到初级用户领域的可能性;当产品或服务在不同领域销售时,高级用户名称在初级用户领域的知名程度;初级用户意图;实际混淆证据。法院在对混淆可能性问题达成一项裁决的过程中,对所有这些因素都应加以考虑。同时,1995年侵权法新重述提醒说:"没有哪一个机械公式或列表可以预先阐明构成确定混淆可能性市场状况的所有因素种类。"❶

多因素检验方法并没有具体化在任何法规之中。相反,"这些因素已经被精炼、补充和采用在一系列的案件中"。❷ 随着时间的推移,许多法院在遵循侵权行为法重述所列因素的基础上结合具体案件事实已各自逐步发展形成了一种可以协助法庭确定侵权问题的非排他性因素清单。如今,美国每个联邦上诉法院都有一个确定多因素检验方法的源头案件并且由后继者阐明检验方法在不同案件之间的差异。

欧盟法院一直依据《欧共体商标指令》第5条(1)(a)所列的3个相互依赖的因素评估混淆可能性,包括商标的知名度、商标或标识的相似性及商品或服务的相似性。《欧共体商标指令》在序言第10部分指出:混淆可能性的认定取决于多种因素,特别是商标的市场知名度、使用标识与注册商标之间的联系、商标之间的相似程度以及产品或服务之间的相似性构成对商标保护的特定条件。"特别是"一词表明,在确定混淆可能性的过程中可能还需要考虑大量其他相关因素。例如,法院依据早期的"Lloyd Schuhfabric"案件裁决,开始考虑消费公众在购买争议商品或服务时的注意力水平、商标显著性、商标使用的时间长短与流通范围及

---

❶ Restatement Third Unfair Competition § 21, 1995.

❷ Lord Jeff Knitting Co. v. Warnaco, Inc., 594 F. Supp. 579, 581, 225 U.S.P.Q. 671, 672 (S.D.N.Y. 1984).

商标所占市场份额等因素。❶

加拿大商标法第6条第5款规定,法院或注册机关在确定争议商标间是否存在混淆可能性时,应根据案件的具体情况,综合考量所有相关因素,具体包括:商标的固有显著性及其知名度;商标使用时间长度;商品、服务或业务的性质;交易行为的性质;商标在声音、外观及传达含义上的相似度。例如,在"BARBIE"案件中,加拿大法院认定:构成芭比文字商标本身具有相对较低的固有显著性;即使美国马特尔公司的芭比商标在加拿大的娃娃玩具及配件等相关商品领域不著名,但是该商标本身是非常有名的,而餐饮公司只在加拿大蒙特利尔市的周边地区具有一定的声望;马特尔公司早在20世纪60年代就开始在加拿大地域范围内使用芭比商标,而餐饮公司在1992年才开始使用芭比商标;双方当事人在商品、服务类别和目标群体上具有显著差异,马特尔公司针对的消费者是儿童和特定范围内的成年人收集者,而餐饮公司的目标消费者群体是成年人;商标在发音及表达的含义上在本质上一样的,而且在视觉上具有相同的商业印象。根据这些认定因素,法院驳回了马特尔公司提出的商标异议。❷

在我国的司法实践中,法院认定商品侵权时同样需要考虑多种因素:产品间的关联程度;商标强度;商标间的相似性程度;相关标识使用的历史和现状;相关公众在选择产品或服务时的注意力程度;被告在选用标识时的主观意图;实际混淆证据等。例如,最高人民法院在2008年的"红河红"案中认为,"判断是否构成侵权注册商标专用权意义上的商标近似,不仅要比较商标在字形、读音、含义等构成要素上的近似性,还要考虑其近似是否足以造成市场混淆的程度。为此,要根据案件具体情况,综合考虑相关商标的显著性、实际使用情况、是否有不正当意图等

---

❶ Lloyd Schuhfabric Myer &Co. GmbH v. Klijsen Handel BV, Case C-342/97(ECJ).
❷ Mattel U. S. A., Inc. v. 3894207 Canada Inc, 23 C. P. R. 395(T. M. O. B. 2002).

因素，进行近似性判断。"❶ 又如，最高人民法院在2009年的"拉科斯特公司诉鳄鱼国际机构私人有限公司及上海东方鳄鱼服饰有限公司"上诉案件中，❷ 法院主要从商标相似性、商标强度、商品类似性、涉案当事人双方标识共存的历史和现状、被告意图等因素认定被告的商标使用行为不具有侵权性。然而，值得注意的是，我国的多因素检测方法主要是评估商标相似性的，并不是混淆可能性。

综上所述，虽然不同地区与不同法院在认定混淆可能性时所列的具体因素不同，甚至有时在一个法院中的不同审判小组之间也是不同的，但是都包括了以下3个共同类因素：商标因素、商品因素和消费者因素。而实际混淆因素和被告意图因素并不具有普适性。

（一）实际混淆

从立法现状看，商标侵权的评估标准为混淆可能性，而非实际混淆。因此，从原告的证明责任来说，原告无须证明任何实际混淆实例，证明混淆的可能性即可。事实上，实际混淆是混淆可能性的纵向延伸，混淆可能性标准对商标权人及消费者利益保护得更为周延、合理。

"实际混淆"是最好的混淆可能性证据。在现实市场条件下，令人信服的实际混淆证据是混淆可能性证据的一种。任何实际混淆证据都是混

---

❶ 参见最高人民法院（2008）民提字第52号民事判决书。

❷ 参见最高人民法院（2009）民三终字第3号民事判决书。在该案中，最高人民法院认为虽然被告所用标识与拉科斯特公司的系列注册商标均为鳄鱼图形，具有一定相似性，但鳄鱼头部朝向、体型、鳞片、颜色均与拉科斯特公司主张权利的鳄鱼图形不同。而且，双方之间的诉争商标在相关市场中具有特殊的形成和发展历程，有特殊的使用和共存方式。同时，鳄鱼国际公司的行为没有刻意模仿名牌奢侈品的故意，主观上并无利用拉科斯特公司的品牌声誉并引起消费者混淆的故意。法院总结说，在认定商标是否侵权时仅仅比对标识本省的近似性是不够的，还必须综合考量鳄鱼国际公司的主观意图、双方共存和使用的实力与现状等因素，综合相关市场实际，进行公平合理判断。值得注意的是，我国商标侵权评估现状主要是依据"相同/近似"标准，即在相同或类似商品上使用相同或近似商标即为侵权，因此我国司法实践中主要是依据混淆可能性评估商标近似或商品类似，这一点上区别于其他国家。

淆可能性事实的有力证明。❶ 无论审判法官内心是多么确信争议商标之间缺乏任何混淆可能性，他都必须听取商标所有者提交的实际混淆证据。❷

对实际混淆的认定必须从其证据背景来考虑。因为消费者混淆与相似性商标的使用之间或许根本不存在因果关系。例如，法院有时将实际混淆证据定性为仅仅是因未对企业地址进行核实而引起的书写上的疏忽，或只是由于漠不关心或是由于邮局或人们在查看电话号码簿时单纯的粗心而引起的指示性错误邮件或电话。❸ 因此，在某些情况下，乍一看似乎是混淆可能性证据，但实际上只不过是与商标或商业名称混淆不相关的消费者过错证据。例如，美国联邦第二巡回上诉法院认为："消费者本想询问初级用户却错误地将电话打给高级用户的证据，从更大程度上来说可能指示了因缺少任何初级用户名称目录而导致的混淆。虽然其中一些打进电话来的人询问了有关当事人之间联系的问题，但是无论如何，没有任何证据显示出这些指示性错误的电话与潜在或实际影响消费者作出购买决定过程中的混淆证据相关联。"❹

---

❶ Resorts of Pinehurst, Inc. v. Pinehurst Np. ional Corp., 148 F. 3d 417, 47 U. S. P. Q. 2d 1465 (4th Cir 1998)（大量的实际混淆证据支持简易判决中的可能性混淆和侵权认定）. See Restatement Third, Unfair Competition § 23, comment b (1995)（实际混淆证据的存在是现实市场背景下实际使用两个足以引起混淆产生的相似性名称的直接证据……令人信服的大量实际混淆证据通常来说是决定性的）.

❷ Frostig v. Saga Enterprises, Inc., 272 Or. 565, 539 P. 2d 154, 188 U. S. P. Q. 715 (1975)（在证明了实际混淆的情况下，法院作为一种法律事实裁决争议名称间不存在相似性的做法是不恰当的）; Chart House, Inc. v. Bornstein, 636 F. 2d 9, 208 U. S. P. Q. 865, (1st Cir. 1980)（法官仅依据个人对案件的评论作出双方当事人间的争议物品不存在混淆可能性的裁决是不合适的，因为法庭插入个人证据性评论是违反法律的基本原则的）.

❸ B. D. Communications, Inc. v. Dial Media, Inc., 429 F. Supp. 1011, 195 U. S. P. Q. 332 (S. D. N. Y. 1977)（案中认为孤立的或最低限度指示性错误的通信交流是不充分的）; Amica Mut. Ins. Co. v. R. H. Cosmetics Corp., 204 U. S. P. Q. 155, 1979 WL 24882 (T. T. A. B. 1979).（案中认为在五年的时间里由于个体的粗心或疏忽而存在的10封指示性错误的信件不会引起任何法律后果）.

❹ Lang v. Retirement Living Publishing Co., 949 F. 2d 576, 21 U. S. P. Q. 2d 1041, 1046 (2d Cir. 1991).

无论是关于混淆的具体实例,还是通过调查才能发现的混淆,因商标使用而引起的实际混淆都是"具有说服力的"混淆可能性证据,❶ 因此混淆可能性证据应在案件中获得实质性重视。实际混淆证据是混淆可能性分析的核心。实际混淆证据的证明力在于其直接支持了保护消费者免于混淆的政策。美国联邦第六巡回上诉法院认为:"很难构想出一种显示了大量实际混淆证据但不会得出法律上混淆可能性结论的情形。"❷ 由此可知,实际混淆实例是数量稀少但证明力强大的证据。虽然有些法院承认实际混淆是证明力很强的证据甚至是最佳证据,但并把实际混淆作为混淆可能性问题的决定性因素,因为它只是多因素检测方法需要分析的一个因素。此外,由于获取实际混淆证据非常困难,缺乏实际混淆证据的事实使其在侵权判定过程中具有很小的证明力。而且很多人在没有意识到自身被争议商标混淆时,实质上其已经被混淆了。换句话说,因为实际混淆证据具有一定的隐蔽性,因此即使不存在实际混淆证据仍可以存在混淆可能性。事实上,实际混淆证据只是法院评估原告侵权索赔主张时考虑的因素之一。

美国联邦第一巡回上诉法院认为:"正所谓独木不成林,一个孤立的实际混淆实例并不能证明混淆的可能性。相反地,法律长期以来一直要求被控侵权行为使得数量可观的行使了普通注意力的合理谨慎消费者产生了混淆可能性。"❸ 因此,法院在对实际混淆证据的证明力作出认定前,必须将实际混淆实例放在混淆机会数目的相对背景下加以考虑。在现实市场条件下,如果存在可以引起消费者混淆的大范围交易量,但是只存在少量的实际混淆实例,那么实际混淆实例在混淆可能性分析过程中可

---

❶ George & Co. v. Imagination Entm't Ltd., 575 F. 3d 383, 398, 91 U. S. P. Q. 2d 1786 (4th Cir. 2009).

❷ U. S. Structures, Inc. v. J. P. Structures, Inc., 130 F. 3d 1185, 45 U. S. P. Q. 2d 1027, 1030 (6th Cir. 1997).

❸ International Ass'n of Machinists & Aero. Workers v. Winship Green Nursing Ctr., 103 F. 3d 196, 41 U. S. P. Q. 2d 1251 (1st Cir. 1996).

能具有相对较小的证明力。在21世纪的今天，人们对作为个人与商业交流管道的电子邮件的使用日益频繁，从而引入了可以作为实际混淆可能性的证据即指示性错误信息来源。但是当公司从事大规模交易和通信时，少量这样的指示性错误信息可能因无关紧要而被排除在考虑范围之外。此外，实践中存在这样一种可能性，即邮件的指示性错误是由于人们粗心大意或疏忽造成的，而不是被实际混淆。然而，在特定的现实背景下，甚至单纯少数的实际混淆实例便可以提供非常有说服力的关于混淆是如何产生以及为什么会产生的证据。例如，在"OLAY案"中，❶ 一方面，鉴于OLAY公司每天销售上千套OLAY，如果市场上普遍存在混淆的话，法院可能希望存在更多的实际混淆的例子而不是只有少量实例；另一方面，OLAY公司提供的证据显示，争议商标间存在实际混淆并且暗示了这种混淆在市场上可能非常普遍的存在。不管怎么样，鉴于揭示实际混淆证据存在难度，而且案中相对廉价的产品加重了该难度，法院认定OLAY公司所提供的证据可以证明混淆可能性的存在。由于实际混淆证据难以取得、诉讼成本高的特性，证明混淆可能性需要的实际混淆比率不应太高。尽管如此，这并不意味着任何人的任何类型的实际混淆都是至关重要的。❷ 事实上，法律并未规定一个模式化的绝对比例，这样就赋予了法官在个案中的自由裁量权。

(二) 被告意图

要确定被告意图是否与案件具有相关性，必须确定处于争议中的是一种什么样的被告意图。"意图"可以特指很多事情，从其最简单的意义上说，一个初级用户对其商标的选择是否为一个意外或错误。如果被告

---

❶ Olay Co. v. Cococare Products, Inc., 218 U.S.P.Q. (BNA) 1028, 1040 (S.D.N.Y. 1982).

❷ Safeway Stores, Inc. v. Safeway Disc. Drugs, 675 F.2d 1160, 216 U.S.P.Q. 599, 604 (11th Cir. 1982).

采用某个商标的意图在于描述自身产品功能特性,那么该意图是正当的;如果被告意图是去引起消费公众的混淆,那么该意图则是不正当的。美国联邦第三巡回上诉法院告诫说:"被告单纯的模仿意图不足以证明被告在引起混淆方面的成功;相反,只有当被告的意图通过有目的性的巧妙运用与高级用户商标相似性的标志而被论证为混淆顾客的意图时,被告的意图可以表明混淆可能性。"❶ 因此,唯一与混淆可能性认定相关的意图便是被告的混淆意图。与"混淆意图"意义相同的词是"利用高级用户商誉的意图""从高级用户商誉中获益的意图""恶意""免费搭车"等。❷ 如果被告被证实具有混淆顾客而免费搭原告商誉便车的意图,法院认为"这种情况如同某个人没有播种但却具有收获的目的,没有种植却要去收集。以他人劳动成果和声誉为基础并使用他人商标或商业名称或区分性标记的行为,从本质上来说是一种欺诈行为,因此应予禁止"。❸

混淆意图必须区别于其他各种许可性的意图。一般认为,商标法具有双重目标,既要保护商标所有者利益,又要保障消费者知情权从而避免混淆。因此,若被告采用相似性商标的目的在于引起消费者混淆,进而从商标所有者商誉中获得不当利益,这种意图就是不正当的。若仅仅是出于描述自身产品特性的需要或出于娱乐目而对他人商标进行诙谐模仿,不具有混淆消费公众的意图,法律就应该认定其合法性。这是因为不引起混淆的模仿是竞争的生命力所在,法律保护这种模仿,甚至以混淆为代价保护这种模仿。"功能属性的再现是一种合法的竞争活动"。❹

---

❶ A & H Sportswear, Inc. v. Victoria's Secret Stores, Inc., 237 F. 3d 198, 57 U. S. P. Q. 2d 1097 (3d Cir. 2000).

❷ Richard L. Kirkpp. rick. Likelihood of Confusion in Trademark Law [M]. New York: Practising Law Institute press, 1995, §8: 3.

❸ Aetna Casualty & Surety Co. v. Aetna Auto Finance, Inc., 123 F. 2d 582, 51 U. S. P. Q. 435 (5th Cir. 1941).

❹ Dorr-Oliver, Inc. v. Fluid-Quip, Inc., 94 F. 3d 376, 39 U. S. P. Q. 2d 1990, 1996 (7th Cir. 1996).

因此，未引起相关公众混淆而对别人产品某一成功特性的模仿行为并不是非法的，这种程度的搭便车行为是被法律允许的。此外，诙谐性模仿或娱乐意图也不会引起消费公众的混淆。"诙谐性模仿意图是一个欲从原创性商标受益的意图，但这种意图不一定对消费者混淆可能性具有证明力。"❶事实上，诙谐性模仿的意图可能会引起一个相反的推论，因为一个成功的诙谐模仿可以使其自身区别于高级用户商标。由此可知，不以混淆为目的的模仿意图属许可性意图。然而，对于金钱补救责任而言，考虑的被告因素并不局限于混淆意图上，因为与其他证据一起足以支持混淆可能性裁定的"混淆意图"可能并不足以实现商标所有者利润的恢复。

（三）消费者

商标侵权分析术语"合理谨慎消费者"与过失侵权法中的"合理谨慎人员"标准极为相似，因此法院通常依据过失侵权法中的"合理谨慎人员"标准考量理性消费者的具体内容。1878年，美国联邦最高法院将合理谨慎消费者界定为在作出购买决定时具有一般谨慎程度的普通购买者。❷美国联邦第三巡回上诉法院给出了一个有趣的定义："当一项法规缺乏某种明确说明的情况下，留下了一个如同此处所涉及的这样的问题时，正常的推论是立法机关对于手头上的问题周密考虑的既不是专家的反应也不是傻瓜的反应，而是那些虽然缺少特殊技能但具有并行使了门

---

❶ Dr. Seuss Enters. v. Penguin Books USA, 109 F. 3d 1394, 1405-06, 42 U. S. P. Q. 2d 1184 (9th Cir. 1997).

❷ McLean v. Fleming, 96 U. S. 245, 24 L. Ed. 828 (1878). 美国其他法院也对"合理谨慎消费者"作出了各种不同的描述：美国纽约南区联邦地区法院认为合理谨慎消费者是一个具有"普通智力"的非"文盲"；马萨诸塞联邦地区法院认为合理谨慎消费者是一个"用最低程度的努力就可以解决自身混淆问题并且对特定市场来说具有普通智力的人"；美国联邦第二巡回上诉法院认为他必须具有法律意义上应具备的足够高的智商。参见：J. Thomas McCarthy. McCarthy on Trademarks and Unfair competition [M]. Thomson, 2008, §23: 92.

外汉常识和判断的一般性衡量的普通人士的反应。"在识别出相关公众中的理性消费者之后，法院就会考虑该团体中的合理谨慎购买者在购买相关产品或服务时所具有的"理性人"注意力标准。法律为消费者设定的注意力标准不应太高，甚至为了避免自身混淆而要求公众对商标进行仔细研究和分析。因此，司法实践中法院扩大了合理谨慎消费者的类别，包括那些缺乏相关知识的、考虑不周的、轻信的和易受骗的购买者。在消费者注意力水平的评估上，法院通常依据商品价格、购买行为持续的时间及复杂程度、购买行为的频繁性、购买者自身的条件、购买者类型等因素判断。

（四）商标要素

商标要素具体包括商标强度和商标相似度。从商标强度来说，商标越强保护范围越广泛，商标越弱保护范围越狭小。值得注意的是，商标强度不等于商标的显著性，而是商标显著性与商标知名度的融合。同时，强和弱的划分是相对的，只是为了分析的便利，事实上更多的商标处于广泛的中间地带。此外，商标强度具有动态性，在具体认定过程中必须结合商标诞生之初的概念强度和涉诉时的商业强度综合判断。从商标法意义上的商标相似性来说，是一种"混淆性近似"，单纯的商标在物理意义或者自然状态下的近似事实是不够的。认定商标相似性需要以普通消费者的一般注意力为标准，在商标使用背景下对商标进行通体观察并着重比较商标的主要部分，同时依据现实市场条件对商标隔离比较与并行比较，此外还需考虑商标强度、商标使用的特定历史和实际使用情形。在具体比较时，以音、形、义为分析结构。

（五）商品要素

法律对商品保护范围经历了从竞争规则到相同描述属性规则，再到商标类似规则的演变。商品或服务的保护范围以避免消费者混淆为必要限度。在商标相同或相似的具体认定上，法院往往依据商品分类表与区分表、商品功能和商品属性、商标强度与相似度、商品之间的竞争关系、商品质量、销售渠道、商品多元化与自然扩张7个方面加以考量。

对于混淆可能性的分析性因素来说，在评估过程中彼此间并不存在必要考虑次序，相反应该对各因素进行综合性考量。❶另外，这些因素并不是商标侵权的必要和充分条件。它们的主要作用就是在整个语境下对相关事实进行条理化分析。各法院都表达了自身对"多因素检测方法"的态度：❷"多因素检测方法是穿过沼泽的有益向导，是一条通过灌木丛的路径。"❸"这些分析因素并没有什么神奇的地方，它们只是作为一种探索性的策略在确定混淆是否存在的裁决过程中起作用。"❹"该分析方式附加在一个完全主观的反应基础之上，但客观地协助法院克服棘手问题"❺"使用这样一个影响因素列表针对的是陪审团的非理性检查行为。"❻"多因素检测方法制止了在法官室或审判室所做的过分简单化比较，并确保对是否有可能造成消费者混淆的核心问题给与广泛的调查。"❼虽然法律规定具有可预见性，但商标案件的具体情形是不可预测的。因此，"多因素检验方法"并不必然使所有商标侵权案件的审理结果更加具

---

❶ Richard L. Kirkpp. rick. Likelihood of Confusion in Trademark Law [M]. New York：Practising Law Institute press，1995，§2：4.

❷ Richard L. Kirkpp. rick. Likelihood of Confusion in Trademark Law [M]. New York：Practising Law Institute press，1995，§2：4.

❸ Lone Star Steakhouse & Saloon, Inc. v. Alpha of Va., Inc., 43 F. 3d 922, 33 U.S.P.Q. 2d 1481, 1489 (4th Cir. 1995).

❹ Soc'y of Fin. Exam'rs v. Np. 'l Ass'n of Certified Fraud Exam'rs, Inc., 41 F. 3d 233, 33 U.S.P.Q. 2d 1328, 1332 n. 15 (5th Cir. 1995).

❺ Frisch's Rest., Inc. v. Shoney's, Inc., 759 F. 2d 1261, 1266, 225 U.S.P.Q. 1169, 1172 (6th Cir. 1985).

❻ Visible Sys. Corp. v. Unisys Corp., 551 F. 3d 65, 73, 89 U.S.P.Q. 2d 1194 (1st Cir. 2008).

❼ Yankee Publ'g, Inc. v. News Am. Publ'g, Inc., 809 F. Supp. 267, 273, 25 U.S.P.Q. 2d 1752, 1756 (S.D.N.Y. 1992).

有可预测性。

尽管按照一般原则没有哪一个因素被认为是最重要的或决定性的,但是在一些案件中法院断然对一些因素给予相对较高的重视:(1)实际混淆。实际混淆往往被评价为证明混淆可能性"最佳"或"最有说服力"的证据,使得它成为相关因素中"最重要"的因素。这种地位的赋予使得一些法院证明了存在具有法律意义的实际混淆,就当机立断地推定被告的行为引起了混淆可能性。但是并不是所有的法院都遵循该推定结论。(2)商标强度。在美国联邦第四巡回上诉法院的某些案件中,商标强度被认为是"首要因素",而且在联邦巡回上诉案件中该因素往往也起着主导性作用。与此相反,美国联邦第二巡回上诉法院认为:如果商标强度的测定是 Polaroid 分析的核心,则会使得其他因素都降级为次要因素,进而导致内在显著性弱的商标将被自动地认为不可能引起购买者的来源混淆,而内在显著性强的商标总是被认为会引起相关混淆。(3)商标相似性。商标相似性被称为是检测混淆可能性的"开创性因素",然而全面的混淆可能性分析不应该因相似性因素而中断整个分析进程。(4)被控侵权人的意图。一些法院认为该因素是非常重要的,因为原告证明了被告的故意侵权意图后会将证明举证责任转移给被告,由被告证明混淆的不可能性。其他法院对该观点明确反对,但仍然对意图因素给予相当重视。(5)贸易渠道。美国联邦第六巡回上诉法院认为该因素在其他因素不是特别具有证明力的情况下是非常有意义并具有特殊重要性的。❶ 在司法实践中,不同的具体案件相对着重考虑的因素是不同的,如在网络商标侵权案件中商标相似性、产品类似性以及双方当事人同时将互联网作为营销渠道使用是主要的认定因素。❷

---

❶ Homeowners Group, Inc. v. Home Mktg. Specialists, Inc., 931 F.2d 1100, 1110, 18 U.S.P.Q. 2d 1587, 1595 (6th Cir. 1991).

❷ Interstellar Starship Servs. Ltd. v. Epix, Inc., 304 F.3d 936, 942, 64 U.S.P.Q. 2d 1514, 1518 (9th Cir. 2002).

第四节　混淆标准面临的挑战

混淆标准的理论前提，是消费者能否"识别"商品或服务的来源。"混淆标准"的着眼点是消费者，认为商标法的最终目标是保护消费者。然而，随着技术与市场规模的发展，有些行为并没有造成消费者的实际混淆。但基于价值的衡量与政治力量的对抗，美国法院仍然判定没有造成实际混淆的行为构成侵权。为实现判决的自圆其说，也为理论上维持"混淆标准"的立场，就产生了混淆概念的扩张。❶ 此行径的后果，便是破坏法律的确定性。另外，与"混淆标准"不同，"淡化标准"的着眼点是驰名商标所有人，认为淡化驰名商标本身的行为应予制止。在"经营者—商品/服务—消费者"的链条上，"混淆标准"与"淡化标准"关注的焦点正好相反，其结果不仅导致在一般商标和驰名商标保护制度上的差异，还造成了商标法基础的混乱。

将混淆界定为侵害商标权的判定标准，是预设商标法的消费者中心主义。然而，这一进路模糊了商标法和消费者权益保护法的界限。从法理学上看，各个部门法的划分标准是法律关系的属性、法律关系的调整方法、保护的对象等要素。按此，保护消费者不是商标法的任务，而是消费者权益保护法的焦点；消费者权益保护法是围绕如何让消费者获得足够的商品信息和合格的商品来构建的。从经济学上看，消费者和经营

---

❶ 关于混淆概念扩张的情况，参见孔祥俊. 商标与反不正当竞争法：原理和判例［M］. 北京：法律出版社，2009：260-271. 彭学龙. 商标混淆类型分析与我国商标侵权制度的完善［J］. 法学（上海）：2008（5）. Rose D. Petty. Initial Interest Confusion versus Consumer Sovereignty［J］. TMR，2008（98）：762-766. 邓宏光. 商标混淆理论的扩张［J］. 电子知识产权，2007（7）. 杜颖. 商标法混淆概念之流变［M］//李扬. 知识产权法政策学论丛. 北京：中国社会科学出版社，2009：185-195. 等等。

者之间的交易只要满足自愿要求，就可以实现效率的最大化。❶ 但交易主体之间，特别是在市场上占主导地位的主体往往会隐瞒有关信息，使古典经济学的市场模型遭受扭曲。这时，政府监管遂成必要。消费者权益保护法在很大程度上是国家监管市场的结果。❷ 按照西方的诉讼救济模式，消费者因经营者造成的损失本应交由法院处理（维权者支付费用），但有关的经济学者通过模型说明，在法律不完备的前提下，如果侵权行为容易类型化，而且受害人范围广泛通过诉讼救济成本过高（负外部性大），这时监管（行政保护）就是有效率的。❸ 在这个意义上，消费者权益保护法更多体现的是行政保护。商标法则不同，他人擅自使用了商标权人的标志从中渔利，受害人是商标权人，消费者在很多情况下根本没有受害（想想知假买假），❹ 这时商标权人通过诉讼方式维护自己的权利就更为可取。商标法应以商标权人为中心。商标法的目的是保护诚信的经营者不受他人非法地抢占生意，促进商业道德。从历史上看，法院在裁判侵害商标权案件时，之所以关注消费者混淆是因为导致消费者混淆是抢占他人生意的特别有效的方式。❺ 除非承认商标法的目的是保护消费者，否则消费者中心主义在商标法的视野内就显得缺乏根据。然而，商标法作为私法与社会法中的消费者权益保护法有立法本位的差异。我们认为保护消费者是消费者权益保护法的基本原则。因此，商标法不必也

---

❶ 亚当·斯密. 国民财富的性质和原因的研究（上）[M]. 郭大力，王亚楠，译. 北京：商务印书馆，2003：15-16.

❷ 有学者把这一现象称为"监管型政府的崛起"，参见 Edward L. Glaeser, Andrei Shleifer. The Rise of the Regulatory State [Z]. Harvard Institute of Economic Research, Working Papers, 1934.

❸ 许成钢，卡塔琳娜·皮斯托. 不完备法律：一种概念性分析框架及其在金融市场监管发展中的应用 [M] //吴敬琏. 比较（第3辑）. 北京：中信出版社，2002.

❹ 经济学家张五常就认为，假货给消费者造成混淆的可能性非常小，原因在于，市场会给消费者以保护。参见张五常. 打假货是蠢行为吗？ [EB/OL]. [2009-12-10]. http://blog.ifeng.com/article/3514951.html.

❺ Mark P. McKenna. The Normative Foundation of Trademark Law [J]. TMR, 2007 (97)：1133.

不需要将保护消费者作为其保护之目的,诚然,应当注重保护商标权人的法益。

另外,混淆标准还将引起理论上的混乱。混淆标准特别注重保护商标的识别功能,认为具有显著性的商标与特定商品/服务构成了识别性。如果此种识别性遭到破坏,则会导致消费者发生混淆,为消费者带来损失。混淆标准潜在的逻辑就是,显著性越强,识别性也越高,并且识别性越高的商标越容易受到他人的模仿。随着商标混淆理论的发展,商标的识别性与混淆理论之间出现了一个看似通说的结论:若对相同商品或者服务使用了与他人形同的商标,则推定存在混淆的可能。并以此为依据,认定构成了对商标权的侵害。这种武断的认识忽略了一种现实生活中常见的一种情况,有时尽管行为人在相同商品或者服务上使用了与注册商标相同的标志,但消费者并没有造成混淆,如行为人在价格、产地等方面明示,消费者根本不可能混淆,知假买假就是这种情况。例如,在我国的南方某市的港口市场上,英纳格手表售价200元,一般的消费者显然不可能把其当作瑞士生产的手表。❶ 但这种行为仍然应当认定为侵权,理由就是英纳格这个商标的显著性降低了。

同时,混淆标准在实践操作中也必将面临障碍。按照混淆标准,作为一般消费者的公众是主要的判断主体。按此,在判断是否造成消费者混淆时,采用取样调查的办法最为科学。但在司法实践中更常见的是,由"法官根据具体情况和自己的经验,通过比较冲突的商标及其使用的情况,认定混淆可能性"。❷ 因此,有时消费者并没有混淆商品或者服务的来源,法官却判决产生了混淆。如此,混淆标准预设的消费者中心主

---

❶ 经济学家张五常就认为,假货给消费者造成混淆的可能性就非常小,原因在于,市场会给消费者以保护。参见张五常. 打假货是蠢行为吗? [EB/OL]. [2009-12-10]. http://blog.ifeng.com/article/3514951.html. 也正是在这个意义上,日本学者田村善之才指出,市场和法律之间在保护民事主体权益方面的竞争性。参见田村善之. 知的财产法 [M]. 东京:有斐阁,2003:9-13.

❷ 孔祥俊. 商标与反不正当竞争法:原理和判例 [M]. 北京:法律出版社,2009:278.

义发生了偏离。更重要的是，商标所有人有了现代技术帮助，开始监视、捕获消费者的活动。现代企业通过提供折扣卡、消费记录、积分卡等记录系统，分析消费群体，在不同的消费者之间进行区隔，从而达成一种持续和普遍的监视。这样，每个消费者的周围都存在无须部队和物质约束的凝视，以致构成了福柯所谓的规训社会。❶ 个体被纪律征服，品牌伴随着时间维度进入消费者的身体。商标借助现代传媒的宣传与推动，经由时间的演变，对消费者的消费习惯进行了构建，使消费在很多情况下成为无意识的实践。这种无意识隐去了时间维度，使消费者的活动成为一种消费习性。如此，消费习性忘却了商标的统治关系，忘却了商标的符号暴力实质。一如布迪厄所说："符号暴力是建立在集体期望或社会性地灌输的信仰之上的强取服从的暴力，它没有被如此理解。""符号暴力的作用之一是统治关系的变形并从属于情感关系，权力转变为个人魅力，或者转变为适于唤起情感吸引的魅力。"❷ 这样，商标通过现代技术控制了消费活动，相应地，消费者也忽略了商标的符号暴力日渐依赖品牌。如此，理性的消费者消失了。在此意义上，消费者根本无法客观地判定某种行为是否导致了混淆。

因此，以商业标志为保护客体的商标法应当坚持以保护商标权人的合法利益为核心，保护消费者的合法权益应当更多地交由消费者权益保护法等法律法规来完成，只有这样才能实现各个部门法各守其职相互配合。在实际操作中，法官取代了相关消费群体，成为判定侵权主体也未能真正实现混淆标准保护消费者的价值取向。除此之外，混淆标准也受到了来自其他方面的挑战。

第一，商标近似、商品类似与混淆可能性的逻辑关系。在现实生活

---

❶ Michel Foucault. Power/Knowledge [M]. Colin Gordon (ed.), New York: Pantheon Books, 1980: 155.

❷ 皮埃尔·布迪厄，华康德. 实践与反思：反思社会学导引 [M]. 李猛，李康，等，译. 北京：中央编译出版社，1998：102-103.

中，商标本身虽不相同、不近似，但事实上确实引起了消费者混淆的行为，是否属于混淆标准适用的范畴。从我国《商标法》和《商标法实施条例》来看，条文均以商标或商品相同、近似导致"误导公众""容易使相关公众产生误认"的因果二元结构进行表述。从条文来看，两个条件缺一不可，缺少其中一个要素都难以认定为商标侵权。如果商标不相同、不近似即使损害了消费者的合法权益也不能认定为侵权。相应地，如果商标相同或近似但是消费者在消费活动中并没有对于商标商品产生误认，最后依旧选择了该商标商品也不能够认定为侵权。但是在这个过程中，数个相同市场商标的显著性却是一个此消彼长的过程，该商标的显著性受到了削弱，其他商标的显著性得以增强。这是混淆标准本身存在的不足，也正基于此才有了驰名商标反淡化原则的应用。

第二，混淆标准适用范围的挑战。混淆标准的适用应当满足两个条件：其一，混淆的时点应为消费者购买产品之际；其二，混淆的发生应具有顺向性，即必须是消费者错误地认为被告的产品源自商标权人或者与后者存在关联关系。若站在维护消费者权益的角度来讲，无论是售前混淆还是售后混淆，消费者最终并没有对商标商品产生误认，也没有侵害消费者的合法权益，也就没有违背混淆标准的价值追求。售前混淆、售后混淆是对混淆理论在时间和内容上的扩张，从严格意义上的混淆标准来判定，售前混淆、售后混淆就不应当被纳入到混淆标准的范围之中。如果对于售前混淆和售后混淆不以混淆标准判定侵权，但实际产生的对于商标权人商标显著性的损害又该通过什么样的途径来进行维护。此时，混淆标准对于商标权人的保护捉襟见肘。将混淆标准的适用扩展到售前混淆和售后混淆是混淆标准面对纷繁复杂的市场经济关系的无奈选择，否则上述两种对商标权人产生损害的行为难以受到法律的规制。

第三，"混淆之虞"的模糊性。在现实生活中，不法商家原样照搬的商标混淆行为较少，其往往采取隐蔽式的商标混淆侵权获得非法利益，这就使得通过消费者获得实际混淆证据的难度增大。在相同商品上使用完全相同的商标,此种无须判定消费者是否产生了混淆,但对于其他使用商标的行为则需要以混淆标准进行判定。在司法实践中的问题是:不同的消费者群体、不同的社会经验、教育背景对于混淆可能性都会产生不同的认定事实。商标法以商业标识相同或近似作为商标导致消费者混淆可能性的前设条件,但没有对"混淆可能性"到底该如何认定进行明示。消费者混淆可能性仍具有模糊性,究竟何为"混淆可能",达到什么样的程度才称得上是"混淆可能"都是因人而异的。

综上所述,商标逐渐从依附于产品的一种标志向一种资产转化。❶ 混淆理论基于信息论,把商标权视作商品与标志之间联系的信息权,商标法所保护的并非商标标志本身,而是标示与区分商品出处功能及代表的商誉。❷ 虽然有学者批评商标权的扩张已远远超过了商标的功能,甚至严重影响到竞争和言论自由,❸ 但在实务中,对商标权人利益的损害并不只有混淆一种方式,淡化行为及其他不正当的使用实质上对商标权人产生了不利益,混淆理论并不能为他们提供救济。有学者如此理解商标:商标之"形"为符号,商标之"神"为符号后面隐藏的商业信誉。如果一个符号不是作为商品或服务出处的代表而存在,则该符号并不是商标。❹ 这种理解深刻地表达出现代商标所承担的功能。在现代商业行为中,经营者、商品/服务、商标这三者作为一种整体构建,出现在消费者视野中才是商标的运作模式。这种整体构建亦即前文所述的"销售力"。淡化及其他不正当的使用行为从根基上损害了经营者所构建的"销售力",但并

---

❶ Boston Prof. l Hockey Ass. n, Inc. v. Dallas Cap & Emblem Mfg., Inc., 510 F. 2d 1004 (5th Cir. 1975). Glynn S. Lunney, Trademark Monopoly, 48 Emory L. J. 372-73 (1993).

❷ William M. Landes, Richard A. Posner. Trademark Law: An Economic Perspective [J]. J. L. & Econ., 1987 (30): 265.

❸ See Stephen L. Carter. The Trouble with Trademark [J]. Yale L. J., 1989 (99): 759. Ben Depoorter. The Several Lives of Mickey Mouse: The Expanding Boundaries of Intellectual Property Law [J]. VA. J. L. & TECH., 2004 (春): 1-4. Mark Alan Thurmon. The Rise and Fall of Trademark Law's Functionality Doctrine [J]. FLA. L. REV., 2004 (56): 243.

❹ 李琛. 商标权救济与符号圈地 [J]. 河南社会科学, 2006 (1).

不是以混淆或可能产生混淆的方式来实现。混淆标准也自然不能为权利人的销售力降低提供足够的救济，那么我们是否应当从反不正当竞争法上寻求帮助？我们认为，还是应当在商标法视野内探求解决之道。因为商标法才是至少应当是以直接保护商标权人的利益作为出发和归宿，但显然这种解决之道不适用混淆标准。

第三章

淡化标准

第一节 淡化标准的历史发展

一、斯凯特与商标淡化理论

传统的商标侵害从属于反不正当竞争法此一广泛领域。从假冒之诉开始,英国普通法法院就利用诉状制度对商标权人和消费者利益进行保护。美国商标法随后承袭了英国普通法的传统,将假冒之诉予以法典化并纳入在其1946年《兰哈姆法》中,目的在于避免消费者受到混淆之虞,亦保护商标权人不受假冒竞争者的不正当商业手段的损害。传统商标侵权标准以消费者混淆之虞为其核心要素。与之相反,19世纪末20世纪初，以斯凯特（Frank I. Schechter）为代表的美国学者认为商标权可以上升到财产权高度，并初步阐释了商标淡化的构成原理。依照淡化理论，商标权人在没有证据证明遭受实际经济损害的情况下，仅凭借他人使用相同或相似的标记可能淡化其驰名商标的显著性，就可以获得法院的救济。这意味着，对商标的反淡化保护犹如为商标创设了一种绝对的排他权。如果说传统商标法是为了避免消费者混淆之虞而着重保护竞争秩序的话，那么，反淡化立法的出台则只是为了维护商标所有人对其所拥有商标的财产价值。

斯凯特被誉为"商标淡化"之父。中外有关商标淡化研究的文献中，几乎无一例外的提到他在1927年发表在《哈佛法学评论》的文章《商标保护的理性基础》（*The Rational Basis of Trademark Protection*）。❶ 这篇文章的观点为后来美国的淡化立法提供了最为权威的理论基础。虽然斯凯特在文章中除了翻译德国词汇"vewassert"时用了"diluted"（被淡化）外，并未提到淡化（dilution）一词。但他所用的削减（whittling away）一词，成为日后学界讨论商标淡化最常引用的词汇。要理解斯凯特的中心思想，我们首先要了解其所处的时代。

20世纪初期的美国，经历了第二次工业革命的推动，代替了日不落帝国掌握了世界经济霸权，工业总产量已经跃居世界第一位。❷ 下面三个经济方面的发展更是对商标法的影响深远。第一，全国性的市场建立，为商品交易提供了更加广阔的空间。曾几何时，商品受限于当地的狭小区域，此时商标的作用不是特别突出。因为消费者根本无须商标，便能识别出当地的生产者。全国性的铁路和通信网络建立后，市场上同类型的商家增多，竞争日渐激烈。此时，一个显著性的商标就显得尤为重要。

---

❶ Frank I. Schechter. The Rational Basis of Trademark Protection [J]. HARV. L. REV., 1927(40): 813.

❷ 有关美国商业史的论述可参见：斯坦利·布德尔. 变化中的资本主义：美国商业发展史[M]. 郭军，译. 北京：中信出版社，2013.

因为消费者不太可能记住这个产品是谁制造的，但他们往往对一些特别的商标感到难以忘怀。第二，多元化经营战略。在早期，当一个公司仅卖某一类型的产品时，商标象征了该公司在这类型产品上的商誉。公司的产品逐渐多元化后，为了让消费者认知到新开发的这个产品是属于本公司的，在新产品上标记使用已经集聚商誉的商标成为新产品推广的捷径。此时，要求注册商标能够在不同的产品得到保护就成为商人们的迫切要求。第三，商业广告的兴起。广告的历史由来已久，不过初期广告更多的是一种简单的商品介绍，并无太多令人印象深刻的东西。20世纪初，伴随全国性市场的发展，商人加大广告的投入力度，使用一些特别的图形、朗朗上口的广告语等，希冀同时向消费者传递商品信息与说服其购买。此后，为了维持其藉由广告投资而确立的商誉不被削弱，商人要求在更大程度上强化对商标的保护。❶

在商业迅猛发展的时期，斯凯特是少数几个敏锐观察到商标重要性的人。他在1920年开始就在纽约从事律师行业，特别专注于商标业务。后来，斯凯特经霍姆斯法官的鼓励，❷ 在哥伦比亚大学攻读博士学位（JD）。此时的美国法学界，法律现实主义方兴未艾。所谓的法律现实主义，就是主张法律是基于法官对社会利益及公共政策的衡量所作出的司法判决，而非基于形式规范或原则的法学思潮或法学思想运动。❸ 一般认为，最高法院大法官霍姆斯及哥伦比亚大学的教授卢埃林是美国法律现实主义思潮的先驱。❹ 或许是在卢埃林等人的耳濡目染之下，斯凯特的淡化思想也颇有法律现实主义的味道。1925年，斯凯特完成其毕业论文

---

❶ Bone R. Schechter's Ideas in Historical Context and Dilution's Rocky Road [J]. Santa Clara Computer and High Technology Law Journal, 2008 (24): 469-480.

❷ 奥利弗·温德尔·霍姆斯（Oliver Wendell Holmes, Jr., 1841年3月8日－1935年3月6日），美国著名法学家，美国最高法院大法官。

❸ 丹尼斯·劳埃德. 法理学 [M]. 许章润，译. 北京：法律出版社，2007：313-316.

❹ 卡尔·卢埃林（Karl N. Llewellyn, 1893—1962年），美国现实主义法学的主要代表之一，生前曾任哥伦比亚大学法学教授（1925—1951年），美国《统一商法典》起草人。

《商标法的历史基础》(*The Historical Foundations of the Law Relating to Trade-Marks*)，顺利获得了哥伦比亚大学的博士学位。同年，这篇论文由哥伦比亚大学出版社出版，获得了社会的积极回响。在这本书中，斯凯特运用历史研究方法，详细梳理了商标法从中世纪到19世纪末的历史演变。值得关注的是，在书中最后一章，斯凯特批判了当时商标侵权领域要求"直接竞争性"的存在，呼吁应该扩张商标的保护范围，即使是"非竞争性"的产品也可以得到商标法的保护。❶ 两年后，斯凯特将书中最后一章的内容补充完整，发表在《哈佛法学评论》上，也就是我们前文所提的那篇文章。

在这篇文章中，斯凯特开门见山批判当时的商标法已经严重落后于经济的发展。随着全国性市场的建立和商业广告的兴起，商标的功能已经不局限在识别商品的特定来源上，而是品质的保证与商品的推销。在此意义上，相关商品的限制已经过时，商标法应该加强保护公众心中与特定商品之间的联系。基于此，斯凯特提出四个主张：（1）现代商标的价值在于它的销售力（selling power）；（2）该销售力受公众的心理影响，不仅有赖附着商标的商品优点，还有赖商标本身的独特性（uniqueness）及单一性（singularity）；（3）商标如被用于相关联或非相关联的商品上时，该独特性或单一性即被削弱或受损；（4）商标保护的程度有赖于该商标所有人的努力，使得商标在多大程度上具有独特性并与其他商标相区别。❷ 关于上述第（3）点，斯凯特还强调，商标用于完全不相关联的商品，纵使没有消费者混淆，但它受到的真正损害为"商标或名称的辨识性（identity）"或"对于公众吸引力的逐渐削减（whittling away）或

---

❶ F. I. Schechter. The Historical Foundations of the Law Relating to Trademarks [M]. Columbia: Columbia University Press, 1925: 163-171.

❷ F. I. Schechter. The Rational Basis of Trademark Protection [J]. Harvard Law Review, 1927(40): 813-833.

散失（dispersion）"。❶ 此种"损害"的观念，为以后反淡化立法的确立提供了权威的理由。从斯凯特的论述可以看出，他认为应该扩展商标的权利范围，着重考虑商标权人的利益，重新建构商标保护的正当性基础。

二、美国商标淡化立法评析

斯凯特的文章发表后，商标淡化的观念逐渐引起人们的关注，特别是受到商人团体的青睐。于是，许多商人开始游说国会和州议会进行淡化立法。1932 年，美国国会曾讨论一项旨在修订商标法的《铂金司法案》（*Perkins Bill*）。该法案建议，对于商标的保护，不仅限于禁止可能导致混淆的使用，还应该禁止任何可能有损于商标使用人信誉、声誉、信用或安全的使用。斯凯特本人也曾出席国会的听证会，并对上述修改发表意见。然而，由于各种原因，国会迟迟未能通过这个法案。❷ 在对国会失望之余，商人们开始对各州的议会进行游说。❸ 目前美国有 37 个州已经制定了成文的商标淡化法，另有 3 个州在普通法上接受商标淡化理论。❹ 马萨诸塞州于 1947 年最先通过淡化法，佐治亚州与纽约州分别于 1953 年和 1955 年通过。之后，许多州都模仿国际商标协会（International Trademark Association，"INTA"）在 1964 草拟的《州商标示范法案》（*Model State Trademark Bill*）制定淡化成文法。《州商标示范法案》第十

---

❶ F. I. Schechter. The Rational Basis of Trademark Protection [J]. Harvard Law Review, 1927 (40): 813-833.

❷ 黄海峰. 知识产权的话语与现实——版权、专利与商标史论 [M]. 武汉：华中科技大学出版社，2011：340.

❸ 在美国，联邦政府和各州都有商标立法权。联邦法院和各州法院系统均有商标司法管辖权，商标权人可以选择向联邦法院提起诉讼，也可以选择向州法院提起诉讼。

❹ INTA. "U. S. State Dilution Laws," INTA Dilution and Well-Known Marks Committee, U. S. State Dilution Law Subcommittee (October 2004). 尚未制定商标淡化成文法的州有：科罗拉多州、印地安纳州、肯塔基州、马里兰州、密歇根州、北卡罗来纳州、北达科他州、俄亥俄州、俄克拉荷马州、南达科他州、佛蒙特州、弗吉尼亚州、威斯康星州。

二条规定,纵使当事人间无竞争或无关于商品或服务来源之混淆,但可能损害营业信誉或淡化依该法注册之商标、普通法有效成立之商标或普通法有效成立之商业名称之识别品质者,应为禁令救济之理由。就字面意思而言,似乎涉及两种侵权类型:一为损害营业信誉;二为淡化商标或商业名称的识别品质。对此,麦卡锡教授认为,损害营业信誉一词,应该与之后的文字连读,而为损害商标或商业名称的营业信誉,因此,损害营业信誉与淡化是属于同义词。❶

比较各州立法,其内容与当前的联邦立法大体一致,包括:要求被淡化者必须是驰名商标(famous mark);淡化的表现形式为模糊(blurring)与污损(tarnishment);提供禁令救济等。各州之间的淡化法仍然存在些许不同。例如,有 22 州的法律规定要求实际淡化(actual dilution),另外 15 州只要求淡化之虞(likelihood of dilution)。关于商标驰名的程度,各州的规定也不一样。有的认为淡化只适用于极强或具有高度识别性的商标,也有的认为有一定的知名度即可。关于淡化和产品之间的关系,有些州认为纵使商品或服务处于竞争地位的商家,也可主张淡化。有些州则禁止此种主张。❷

20 世纪 80 年代末期,美国联邦政府开始进行淡化立法。1988 年,美国国会在大幅度修正《兰哈姆法》的时候,就尝试将淡化的规定纳入,但由于新闻媒体因担心言论自由受损而严厉抵制,导致此次动议的失败。不过,此时美国国会进行淡化立法的共识已经达成,遂着手修改议案,将淡化的范围仅限于商业使用,排除了比较广告和新闻报告及评论的适用,以释媒体的顾虑。通过官方公布的文件显示,政府这次下决心进行淡化立法的理由有:(1)虽然已经有很多州制定了淡化法,但商标的使

---

❶ Bone R. Schechter's Ideas in Historical Context and Dilution's Rocky Road [J]. Santa Clara Computer and High Technology Law Journal, 2008 (24): 469-480.

❷ INTA. "U. S. State Dilution Laws," INTA Dilution and Well-Known Marks Committee, U. S. State Dilution Law Subcommittee (October 2004).

用是全国性的，联邦立法可适用于全国，可请求法院发出全国的禁令；（2）由于有些州有淡化法，有些州无，联邦立法可避免选择法院的问题（forum shopping）（3）联邦立法与国际条约相符合，例如《关税与贸易总协定》（GATT）有禁止淡化的规定，《巴黎公约》也规定保护驰名商标；（4）联邦制定淡化法，可协助联邦行政部门与外国谈判，使得外国因此制定淡化法，以保护美国的驰名商标；（5）通过联邦立法，可以禁止在互联网上的使用驰名商标诈骗的行为。❶ 1995 年，美国国会修改《兰哈姆法》（Lanham Act），这次终于将淡化的规定纳入，规定在《兰哈姆法》第 43 条第（c）款中，❷ 这个法案被称为《1995 年联邦商标淡化法》（Federal Trademark Dilution Act，FTDA），克林顿总统在 1996 年 1 月 16 日签署后立即生效，但是这部法案仍存在一些不足。美国在 1999 年通过了 1999 年美国联邦反淡化法修正案（TAA），修正案规定了淡化可以作为请求撤销新注册的商标的理由。2006 年又通过了商标淡化修正案（TDRA），该修正案澄清了淡化的证明标准，明确了淡化包括弱化和污损，完善了淡化的免责事由等。❸ 对于美国的淡化立法，我们需要厘清下述三个问题。

第一，商标淡化与商标侵权。在美国法语境下，商标淡化与商标侵权是各自独立的、内涵不同或者说属于不同层面的理论。淡化就是淡化（dilution），提起的诉讼称为淡化诉讼（dilution）；商标侵权是（infringement），是因混淆而造成的，提起的诉讼是侵权之诉（infringement claim）。在涉及商标侵权、商标淡化、不正当竞争的复杂案件的时候，原告可以同时提请这三种诉求，法院也会根据原告的主张分别作出判决。❹

---

❶ Sheldon. W. Halpern et al.. Fundamentals of United States Intellectual Property Law: Copyright, Patent, and Trademark [J]. Kluwer law international, 2006: 289-329.

❷ 《兰哈姆法》第 43 条第（c）款规定了弱化导致的淡化及污损导致的淡化。

❸ 邓宏光. 美国联邦商标反淡化法的制定与修正 [J]. 电子知识产权, 2007 (5).

❹ 杜颖. 社会进步与商标观念：商标法律制度的过去、现在和未来 [M]. 北京：北京大学出版社, 2012: 173.

从商标淡化与商标侵权的构成来看,两者之间最重要的区别是商标淡化并不要求消费者混淆,这是商标淡化与商标侵权立意不同而致。商标侵权制度更多关注消费者的利益,"混淆可能性"自然就成为其认定的标准。而商标淡化旨在保护商标权人利益,维护驰名商标在公众心中的良好形象,与商誉的结合度更紧密,它并不以消费者是否混淆为判断的标准。此外,两者的适用情形也是不同的。如果消费者认为两个来源提供者具有某种联系,如合作关系、投资关系或隶属关系,发生的是混淆;如果消费者能够认识到两个来源提供者没有任何联系,发生的则是淡化。这里潜在的预设是,商标淡化只能发生在不相同且非类似的商品或服务之间;如果是将相同或者类似标记用于相同或者类似的商品、服务之间,则是传统的混淆侵权,而不考虑商标的淡化问题。❶

第二,商标的驰名与淡化的抗辩。美国联邦商标淡化法明确要求,只有驰名商标(famous mark)才能获得反淡化的保护。但是法律上并没有明确规定"驰名"须达到何种程度。对此,《兰哈姆法》第43条第(c)款第(2)项规定:商标驰名,是指商标作为商标所有人商品或服务来源的标识被美国境内的消费公众广泛认知。在确定商标的认知度方面,法院可以考虑以下因素:(1)商标固有显著性或获得显著性的程度;(2)商标使用于商品或服务上的时间及范围;(3)商标广告宣传的时间、范围、地域;(4)商标贴附商品或服务交易的地域范围;(5)商标的实际被认知的范围;(6)第三人使用相同或相似的商标的性质及范围;(7)商标是否依照1881年3月3日商标法或1905年2月20日法注册,或在主要注册簿上注册。当然,这些因素并非是一成不变的,法院可以在实际操作中进行灵活适用。为了不侵犯言论自由以回应社会各界对商标淡化的批评,美国《兰哈姆法》第43条第(c)款第(3)项规定:以下任一情形,即使符合淡化的构成要件也不得诉究(actionable)。这些

---

❶ 杜颖. 商标淡化理论及其应用 [J]. 法学研究, 2007 (6): 35-43.

情形包括：（1）让消费者能够比较产品或服务的广告或促销；（2）滑稽模仿、讽刺、评论驰名商标所有人或驰名商标所有人的商品或服务的行为；（3）一切形式的新闻报告及新闻评论；（4）商标的非商业使用。❶

　　第三，实质淡化与淡化之虞。美国联邦商标淡化法实施以来，商标淡化的证明标准问题一直困扰着各地法院。有些州的淡化法规定要求实际淡化（actual dilution）；有些州规定淡化之虞（likelihood of dilution）即可胜诉。而按照FTDA的规定，原告应负实际淡化的举证之责。司法上的争论在2003年达到高潮。在这一年，联邦最高法院审理了"莫斯利诉维多利亚秘密案"（Moseley v. V. Secret Catalogue），❷ 本案原告是美国著名的女士内衣生产厂家，其拥有"维多利亚的秘密（Victoria's Secret）"的驰名商标。原告的产品在美国境内深受欢迎，并远销世界各地。原告提供的证据显示，仅仅在1998年，原告投入的广告费就高达5500万美元，销售额超过15亿美元。1998年，被告开设了一家名为"维克多的秘密（Victor s Secret）"的成人用品店，主营成人用品及男女式内衣。原告向法院提起淡化诉讼。经过初审和上诉审之后，案件到了联邦最高法院。针对淡化的证明标准问题，联邦最高法院认为，原告只有证明了其商标受到了侵害才能获得救济。一石激起千层浪，联邦最高法院的判决不仅没有平息争论，反而引起了产业界与理论界的强烈讨论。❸ 到了2006年，美国《商标淡化修正案》获得通过，修改的关键内容就是，否定了联邦最高法院在2003年的判决，确定了淡化的证明标准是淡化之虞，而不是实际的淡化。经过这次法案的修改后，美国目前商标淡化的侵权要件可以归纳为：（1）被使用之商标为驰名商标；（2）该驰名商标具有显著性，不论其本身即具有显著性或经由使用后获得第二含义之显著性；（3）该使用发生于商标已经成为驰名商标之后；（4）该使用会使

---

❶ 法条部分的翻译参考杜颖. 美国商标法 [M]. 北京：知识产权出版社，2013.
❷ Moseley v. Secret Catalogue, Inc., 123 S. Ct. 1115, 1124 (2003).
❸ 邓宏光. 美国联邦商标反淡化法的制定与修正 [J]. 电子知识产权，2007（5）：26-30.

驰名商标陷入淡化之虞；(5) 造成驰名商标淡化的方式有弱化与污损；(6) 不要求产生消费者混淆。

将现行美国的联邦商标淡化法与斯凯特的观点相比，商标淡化理论的发展已经远远超出了斯凯特的想象。斯凯特当时针对的仅仅是具有独特性（uniqueness）及单一性（singularity）的商标。现行的淡化法则规定，不但是固有显著性的商标可以获得保护，因使用而获得显著性的商标也同样在保护之列。斯凯特或许也没有想到，商标淡化还分为实际淡化和淡化之虞，造成淡化的方式除了弱化还有污损。总之，在商标淡化理论的发展史上，斯凯特扮演了启蒙导师的角色，在他的理论引导下以及商人利益的推动下，商标淡化理论得到了蓬勃发展。

三、网络域名的反淡化保护

随着互联网的兴起，美国法院将淡化理论引入"域名抢注"领域。众所周知，一个识别度高的域名不仅可以吸引更多的客户，而且还是企业重要的无形资产。美国作为现代互联网的起源地，在1992年就成立了管理机构"因特网信息中心"，但中心并不负责注册人与第三人之间的域名纠纷，于是许多域名抢注的纠纷只好诉诸法院。由于传统的假冒之诉的举证负担过重，原告常援引《兰哈姆法》直接控诉被告商标侵权。法院虽然千方百计希望通过扩大《兰哈姆法》的解释，将其适用在域名抢注的问题上，不过，因为被告实际上只是进行了抢注行为，并没有通过网站从事提供货品或服务，这种使用行为并无导致消费者混淆商品或服务的来源。于是，美国法院在没有其他更好的选择的情况下，开始采用反淡化法来处理域名抢注问题。

在1998年的"帕纳维森国际公司诉涛彭案"（Panavision International

v. Toeppen),❶ 美国联邦上诉法院首次依靠联邦商标淡化法，认定抢注域名的行为构成商标淡化侵权。本案原告是美国著名的摄影器材制造公司，拥有"Panavision"和"Panaflex"两件商标。被告是一家美国最为著名的"网络蟑螂"公司。它抢注了全美100多家知名企业的名称或者商标作为域名，其中就包括了原告的上述两件商标。当原告知晓这个情况后，要求被告停止使用这个域名。被告却说，其有权在网络上使用这个域名，并提出原告支付13 000美元购买该域名。原告遂根据联邦商标淡化法于加州中区地方法院提起诉讼。初审法院作出对原告有利的简易判决。被告对此不服，认为加州中区地方法院没有管辖权。于是，向美国联邦第九巡回上诉法院提起上诉。美国联邦第九巡回上诉法院认为，被告没有通过这个域名提供商品或服务，没有导致消费者对商品或服务来源混淆。但是，被告的行为却造成了原告商标的淡化。与原告商标一样的域名是一种重要价值的资产，也是消费者与原告在网络上沟通的基础。原告的潜在消费者如果键入域名，却无法找到原告公司的时候，他们可能会被迫寻找数百个网站后才能找到。这种行为会淡化原告的商标。因为，需要原告服务的公司可能会错误地链接上其他网站而感到失望，觉得原告的网站根本不存在。据此，加州中区地方法院以商标淡化法判决被告败诉的结果是正确的，美国联邦第九巡回上诉法院于1998年4月肯定其判决结果。

第二节　淡化标准的逻辑前提：商标的财产化

最初，商标作为一种沟通工具（communication），它在生产商之间、

---

❶ Anavision International v. Toeppen 141 F. 3d 1316 (9th cir. 1998).

生产商和消费者之间传达着信息。❶ 由于商标具有指示商品来源和保证商品质量的功能，消费者更愿意从这些标志所有人处购买同等类型的商品。慢慢地，商标所有人凭借商标，积累了一定的竞争优势。此时，便出现了对他人商标的假冒。对于假冒的规制，英国普通法作出了不可忽视的贡献。梅特兰曾言，整个英国私法的历史就是诉讼形式的历史，❷ 这一判断告诉我们，在英国法上，对于假冒行为的制止也必须诉诸一定的诉讼形式。早期对假冒他人商标的诉讼，采用的诉讼形式是欺诈之诉。以"欺诈之诉"之名介入商标侵权，其侧重的是对市场竞争的保护。尽管在普通法和衡平法上对欺诈（fraud）的理解存在诸多区别，❸ 但达成共识的是，欺诈之诉要求行为人主观上的故意。❹ 在当时的社会条件下，冒用他人的商标只是不正当竞争的一种体现，商标所有人并不能对自己的商标形成垄断，并获得更高的利益。因此，早期的商标保护把存在主观故意作为假冒之诉的前提。它将道德因素注入了法律中，给制止假冒带来了诸多难题。其中的一个疑问是，假冒之诉是否针对那些主观上并非故意的假冒呢？衡平法上1838年的一个判例对此给了肯定性回答。❺ 早期商标保护的正当性主要是建立在维护市场竞争秩序上，通过维护商标与商品来源信息的真实可靠，保证商标传播信息的功能不受侵害。本特利教授（Lionel Bently）将之称为"基于信息传播的模式"，法官为商标提供法律保护只是为了商标能够发挥传播信息的功能。

法官认定假冒之诉的要求极高，除证明被告存在欺诈故意之外，还

---

❶ Lionel Bently. From Communication to Thing: Historical Aspects of the Conceptualisation of Trade Marks as Property [M] //Dinwoodie, Graeme B., Mark D. Janis, eds. Trademark law and theory: a handbook of contemporary research, Northampton: Edward Elgar Publishing, 2008: 3-41.

❷ 梅特兰. 普通法的诉讼形式 [M]. 王云霞, 等, 译. 北京: 商务印书馆, 2010: 29.

❸ Christopher Wadlow. The Law of Passing-off: Unfair Competition By Misrepresentation [M]. London, Sweet & Maxwell, 2004: 17.

❹ 小奥利弗·温德尔·霍姆斯. 普通法 [M]. 冉昊, 姚中秋, 译. 北京: 中国政法大学出版社, 2006: 114.

❺ Millington v. Fox (1938) 40 E.R. 956.

需要证明原告长期使用其商标并已经具有相当知名度，这导致商人寻求商标保护遇到极大困难。到19世纪60年代，英国人的理念发生了变化，他们开始从财产角度而不是从欺诈角度来理解商标诉讼。❶ 假冒开始被理解为虚假陈述，❷ 欺诈之诉的重要性开始式微，最终在普通法上消失。商人若想在实体法上确立其对商标的专有权，必须将商标纳入自己的控制范围。虽然，在1853年的一则判例中，英国大法官法院的伍德（Wood）法官还曾指出，"商标中并无财产，禁止他人使用商标的权利基础是假冒，任何假冒在本国都必须予以纠正"，但同时代革命性地将商标理解为财产的观念已经产生。❸ 1862年，英国谢菲尔德市商会向下议院提交了一个法案，该法案明确把商标表述为财产。该法案的第9条规定，获得注册的商标"应被视为所有人的个人财产，按照通常的调整个人财产的法律，该财产可以转让。"该法案提出后，英国政府认为商标保护关系经济发展，需要更多考虑，于是成立了一个特别委员会。委员会听取了商人代表、政府官员和律师的意见，同时委员会也激发了社会各阶层、各利益集团的积极讨论。值得回味的是，当时把商标视为财产所表现出来的通常问题并不是拓宽权利范围的结果，而是与可转让性相关。❹ "如果商标是财产，它就必然是可转让的。"这引发的反对意见是，一个原本旨在禁止虚假行为的法律很可能反而会支持这种行为。一个与经营主体甲密切相连的标志中的权利转让给乙之后，公众很可能会继续认为该产品来源于甲。在这个意义上，商标的可转让性制造了公众的混淆。"商标暗

---

❶ Lionel Bently. From Communication to Thing: Historical Aspects of the Conceptualism of Trade Marks as Property [M] //Trademark Law and Theory（edited by Graeme B. Dinwoodie & Mark D. Janis），Northampton: Edward Elgar Publishing：2008：3-41.

❷ 彭道顿，李雪菁．普通法视角下的知识产权 [M]．谢琳，译．北京：法律出版社，2010：17.

❸ Collins Co. v. Brown，(1857) 3 K & J 423.

❹ Lionel Bently. From Communication to Thing: Historical Aspects of the Conceptualisation of Trade Marks as Property [M] //Dinwoodie, Graeme B., and Mark D. Janis, eds. . Trademark law and theory: a handbook of contemporary research，Northampton: Edward Elgar Publishing：2008：3-41.

示的是这样一个确定的事实，即它是由某个人或者某个公司在某个地方建立的产业。如果你改变了地方或者人，就破坏了这个标志。我曾听说有人要卖他们的商标，这让我立即想起了士兵要卖他们的奖章。"❶ 委员会汇集了各方意见，反对将商标作为财产的观点认为，现存法律没有将商标作为财产，如果将商标作为财产将会导致很多危险。商标表明商品来源，公众只能通过商标获取有关商品来源的信息，进而判断商品质量。如果将商标作为可以转让的财产，公众从商标中获得的信息可能并不是真实的。委员会对"商标转让"问题难以作出统一意见，另外将商标作为财产可能会导致某些商人借商标阻止正常的市场竞争。虽然，当时赞同法案的人指出，即便商标不允许转让，如果商人降低了商品质量，公众同样会受到欺骗。但是，特别委员会还是对谢菲尔德法案投了反对票。谢菲尔德法案虽然没有获得通过，但是实际上已经对商标保护的观念形成了冲击，并加速了商标财产观念的形成。

经济生活具有第一性，法律制度始终是以经济生活为基础的。商人在谢菲尔德法案未通过后依然要求立法者为商标提供专有性的保护。英国商人要求政府帮助他们在国际贸易中确认商标的财产属性，其目的是阻止外国公司，特别是德国对英国商标的使用。英国的外交部迅速通过大使和领事馆与包括奥地利、比利时、法国、丹麦以及美国等在内的国家进行斡旋，在这一过程中，商标是财产这一表述日渐为大家所接受。在司法实践中，有一些法官开始在一系列的案例中详细阐述商标是财产的理论。其中，理查德·贝瑟尔（Richard Bethell）的影响最大。在"艾德利斯腾诉艾德利斯腾案"（Edelsten v. Edelsten），他指出："本案的问题是，原告是否拥有商标的财产权……如果有财产权，接下来的问题就是被告的标志是否和原告的标志实质上相同，并且因此侵犯了他的财

---

❶ Lionel Bently. From Communication to Thing: Historical Aspects of the Conceptualisation of Trade Marks as Property [M] //Dinwoodie, Graeme B., and Mark D. Janis, eds.. Trademark law and theory: a handbook of contemporary research, Northampton: Edward Elgar Publishing, 2008: 3-41.

产。""在普通法上,财产救济通过欺诈之诉完成,被告欺诈的证据是这种诉讼的核心。但在衡平法上,这种救济只按照保护财产的法则进行,它不必证明被告欺诈就可以获得禁令。"❶ 这意味着,救济不仅依赖欺诈之诉能够获得,依赖财产原则同样可行。"在普通法上,商标的保护是由防止欺诈中的权利组成。而在衡平法上,这种权利挑战了财产法的一些特点。但它不止一次地表明,一个人不能仅因其名字获得财产利益,它必须被视为一种准财产而不是绝对的财产。但是,为其提供实质性的保护是非常准确的。"数月之后,大法官韦斯特布里(Westbury)又审理了"霍尔诉巴罗斯案"(Hall v. Barrows)案。在该案中,他强调,商标权是一项排他性的权利,是基于某个商人在特定的商品上使用而获得的,这种排他性的权利就是财产权。公众是否受到欺诈是测试被告是否侵犯了原告财产权的标准,法院判处假冒案件的基础是基于财产权。❷

当把商标当作一种商品的沟通工具时,对它的保护从法律构造上来说是比较初级的。随着商标在社会生活中发挥的作用越来越大,当其作为生产资料对工商业社会的整体发展至为关键时,商标权的法律构造就日渐完善。商标作为一种财产,给予其比作为一种交流工具更充分的保护的必需性就存在了。日本学者加藤雅信通过文化人类学的方法证明,作为商标权的知识产权与其他权利一样,保护的都是投资人,在保护投资人的基础上,实现了社会生产量的最大化。❸ 从符号学的角度来说,商标的形式是符号,商标法的目的是保护商业信誉,而不是毫无意义的标志。在现代经济制度中,商标是商誉的载体,对商誉的独占需求必然导致商标的财产化趋势。商标保护也从防止混淆发展到对财产权的保护。

---

❶ (1863) 1 De G J &S 185, 201.

❷ 原文是:The exclusive right to use any particular mark or symbol in connection with the sale of some commodity was property, and the act of the Defendant is a violation of such right of property, corresponding with the piracy of copyright or the infringement of the patent. I cannot therefore assent to the dictum that there is no property in a trade mark.

❸ 加藤雅信. 所有权的诞生 [M]. 郑芙蓉, 译. 北京: 法律出版社, 2012: 150.

商标的财产化为商标保护提供了更有力的支持，也迎合了商标扩张的倾向。

商标观念的变迁以及商标权法律构造的完善迎合了英国现代注册制度扩张范围的趋势。随着商标被当作财产看待并被纳入知识产权领域，如何维护其稳定性对其给予官僚式管理就成了国家主管部门的任务。❶ 值得注意的是，在19世纪70年代之前，尽管没有官方层面的商标注册制度，但实务界已经开始利用已有的著作权和外观设计领域的登记制度为商标进行注册。这一做法在一定程度上促成了英国1875年的商标注册法问世。尽管该法没有明确宣明商标是财产，但它引入了专有性的术语，明确说明注册人是商标的注册专有人，并用权利（title）描述二者之间的关系。因此，该法被广泛认为强化了商标当作财产的概念重塑（reconceptualisation）。❷ 该法规定了"注册处的设立和一般规则"，成立了伦敦注册处和曼彻斯特办公室，负责商标的注册事宜。该法赋予了权利人凭借商标注册便可提起侵权诉讼的权利，减轻了权利人的举证负担，也让商标的财产化向前迈进一大步。之后，社会各界逐渐接受"商标是财产"的基本命题。商标财产化的确立，商标法的形成，意味着商标利益的制度设计和重新整合，也从根本上反映了商标保护模式的正当性基础的转向，❸ 与判定商标侵权标准的多元化。

混淆之虞是传统商标侵权的基准点，但是在有些案件里，即使消费者不可能产生来源混淆，法院也认定商标侵权，柯达自行车就是这样一个典型案例。尽管消费者不可能把著名胶卷和照相机制造商——柯达公司和自行车销售商联系在一起，法院对此也完全同意，但仍旧发布了禁

---

❶ 正是在这个意义上，黄海峰博士提出，在历史上，应从贸易管制法的角度思考知识产权法。参见黄海峰. 知识产权的话语与现实 [M]. 武汉：华中科技大学出版社，2011：278.

❷ Lionel Bently. From Communication to Thing: Historical Aspects of the Conceptualisation of Trade Marks as Property [M]//Dinwoodie, Graeme B., and Mark D. Janis, eds. Trademark law and theory: a handbook of contemporary research, Northampton: Edward Elgar Publishing, 2008: 3-41.

❸ 余俊. 商标法律进化论 [M]. 武汉：华中科技大学出版社，2011：110.

令。法院这样做的理由是：法院认为在自行车上使用 Kodak 的名称即使没有造成来源混淆，也会给 Kodak 公司造成损害。❶ 此种类型的损害，依美国联邦商标淡化法的限制，只适用于驰名商标。因此，商标财产化在驰名商标上，就体现为驰名商标的跨类保护。与普通商标不同，驰名商标具有极强的指示性与极高的市场名气。也正因此，法律允许给予驰名商标不限于注册类别上的保护，以维护驰名商标指示性的唯一性。从商标负载的涵义解析，驰名商标极强的指示性，展示了商标—商品/服务—生产者之间的内在联系，即商标的显著性。依美国联邦商标淡化法第 365 条 d 款规定，淡化诉因包含两个因素：第一，极强商标——或因为商标的显著性，或因为已取得第二含义；第二，淡化可能性。而商标的显著性，于驰名商标而言的另外一种表述，即是显著商标的商品销售力，这种销售力是由具有有利联系的显著商标在消费大众的头脑中形成的。❷ 依上文所述，所谓销售力是商标的显著性对于消费者消费欲望和购买行为的激发能力与消费者对商标所蕴含信息的依赖度。这与淡化造成的损失相一致。淡化最恰当地描述，应当是由于相同或近似商标的大量出现而分散消费者注意力，弱化诱发消费者购买欲望的能力，最终破坏消费者惯以依赖的商标信息的唯一性。❸ 因此，驰名商标的反淡化保护，最终的落脚点还是对商标销售力的保护。

我国立法、司法、行政保护均十分重视驰名商标保护。1996 年国家工商行政管理总局颁布的《驰名商标认定和管理暂行规定》，将驰名商标定义为"在市场上享有较高声誉并为相关公众所熟知的注册商标"；2003 年颁布的《驰名商标认定和保护规定》，将驰名商标定义为"在中国为相

---

❶ 罗伯特·P. 墨杰斯，彼得·S. 迈乃尔，等. 新技术时代的知识产权法 [M]. 齐筠，等，译. 北京：中国政法大学出版社，2003：544-545.

❷ Sally Gee, Inc. v. Myra Hogan, Inc., 699 F. 2d at 624 (2d Cir. 1983).

❸ 斯凯特认为："现代商标的价值取决于其销售力，这种销售力取决于其对公众的心理抓取力，在很大程度上取决于自身的独特性和单一性，这种独特性或者单一性因他人对于商标的使用而丧失或者受损。"

关公众广为知晓并享有较高声誉的商标"。最高人民法院在2001年颁布的《关于审理涉及计算机网络域名民事纠纷案件适用法律若干问题的解释》中涉及驰名商标，但并未界定驰名商标的涵义；2002年10月最高人民法院《关于审理商标民事纠纷案件适用法律若干问题的解释》中首次明确注册驰名商标的跨类保护；2009年4月《关于审理涉及驰名商标保护的民事纠纷案件应用法律若干问题的解释》第1条规定："本解释所称驰名商标，是指在中国境内为相关公众广为知晓的商标。"2013年《商标法》第13条第1款规定："为相关公众所熟知的商标，持有人认为其权利受到侵害时，可以依照本法规定请求驰名商标保护。"值得注意的是，所有法律、法规尽管都涉及驰名商标，但是对驰名商标的淡化行为却没有作出规定。❶ 将淡化行为的规范置于一旁，纵观涉及驰名商标保护的法律、法规，驰名商标受到保护的前提还是驰名度，即显著性（商标—商品/服务—生产者之间联系）的强度，而此强度的存在显然不符合混淆之虞的认定标准。驰名商标保护不以混淆之虞为要求，反映了驰名商标保护中质的变化。这种驰名商标权利具有更强的物权色彩。"而这是非常不同的。商标反淡化法的目标只是保护最为著名的商标不使在后的使用对其显著性造成模糊或者对其造成贬损、玷污。因此，反商标淡化法实际上保护的是财产权、实际的商标。"❷

---

❶ 1996年8月14日国家工商行政管理局令第56号发布的《驰名商标认定和管理暂行规定》第8条规定：将与他人驰名商标相同或者近似的商标在非类似商品上申请注册，且可能损害驰名商标注册人权益的，不得注册为商标；第9条规定："将与他人驰名商标相同或者近似的商标使用在非类似的商品上，且会暗示该商品与驰名商标注册人存在某种联系，从而可能使驰名商标注册人的权益受到损害的，驰名商标注册人可以自知道或者应当知道之日起两年内，请求工商行政管理机关予以制止"。从严格意义上分析，第8条可以认定为针对反商标淡化的措施，但第9条则不是。同时，第8条所规定措施仅限于注册驰名商标，其侧重于商标注册申请程序，这在实质上只是通过不予注册来防止商标淡化的发生。2003年修改后的《驰名商标认定和保护规定》仍旧没有从使用层面规制商标淡化行为。

❷ 孔祥俊. 商标与不正当竞争法：原理和判例 [M]. 北京：法律出版社，2009：414.

第三节　淡化行为的类型

基于财产化的理论，商标淡化成为侵害商标权的一种形式。商标淡化是指降低驰名商标指示与区别商品或服务的能力，不论是否存在驰名商标所有人与其他当事人之间的竞争，也不论是否存在混淆、误导和欺骗的可能性。❶ 在 2006 年 10 月 6 日，美国国会通过了 TDRA。TDRA 的一个重要内容就是重塑淡化的两种形态，即模糊（blurring）和污损（tarnishment），并且采用了"淡化之虞"的原则。尽管美国联邦最高法院在"维多利亚秘密"案中承认，按照国会制定反商标淡化法的意图，所制止的使用行为包括"模糊商标的显著性或者贬损、玷污其形象"，但并未界定认定这些情形的具体标准。FTDA 将"模糊造成的淡化"界定为"因一项标志或商号与某驰名商标近似而产生的损害驰名商标显著性的联系（distinctiveness）"，并规定了法院在决定是否因模糊行为而可能造成淡化时，可以考量六项非穷尽式的因素：(1) 标志或商号与驰名商标的近似度；(2) 驰名商标固有的或获得的显著性的程度；(3) 商标所有人实质上对标志进行排他性使用的范围；(4) 驰名商标的被认可程度；(5) 标志或商号的使用人是否打算与驰名商标之间创造一种联系；(6) 标志或商号与驰名商标的模糊时，强调的是其识别性的降低；在认定驰名商标的贬损时，强调的是其声誉的降低。同时，将"污损造成的淡化"界定为

---

❶ 最初，斯凯特在《商标保护的合理基础》中将"淡化"一次适用于杜撰、臆造或任意的标识，只适用于在后适用人的商标与在先所有人的商标完全相同并且只用于非竞争产品上。但在美国联邦商标反淡化法中，将驰名商标淡化定义为"减少、削弱驰名商标对其商品竞争的识别行为和显著性的行为，不管驰名商标所有人与他人之间是否存在竞争关系，或存在混淆或误解的，可能性"。

"因一项商标或者商号与驰名商标近似而产生的损害驰名商标声誉的联系",但并未规定贬损可能性的具体因素。

除此之外,TDRA还规定了淡化的抗辩措施。(1)任何合理使用。包括对某驰名商标的指示性或描述性使用,或者对这种使用的促进(facilitation),只要不是将驰名商标作为某人商品或服务的来源指示;还包括允许消费者对商品或服务进行比较的广告❶或促销活动;以及对某驰名商标所有人或其商品/服务的鉴别、戏仿、批评或评论。(2)任何形式的新闻报道和新闻评论。(3)任何非商业性使用。就戏仿而言,TDRA与FTDA的最大区别在于,除了将其明确为一种独立的抗辩理由外,不再将其置于非商业性使用的框架之下,而是置于合理使用的范围之内,称为合理使用标准。然而,该法并没有明确,是否所有的戏仿行为都属于合理使用,都可免责。按照TDRA,合理使用包括三种行为,即指示性使用或描述性使用,比较广告或促销行为,戏仿、批评、评论等行为。在语义上,TDRA把"不将他人的驰名商标作为商品或服务的来源指示"仅限于指示性使用或描述性使用,而没有将之作为戏仿的条件。因此,在解释上就存在三种可能性:第一,仅"不将他人的驰名商标作为商品或服务的来源指示"的戏仿行为才是TDRA意义上的戏仿,这似乎与通常的语言习惯不符。第二,所有的戏仿,无论是否"将他人的驰名商标作为商品或服务的来源指示",都属于合理使用,这似乎与之前的判例不符。第三,扩大解释,仅那些"不将他人的驰名商标作为商品或服务的来源指示"的戏仿属于合理使用,但那些可以获得免责的戏仿并不限于构成合理使用的戏仿,而应当结合认定"模糊"或"污损"的要素具体把握。

模糊(blurring)、污损(tarnishment)之间的关系,在美国联邦第七巡回上诉法院2002年审理的"TYINC. v. PERRYMAN"一案中得到了很

---

❶ Deere & Company v. MTD Products, Inc., 41 F. 3d 39 (2d Cir. 1994).

好的诠释。❶ 波斯纳法官指出，淡化案件涉及的每一种可能性都与不同的潜在关注相关。第一种关注是，如果商标与一系列不相关的产品发生联系，那么消费者的搜索成本将会上升。出于此种关注，应以"弱化"或"模糊"作为淡化的危害结果。第二种关注是，当某一商标被不合时宜地使用在低劣、下流的产品上时，那么基于人类的联想天性，消费者可能不再将该商标与之前的美好形象联系在了一起。为此，"污损"应当成为淡化的第二种危害结果。

就第一种关注而言，"弱化"或"模糊"作为淡化的危害结果，最终的落脚点是对商标显著性（唯一对应关系）的一种分散或破坏。如果消费者将一个标志同时和两个来源提供者联系在一起，这时可能会发生混淆，也可能发生商标的淡化。二者的区别在于，如果消费者认为两个来源提供者具有某种联系，如合作关系、投资关系或隶属关系，发生的是混淆；如果消费者能够认识到两个来源提供者没有任何联系，发生的则是淡化。这时，之所以要保护商标权人的反淡化权利，是因为消费者把标识和另外一个新的不同的来源联系在一起，削弱了商标和商标权人之间的特定联系。这里暗含着一个前提，即淡化行为只能发生在不相同且非类似的商品或服务之间，如果是将相同或者类似标记用于相同或者类似的商品、服务之上，则是传统的混淆侵权，而不考虑商标的淡化问题。❷ 如果人们因此而受到任意联系（arbitrary association）的影响是非理性的，那么它也是一种深深植入于人类心理之中的非理性。从而需要提出一种为法律所承认的主张。它与心理学家对"便利性启发"（availability heuristic）所称的认知怪癖（congnitive quirk）相关，后者是指这样的事实，即人们倾向于把比例不相称的分量加在某一产品、事件或者行为的显著特征之上。一个商标所寻求的，就是识别符号而节约信息成本。如

---

❶ TY INC. v. PERRYMAN, 306 F. 3d 509 (7th Cir, 2002).
❷ 杜颖. 商标淡化理论及其应用 [J]. 法学研究, 2007 (6).

果由于商标具有了其他的联系,当一个人看到它就必须想一会才能认出它就是某产品或者服务的标识,那么,这种节约就变得较小了。❶ 因此,不论是混淆,还是淡化,消费者一定是将某标志与两个来源联系在一起。即使是在淡化的情况下,在消费者的意识中,两个来源还是有联系的,只不过这种联系不是混淆(confusion),而是一种意识中的联想(mental association)。❷

与"模糊"不同,"污损"必须是冒犯性地损害了商标的信息传递价值。假设在纽约市某一街的一个花生贩子称自己是"劳斯莱斯公司",当消费者光顾这家店铺,并不存在他们认为自己正在与劳斯莱斯进行交易的危险。在消费者光顾过这家店之后再看到"劳斯莱斯"时,他就会同时想到汽车生产商与花生贩子。劳斯莱斯品质优良、豪华尊贵的形象就因此而被看到花生贩子所产生的反面形象所遮盖或者玷污。❸ 在这里不存在任何混淆,消费者不会因为花生贩子将劳斯莱斯的名字作为自己的商业名称而认为他的花生质量更高。相反,对于劳斯莱斯公司而言,就需要投入更加巨额的成本来巩固劳斯莱斯所传递的独特品质。

第四节 淡化标准面临的质疑

淡化标准的确立,经历了艰难而漫长的历程,争议不断。斯凯特在1927年的文章虽然被誉为淡化理论的开山之作,但是他并未完整地提出

---

❶ 威廉·M. 兰德里,理查德·A. 波斯纳. 知识产权法的经济结构 [M]. 金海军,译. 北京:北京大学出版社,2005:205.

❷ J. Thomas McCarthy. McCarthy on Trademarks and Unfair competition [M]. Thomson,2008,§2.

❸ 威廉·M. 兰德里,理查德·A. 波斯纳. 知识产权法的经济结构 [M]. 金海军,译. 北京:北京大学出版社,2005:264-265.

商标淡化的概念，而是主张完全地取消商标法的消费者混淆模式，代之以承认商标的独特性为一种财产权。❶ 在其后的数十年内，商标淡化理论始终未能得到联邦一级的立法承认，虽然1947年马萨诸塞州第一个制定了州反淡化法案，但是直至1995年联邦商标淡化法才正式出台。2006年美国又对该法案进行了修正，即所谓的商标淡化修正案。但是诸如淡化、弱化以及商标使用等反淡化法的核心概念仍然是不确定且难以理解的。此外，在各国的商标法体系中亦鲜见直接使用淡化字样的立法模式，而关于淡化保护的对象亦有驰名商标、声誉商标或著名商标等不同表述。虽然TRIPS确认了《巴黎公约》（1967）第六条之二中关于驰名商标的规定，并将其保护对象拓展到服务商标，保护范围拓展到与已获得商标注册的商品或服务不相似的商品或服务上。只要该商标在那些商品或服务上的使用会表明那些商品或服务与该注册商标所有人之间存在联系，且这种使用有可能损害该注册商标所有人的利益。❷ 究其实质是对符合特定条件的商标的例外保护，是商标保护的特例而非常态。淡化标准针对对象的局限性决定了其有限的应用范围，这种有限性使得淡化标准注定无法负担起商标侵权行为判定标准的重任。即使是按照某些学者所述，商标权依据不同的标准有不同的权利范围。❸ 囿于核心概念的不确定性，淡化标准在其自身领域仍力不从心。

一、淡化标准保护对象的不确定性

《巴黎公约》及TRIPS对驰名商标提供特殊保护的规定，被认为是国

---

❶ Frank I. Schechter. The Rational Basis of Trademark Protection [J]. HARV. L. REV., 1927 (40): 813-845.

❷ TRIPS第16条第3款规定，《巴黎公约》（1967）第六条之二应基本上适用于与已获得商标注册的货物或服务不相似的货物或服务，只要该商标在那些货物或服务上的使用会表明那些货物或服务与该注册商标所有人之间存在联系，且这种使用有可能损害该注册商标所有人的利益。

❸ 吴汉东. 知识产权基本问题研究 [M]. 北京：中国人民大学出版社，2005：595-597.

际条约中有关淡化标准的应用。❶ 而除美国商标法外，各国商标法都没有对淡化进行界定。《兰哈姆法》第45条规定："淡化"是指降低驰名商标指示和区别商品或服务的能力，而不论是否存在驰名商标所有人与其他当事人之间的竞争，也不论是否存在混淆、误认和欺骗的可能性。美国法院在"墨特利托诉加州妮娜公司案"（Mortellito v Nina of California），❷对淡化进行了概括："淡化是一种损害，它与产生于正统混淆的伤害有着实质性的区别，甚至在没有发生混淆的情况下，标志的效力也可能因他人的使用而被弱化。这就是淡化的实质。混淆导致直接损害，而淡化是一种影响，如果允许它扩散，必然会破坏商标的广告价值。"不可否认的是，商标的知名度是累积而成的，一个驰名商标的知名度也是从无到有一点一滴地发展起来的。在淡化标准仅仅限于对驰名商标提供保护的情况下，到底是在何时、何种条件下，一个原本只能受到混淆标准保护的普通商标可以发展成为一个受到淡化标准保护的驰名商标呢？由普通商标进化成为驰名商标，这一量变到质变的过程中的临界点在哪里？商标需要怎样的知名度才能够成为一个驰名商标？对这一问题进行明确回答的前提是，客观上存在一个用来判断商标知名度高低的明确的标准。事实告诉我们，并不存在这样的标准。淡化标准所保护的驰名商标"并不是商标法上的一种特殊商标，而是法律为所有商标提供的一种可能的特殊保护"。❸

并且，在确定一个标志是否显著或者驰名时，美国《兰哈姆法》仅仅是提供了一些供参考的因素，而没有提出具体的判定标准，而且规定

---

❶ 《巴黎公约》第六条之二规定：（1）对驰名的商品商标要给予特殊保护：成员国商标主管机关有权（如果本国法律允许）或应有关当事人的请求，对用于与驰名商标相同或类似商品上，易于造成混乱的，应禁拒绝或取消其注册，并禁止使用；（2）允许利害关系人在这种商标已经注册后的5年内，提出撤销或禁止使用这种商标的请求；（3）对于以欺诈手段取得注册或使用的商标提出撤销或禁止使用这种商标的，则不受时间限制。

❷ Mortellito v. Nina of California, Inc., 335 F. Supp. 1288, 1296 (S. D. N. Y. 1972).

❸ 唐广良，董炳和. 知识产权的国际保护 [M]. 北京：知识产权出版社，2002：359.

法院可以考虑的因素是属于非限定性的，并不禁止法院在其所列举的因素范围之外寻找判定依据。其第 43 条第（c）款提及的因素包括：（1）该商标的内在已获得的显著性；（2）该商标在相关商品或服务上使用的时间和程度；（3）就该商标所做广告和向公众宣传的期间和程度；（4）使用该商标的贸易所涉及的地理区域的大小；（5）使用该商标的商品或服务的贸易渠道；（6）在特定的贸易区域和贸易渠道中，公众对该商标的认可；（7）第三方对相同或相似商标使用的期间和程度；（8）该商标是否已经依据联邦商标法而获得注册。这种开放式的、仅供参考的立法模式，充分说明了立法者对于判定商标是否驰名问题的谨慎。无独有偶，《欧共体商标条例》和欧共体协调成员国商标立法一号指令中虽然都规定了对于具有一定知名度商标的特殊保护，但是对于如何确定商标的知名度未置一词。法律上对于驰名商标明确的特殊保护要求，与空泛而模糊的保护对象之间的矛盾，不仅在司法实践中给当事人和法院造成了极大困惑，同时也在理论上引发相当多的争议。有学者甚至认为淡化是无法具体化的，是不能够被带到现实世界中来的，淡化只能存在于想象的世界当中。它就像一个矩阵系统一样：你能感知到它，但却触摸不到它。❶

二、对淡化标准正当性的质疑

在商标权领域，不仅权利的边界是模糊的，权利的范围也是不断拓展的。在判定新型商标侵权行为之违法性时首先无法避免的一个问题就是，该行为为什么应当为法律所调整或禁止？淡化标准与混淆标准的并置，将商标保护置于不同的层次。混淆标准以消费者为中心构建商标保护体系；淡化标准以商标权人为中心构建商标保护体系。这种区别保护

---

❶ 克里斯蒂安·海德·菲尔莉. 我们为何对商标反淡化法感到困惑 [M] // 秦洁, 译. 张玉敏. 西南民商法学阶梯 [M]. 北京：法律出版社，2009：118.

的正当性是值得怀疑的。因为,"区别保护"违反民事权利平等保护的原则。商标权作为一种私权自然应受私法调整,然而在私权领域中,平等原则是贯穿始终的基本原则。淡化标准所提供的特殊保护无疑是将本为平等的商标权,划分为不同的权利位阶,进而提供不同的保护。如果理论上承认驰名商标与普通商标系不同的权利,那么还可以将淡化标准的特殊保护理解为保护客体不同所致保护范围的差异。然而,目前所有的关于淡化标准的论述无一脱离商标权的范畴,并无创设不同于普通商标权的驰名商标权之意图。在现实的司法实践中,这种特殊商标权的存在恰恰是法院所极力避免的结果,也是淡化标准饱受质疑的原因所在。

此外,淡化标准使得商标发展成为一种垄断性的权利,背离了商标保护的宗旨。商标的基本功能是识别。美国传统商标保护理论认为"标记本身没有意义,只有在和特定的商品和特定的商誉相联系时才值得保护……因此,关键是保护公众,而不是商标所有人,充其量是在保护公众获取正确信息的意义上保护商标所有人"。❶ 纵观各国商标法以及有关商标的国际条约,对于商标的基本要求都是具备识别性。其目的就在于使得商标能够为消费者所认知并识别其所代表的商誉、所指示的商品来源及其与其他同类商品之不同。这种识别要求的目的在于维护公平的市场竞争秩序,而识别功能的实现则依赖于消费者的认知。从这个意义上说,正是由于消费者的认知才形成了商标保护的价值所在,消费者认知的变化构成了商标价值变化乃至存续的基础。回想一下一夜之间"臭名昭著"的三鹿商标,还有那些已经成为通用名称的"jeep""阿司匹林"等商标。消费者的认知对于商标之影响可见一斑。因此,将商标权视为一种与消费者无关的垄断性财产权利无疑是对商标保护基础的颠覆,更有消解商标权存在意义之危险。

可见,淡化标准与混淆标准的保护目标、保护的理论基础迥然不同,

---

❶ 黄晖. 驰名商标和著名商标的法律保护 [M]. 北京: 法律出版社, 2001: 58.

破坏了商标法体系的整体性，使得商标侵权行为的判定标准凌乱而破碎。混淆标准系以消费者为中心构建商标权的保护体系，以消费者混淆为商标权受到侵害之标准。意在通过对于商标权的保护使得消费者免受欺骗，进而维护正当的市场竞争秩序。授予商标权的原因在于商标权人有更强的维护商标免遭混淆的经济激励，因此，商标权人并非混淆标准关注之重心，授予商标权亦仅仅是实现商标法制止混淆、维护公平竞争之目的的手段而已。多数商标侵权行为可籍由行政机关之行政行为而径行处罚，无需商标权人之申请。这种处理与一般民事侵权行为不告不理大异其趣。而淡化标准则是将商标权视为是一种垄断性的财产权利，在判断是否构成商标侵权时完全不考虑消费者是否受到混淆、欺骗等因素，径行规定非经许可之使用皆可构成商标侵权且使用范围拓展至全部商业领域。权利人构成了商标保护的核心。两标准的并置无疑将使商标侵权的判定趋于复杂化，完全将驰名商标与普通商标割裂开来，忽视了驰名商标与普通商标本质上的一致性。

因此，混淆与淡化仅仅是商标显著性受到损害的表现形式。商标侵权理论的不断扩张充分说明了混淆与淡化标准的不适格性，其实质就是试图以列举的形式来穷尽所有的商标侵权行为，其结果注定是不周延的。如果将精力集中于变幻无方的商标侵权行为，就犹如洞穴中的囚徒一样，只看到洞壁上火光的投影，却看不到真实的火光。❶ 显著性标准不仅在商标保护的实质上能够明心见性，直指本心，同时还能够克服混淆标准和淡化标准的缺陷，统一商标侵权的判定标准，消除驰名商标与普通商标之间法律上的地位差异。

---

❶ 孟德斯鸠. 论法的精神 [M]. 申林，编译. 北京：北京出版社，2007：65.

第四章

商标使用标准

第一节 使用标准概说

近些年来,互联网广泛渗透到社会的方方面面,一种较为普遍的观点认为,科学技术的发展对著作权和专利权制度的影响更大,商标制度受到的挑战似乎小很多。但是目前看来,科学技术对商标制度的影响改写了这样一种历史判断。网络市场相比传统市场具有更加宽泛的参与者,强大的网络外部性,经营和侵权成本降低,市场失灵因素发生变化等突出的特点。商标指示来源的功能在网络中发挥着比平常更重要的作用。互联网中的商标就像"路标",被包含在域名、链接、加框、关键词、字串中,指引着访问者,通过这些方式决定网上的信息流被导向或被引离某网站。而信息流具有经济价值,因为广告收入和网上销售直接或间接地依赖于网站的访问量。❶ 可以说规范商标使用，就是在合理分配财富。针对互联网环境下的商标权纠纷，如搜索引擎服务商销售关键词的行为、弹出式广告行为等，一些学者提出了商标使用理论（trademark use theory）。在这种进路看来，只有那些属于商标使用的行为才构成对商标权的侵害，非商标使用（non-trademark use）行为不构成商标侵权。❷ 如何在传统市场与互联网环境下，确立统一的商标制度，成为我们当前必须解决的问题。

  商标使用标准能否给现代商标制度提供一个统一的基础？的确，很多国家的商标制度在"商标权的获得→商标权的维持→商标权的保护"中都涉及了"使用要求"。例如，美国商标法要求若获得商标权，申请人必须有实际使用的意图。我国商标法规定，注册人连续三年不使用，其注册商标将被撤销。在涉及商标权的保护时，很多学者主张，如果注册商标没有使用，其注册人不能要求行为人赔偿损失。我国2013年《商标法》第64条第1款规定：注册商标专用权人请求赔偿，被控侵权人以注册商标专用权人未使用注册商标提出抗辩的，人民法院可以要求注册商标专用权人提供此前三年内实际使用该注册商标的证据。注册商标专用权人不能证明此前三年内实际使用过该注册商标，也不能证明因侵权行为受到其他损失的，被控侵权人不承担赔偿责任。然而，"使用"能否是判定商标侵权的标准？下文将通过梳理商标使用理论的基础、使用的内涵、商标功能与使用的关系等，认为"使用"不能作为侵害商标权的判定标准。

---

 ❶ 伊恩·C. 巴隆. 电子商务与互联网法（第1卷）[M]. 张平，等，译. 北京：中国方正出版社，2005：10-2.
 ❷ 张德芬. 商标使用界定标准的重构 [J]. 知识产权，2012 (3).

一、诠释商标使用

早期的商标更多的是一种社会控制的工具,作为商标起源之一的责任标记即是为了控制产品质量,某些商品上被要求标注姓名或标记,便于追查不合格商品的责任人。这种强制性要求从古埃及古罗马的陶器、砖块、金银器上,到15世纪的法国、意大利的钓鱼小桶和面包上都有体现。中国《礼记·月令》中也有"物勒工名,以考其诚"的记载。甚至到19世纪工业革命,英国还于1831年通过法案,强制要求亚麻布印花工在其印制的亚麻布上标示其姓名。随着科技发展和社会进步,商标由社会控制手段蜕变成为私有财产,"使用"标记就从一项义务转化为获得该稀缺资源的主要手段。

商标使用,指的是将商标用于商品、商品包装或者容器以及商品交易文书上,或者将商标用于广告宣传、展览以及其他商业活动中,用于识别商品来源的行为。保护商标的识别功能是商标法的核心任务,商标法的各项制度都是围绕确保商标识别功能的正常发挥设计的。❶ 而一个标记要变为商标,只有在商业活动中对其进行使用,消费者才能把特定商品和服务与其提供者联系起来,商标的其他功能,才能随之派生。没有使用的商标则无法建立起这种联系,本质而言也不是商标法应当保护的"商标"。从类型上看,商标的使用分为两类:(1)直接使用,即将商标直接附着于商品、商品包装或者容器上以及将商标用于商品交易书中。(2)间接使用,即将商标用于广告宣传、展览以及其他商业活动中。服务商标较为特殊,在服务场所、服务工具、服务招牌和为提供服务所使用的其他物品上使用商标,均视为使用。总之,商标使用是把商标作为

---

❶ 张玉敏. 论使用在商标制度构建中的作用——写在商标法第三次修改之际[J]. 知识产权, 2011 (9).

一个标记（identifier）用于商品或者服务上的标记的行为。

　　首先，商标使用必须是正确的使用，即商标在未改变其显著性的前提下在注册的产品类型范围内使用。我国商标法还规定，商标注册人在使用注册商标的过程中，自行改变注册商标、注册人名义、地址或者其他注册事项的，由地方工商行政管理部门责令限期改正；期满不改正的，由商标局撤销其注册商标。对注册商标不得进行擅自修改的规定，最早可以追溯到1633年英国"禁止毛纺织业的欺诈和哄骗行为"旨令，该旨令要求纺织商在产品上使用商标，并且不得随意更改。❶ 该规定在当时较合理，因为彼时商标还处在管理工具向私有财产权发展的过程中，其他部门法也尚未成熟。在我国，虽然1946年晋冀鲁豫边区《商标注册办法》规定了"于其注册之牌号，自行更改或附记"作为撤销事由，但要求使用者有"以图影射"的目的，即故意引起与他人混淆为前提❷。但到了1949年，华北区立法中就删去了影射他人商标的条件要求，自行变换商标将被直接撤销。❸

　　现代商业社会对经营者的灵活性要求非常高，经营者对市场状态、消费者心理、社会审美等把握的失误，都会使经营受到影响。所以，只要商标注册人对商标的改变没有影响该商标原有的显著性，相关公众依旧把商标与其来源联系起来，法律对这种行为就应该给予包容。尤其是随着商标广告功能的增强，商标紧跟大众审美的变化而改进更是常有的情况。如，从荷兰皇家壳牌集团（Royal Dutch /Shell Group of Companies）

---

　　❶ Milton W. Hanlder. Are the State Antidilution Laws Compatible with the National Protection of Trademarks [J]. Trademark Report, 1985 (75): 269-278.

　　❷ 晋冀鲁豫边区《商标注册办法》第10条规定："商标牌名专用权，除由登记人随时呈请撤销外，凡在登记后有左列情事之一者，得撤销之。1. 于其注册之牌名，自行更改或附记以图影射而使用者。2. 注册后半年未使用者。3. 登记后有冒用其他商标牌名者（并依法论处）。"

　　❸ 华北解放区《商标注册暂行办法》第6条规定："商标专用权除由注册人随时呈请撤销外，凡在注册后有下列情事之一者得撤销之。一、于其注册商标自行变换者。二、注册后并无正当理由，迄未使用已满一年，或停止使用已满两年者。三、商标权移转后已满一年未经呈请注册者，但因继承之移转不在此限。"

"壳牌"商标的变化轨迹可以看到,审美从古典主义到现代主义的发展趋势。《巴黎公约》第5条C小节第(2)款规定,商标所有人使用的商标,在形式上与注册的商标形态相比,只有构成部分上的不同,但并未改变其显著性的,不应导致注册失效,也不应减少对该商标所给予的保护。这种非实质性改变的使用在C小节第(1)款的撤销条款,即除了有关人员不能证明其不使用有正当理由外,在经过适当期间,注册商标可以被撤销的情况中,同样应当认为对改变商标的使用符合法律要求的"使用",如此才能与"不应减少对该商标所给予的保护"保持逻辑上的一致。❶此外,大多数国家商标法对商标注册人的这种行为也都未规定撤销。需要强调的是,商标注册人自行改变的自由仅限于非实质性改变。通常认为,如果改变后商标保持了原商标的主体图案、字形字体、翻译前的字意等主要特征,就是未改变显著性。这样的商标使用是应被允许的。

其次,商标使用应是真实使用,是消费者可以实际接触到的使用。因为只有真实的使用才能够发挥商标的识别功能,而为了规避法律不利仅做象征性使用,则不属于真实使用。德国商标法第26条第(1)款规定,"以商标使用为理由对任一注册商标或注册之维护提出主张者,该商标应由权利人于国内就其注册所表彰之商品或服务为真实之使用,但有正当理由不使用者,不在此限"。美国《兰哈姆法》也规定商标在商业上使用是在一般贸易通常过程中真实地加以使用,而非仅为保留其权利目的的使用。欧盟法院和我国司法实践中也常常以"真实使用"为标准,来判断注册商标是否以虚假使用维系其商标权。如在杭州油漆公司诉商标评审委员会及金连琴"大桥 DAQIAO 及图"商标复审纠纷案中,原告在复审三年期间,使用复审商标的商品销售额仅为1800元,仅有的一次

---

❶ 博登浩森. 保护工业产权巴黎公约指南[M]. 汤宗舜,段瑞林,译. 北京:中国人民大学出版社,2003:50.

广告行为也是投放在发行量较小的《湖州日报》上,且上述销售及广告行为均发生在复审三年期间的最后三个月,同时销售和广告也未达到一定规模,在无其他证据佐证的情况下,无法认定该使用行为属于"真实的、善意的商标使用行为",而是规避法律的象征性使用。❶ 同时,商标脱离商标权人的控制,在仅有许可使用合同而无实际使用商标的情况下,不构成真实的使用。

真实使用是维持商标权的基础,持续相当长时间未使用的注册商标将被撤销。《欧共体商标条例》第15条第1款规定:商标所有人在商标注册后五年内,未将共同体商标在共同体内真正使用于注册的商品或服务上,或者连续中断五年的,共同体商标应根据该条例的规定受到制裁,除非存在不使用的正当理由。英国商标法第46条规定撤销商标注册的理由之一,即是自注册程序完成之日起五年内,注册商标所有人或经其同意者未在英国在其注册所指定的商品或服务上真正使用,并且该未使用缺乏正当理由。德国商标法第26条第(1)款规定:以对因注册商标所产生之请求权的主张或注册的持续有效取决于商标已投入使用为限,商标必须由其所有人在国内真实使用于注册的商品或服务上,有未使用的正当理由者除外。我国商标法规定注册商标成为其核定使用的商品的通用名称或者没有正当理由连续三年不使用的,任何单位或者个人可以向商标局申请撤销该注册商标。

在理解商标使用时,还应该区别相关概念。首先应当区分的是商标指示性使用(Nominative Use),它是指使用者在经营活动中善意合理地使用他人的商标,客观地说明自己商品用途、服务范围以及其他特性,与他人的商品或服务有关。商标指示性使用直接指向的是商标权人的商品或服务,但最终目的仍是说明使用人自己的商品或服务。商标指示性使用多出现于零配件贸易、维修服务行业以及其他消耗性产品的销售等领

---

❶ 北京市高级人民法院(2010)高行终字第294号民事判决书。

域，用以表示自己所生产的产品或提供的服务与商标权人的产品相适配，目的在于将商品与有关商品相匹配或兼容的信息传达给潜在消费者。指示性使用往往直接再现了权利人的商标，若按照传统的混淆判断标准将导致指示性使用构成侵权的法律后果。这显然不合指示性使用的目的。事实上，指示性使用具有特殊性，需要法官针对指示性使用个案进行具体分析、比较。判断涉案的使用是否构成指示性使用，需要衡量三个要素。第一，使用他人商标的必要性。该要素考量若不使用该商标，产品或服务是否将导致无法使人辨识。第二，使用的数量与形式。该要件主要讨论第三人是否在必要且合理的限度内使用他人商标。第三，是否引起了混淆。也就是说，第三人不得暗示其与商标权人存在赞助或者评可关系。

指示性使用的行为之所以应当被允许，主要在于这种行为促进了市场中的信息自由，并维护了公平竞争。首先，当商标出现在市场时，它肩负着权利人的商业期望，同时也是传达真实信息时不可缺少的语词与图形，商标的专属性与信息自由呈现出一种紧张态势。商标承载着权利人的商誉是一项重要的无形资产，在商业活动中常面临着被搭便车，被淡化的危险，权利人也因此有了过度保护的冲动，极力将商标的一切使用行为置于自己的控制之下。商标权人的这种做法势必将某些非侵权的使用方式——指示性使用也一网打尽，引发不必要的纠纷，浪费了原本就有限的司法资源。在指示性使用中，"商标"并不具有商标法上的意义，没有发挥指示产品或服务来源的功能，使用"商标"只是将关于产品或服务的真实信息传达给消费者，实现营销目的。其次，市场经济的本质在于自由竞争，只有在自由竞争之下的公平竞争才能实现资源的优化配置。商标权人的利益若过度扩张，将使其他竞争者无法与商标权人展开公平、自由地竞争，发展至极致，商标权人将凭借其商标权，阻止其他竞争对手进入相关市场，甚至将可能导致产生垄断市场的情形。此外，商标权人还可以凭借其商标专用权对相关市场的信息进行控制，过滤其他竞争对手商品或服务的相关信息，消费者将因商标权人的严格把关无法从其他经营者获得相关信息，使消费者仅能被动地获取商标权人所提供的商品或服务。

最后，"商标使用"还应与"商业性使用"区分开来，后者指的是一切把商标作为营利手段的行为。因此，尽管有些行为涉及了对商标的商业性利用，并获得了利益，但如果没有将之用在商品或者服务上，仍不能认定是"商标使用"。❶ 司法实践中，由于混淆了"商标使用"与"商业性使用"，法院往往出现了矛盾的判决。2008 年 5 月和 6 月，广州市白云区人民法院和上海市第二中级人民法院分别受理以北京谷翔信息技术有限公司（经营 google 搜索引擎服务，下称本案为"谷歌"案）、百度网讯公司、百度在线公司、百度在线公司上海分公司（经营 baidu 搜索服务，下称本案为"百度"案）为被告的商标侵权纠纷案件，并作出了结果相左的判决。在"谷歌"案中，台山市奥达电器有限公司对"绿岛风"注册了一系列商标，包括"绿岛风 Nedfon"中英文文字组合商标，"绿岛风 Nedfon"文字商标等，该商标被评为广东省著名商标。原告台山港益电器有限公司从台山市奥达电器有限公司处获得了对绿岛风文字商标的专有使用权。2007 年，原告发现在谷歌搜索引擎搜索栏中键入"绿岛风"三个字时，搜索结果却显示"赞助商链接，绿岛风——第三电器厂"，点击则进入了广州市第三电器厂的网站，而后者生产的主要产品与原告相同，并存在竞争关系。❷ 在"百度"案中，原告大众交通公司注册的"大众"文字商标是上海市著名商标，它许可大众搬场公司独占使用"大众"商标。原告在百度搜索引擎搜索栏中键入"上海大众搬场物流有

---

❶ 也正是基于这样的考虑，美国的绝大多数法院判决，域名管理机构将他人的注册商标作为域名销售给网络蟑螂（cybersquatters）的行为，尽管从事的是商业性行为，获得了利益，但由于没有将注册商标标志用于商品或者服务上，就不构成商标使用，不承担直接的侵权责任。与此类似，在电信公司将包含注册商标"Mercedes"在内的一个电话号码"1-800-MERCEDES"许可给他人使用时，美国的法庭同样判决，电信公司销售电话号码的行为不构成商标使用。

❷ 广州市白云区人民法院（2008）穗云法民三初字第 3 号民事判决书。

限公司"关键词后,所得网页搜索结果首页的左侧,出现 13 个包含关键词的网站链接,这些网站网页的显著位置突出显示"上海大众搬场物流有限公司"以及"大众搬场"等字样,但网页内容与原告无关。❶ 无独有偶,在美国、❷ 英国❸等国家也出现了类似的纠纷。

  此类案件中,搜索引擎服务商提供的服务是将广告主提供的包括他人注册商标的词汇作为搜索引擎的关键词供网民搜索,该服务与商标权人指定使用的商品或者服务(在"谷歌"案中,是电器;在"百度"案中,是汽车出租等)相去甚远。"这是一种作为交流工具使用,而不是作为指示商品或者服务来源的标志使用,不是商标法意义上的商标使用行为,因此,彻底推翻了商标直接侵权的前提基础。❹ 事实上,将他人的注册商标作为关键词进行广告业务,并没有利用商标权人的信誉,而只是使用了构成商标的词汇等符号,❺ 从而为消费者提供了另外一条商品的信息。

二、相关中外立法例简介

  在注册商标不使用撤销制度中甚至在整个商标法体系中,"商标使用"是一个极其重要的概念,它决定了一个已经注册的商标是否有足够的理由被商标局撤销,无论是注册商标的所有人还是撤销申请人都是围绕这个概念开展证明工作的。同时,"商标使用"是一个含义极其广泛的概念,我国《商标法》在多处提到此概念,并且在不同的语境之下它的

---

❶ 参见上海市第二中级人民法院(2007)沪二中民五(知)初字第 147 号民事判决书。
❷ See 1-800-Contacts, Inc. v. WhenU. Com, 309 F. Supp. 2d 467 (S.D.N.Y. 2003); Playboy Enters., Inc v. Netscape Communications Corps., 354 F. 3d 1020 (9th Cir. 2004).
❸ See Victor Anderw Wilson v. Yahoo! UK Ltd. and another [2008] EWHC 361 (Ch).
❹ 邓宏光,周园. 搜索引擎商何以侵犯商标权[J]. 知识产权, 2008 (5).
❺ 一个文字、图案、数字组合等本身就是一个传达意义的符号。这些符号若要构成商标,必须用在核定使用的商品上。

含义略有不同❶。我国《商标法》在第三次修订之前，对"商标使用"并没有作出明确的定义，只是在《商标法实施条例》中以列举的形式规定了"商标使用"的各种方式，❷"商标使用"这个概念在实践和理论中的理解变得更加模糊。如今虽然在修改后的《商标法》中规定了"商标使用"的概念，但是其内容并不明确，消费者、行政机关、司法机关对"商标使用"概念的理解和判断往往矛盾重重，甚至出现不同行政机关和法院对商标使用反复认定的情况。因此，为了发挥注册商标不使用撤销制度的重要功能，实现市场公平正义，对"商标使用"概念的研究势在必行。

研究"商标使用"这个法律概念需先从基本的法律规定着手，世界上多数国家的商标法对"商标使用"都有明确的规定，判定标准也有相似之处。我国台湾地区"商标法"第6条对商标使用作出了概括性的规定：商标使用指为营利之目的，将商标用于商品、服务或其有关之对象，或利用平面图像、数字影音、电子媒体或其他足以使相关消费者认识其为商标。"❷

日本商标法规定："本法所称的标识使用是指下列行为：（1）在商品或者商品的包装上附加标记的行为；（2）将贴附了标识的商品或者商品

---

❶ 杜颖教授在《社会进步与商标观念：商标法律制度的过去、现在和未来》一书中总结出"商标使用"在不同语境之下所称的五种含义：第一，与注册相对的商标使用，也可以说是使用取得商标权的情况下商标权产生制度中的商标使用；第二，主要于注册制国家商标法律制度中探讨的商标在先使用下的商标使用，一般情况下它属于限制商标专用权行使范围的商标使用；第三，本身不具有内在显著性的标志通过使用获得显著性的商标使用，也就是在第二含义中的商标使用；第四，注册商标连续不使用而使得商标权人丧失权利的商标使用，也就是商标撤销制度中的商标使用；第五，是在相同或类似商标上使用与商标权人的商标相同或近似的商标的商标使用，也就是在商标侵权中的商标使用。详见杜颖. 社会进步与商标观念：商标法律制度的过去、现在和外来 [M]. 北京：北京大学出版社，2012：27.

❶ 2013年《商标法》第48条规定："本法所称商标的使用，是指将商标用于商品、商品包装或者容器以及商品交易文书上，或者将商标用于广告宣传、展览以及其他商业活动中，用于识别商品来源的行为。"

❷ 张德芬. 商标使用界定标准的重构 [J]. 知识产权，2012（3）：11-20.

包装进行转让、交付、为了转让或者交付进行展示、出口、进口或者通过电信线路进行提供的行为；（3）提供服务的过程中，在供服务接受者使用的物品上（包括转让或者交付的物品，以下规定相同）贴附标识的行为；（4）提供服务的过程中，使用贴附了标识的、供服务接受者使用的物品提供服务的行为；（5）为了提供服务，将贴附了标识的、提供服务所使用的物品（包括提供服务过程中供服务接受者所利用的物品。以下含义相同）进行展示的行为；（6）提供服务的过程中，在服务接受者、提供指定服务的物品上贴附标识的行为；（7）采用电磁方法（指电子方法、磁性方法和其他人的知觉不能认识的方法），在该影像画面上标注标识提供服务的行为；（8）在商品或者服务的广告、价格表或者交易文书上贴附标识进行展示、发行，或者在有关这些内容的信息上贴附标识通过电磁方法进行提供的行为。"❶

美国《兰哈姆法》第45条对商标使用作出了明确规定："商标的注册必须具有在商业上使用或意图使用的证明，商标的'商业上使用'指在一般贸易过程中真实地（bona fide）加以使用，而非仅为保留其权利目的的使用：（1）在商品方面指：（A）将商标以任何形式使用在商品或其容器上或予以陈列或使用在附于商品之贴纸或标签上，或如就商品性质言，该标示有困难者，则使用于与商品或其贩卖有关之文件上；（B）该商品曾经于商业上销售或运输。（2）在服务方面，指将该商标在商业上提供之销售或广告该服务时予以使用或展示该商标，或该服务向美国一个以上的州或美国及外国提供，且该人系于商业上提供其服务者。"❷

相比以上国家和地区对"商标使用"进行概括性规定的做法，一些国家和地区的商标法选择将商标侵权判定中的商标使用与商标权维持中的商标使用区别对待，分别加以规定。如对于侵权判定中的使用，1994

---

❶ 参见日本商标法第2条第3款的规定。
❷ 参见《兰哈姆法》第32条第（1）项第（a）款第（1）项的规定。

年英国商标法规定:"本条所述的标记的使用,尤其是指某人(a)把它粘贴在商品或包装上;(b)以该标识提供或陈列商品以供贩卖,或将商品投放市场,或为此目的,将带有该标记的商品储存,或用此标记提供服务;(c)进口或出口带有此标记的商品;(d)在商务文书或广告中使用此标记。"❶ 该法在后续条款对注册商标维持中的使用作出了规定:"第(1)款所指的使用,包括以一种只改变商标的一些部分而不改变商标注册的显著特点的形式使用该商标,商标在英国的使用包括在英国仅为出口目的而将商标粘贴在商品或包装上。"❷

《欧共体商标条例》第9条第2款对侵权判定中的商标使用作出了规定:"商标所有人有权阻止所有第三方未经其同意在贸易过程中使用与其相同或相似的标志",同时规定了四种侵权使用的方式:"(1)在商品或商品包装上缀附该标志;(2)提供带有该标志的商品,将其投入市场或为此目的持有或用该标志提供服务;(3)进口或出口带有该标志的商品;(4)在商业文书或广告上使用该标志。"同时在该条例第15条规定了注册商标维持中商标使用的内容:"商标所有人在商标注册后五年内,未将共同体商标在共同体内真正使用于注册的商品或服务上的,或者连续中断五年的,共同体商标应根据本条例的规定受到制裁,除非存在不使用的正当理由。下列行为亦应视为上述第1款所指的使用:(a)共同体商标以不改变其显著特征的与注册时不同组成形式进行使用;(b)在共同体区域内,仅为了出口商品的目的,把共同体商标贴附在商品或其包装上。共同体商标经商标所有人同意的使用应视为所有人的使用"❸

2013年8月30日根据第十二届全国人民代表大会常务委员会第四次会议《关于修改〈中华人民共和国商标法〉的决定(第三次修正)》,新的《商标法》第48条也对商标使用作出了概括性的规定:"本法所称

---

❶ 参见1994年英国商标法第10条的规定。
❷ 参见1994年英国商标法第46条的规定。
❸ 参见《欧共体商标条例》第9条第2款以及第15条的规定。

商标的使用，是指将商标用于商品、商品包装或者容器以及商品交易文书上，或者将商标用于广告宣传、展览以及其他商业活动中，用于识别商品来源的行为。"

由上观之，虽然各国对"商标使用"这个概念的规定略有不同，有的国家作出了概括性的规定，有的国家作出区分式的规定，但是"商标使用"作为各国商标法的一个举足轻重的概念有其本质的特性，即各国商标法都承认商标使用必须是对商标进行商业性的使用。所谓商业性的使用是指将商标真正地投入到市场之中，在交易中不断使用，这样商标才能够在消费者的心里产生记忆线索的效果，消费者才能将商标与自己所喜好的商品对接起来，在今后的交易中根据商标来购买商品。所以商标的使用必须是一种商业性的使用，是以商业目的为核心的使用。离开了商业环境，无论经营者对商标如何的使用，进行多大的投入、宣传，都无法使标志将消费者和商品联系起来，标志也就无法发挥识别商品或服务来源的功能，更无法建立一定的声望，标志就永远停留在标志的层面而无法得以成就为真正的商标。正如有学者所言"商标保护制度的宗旨决定了在商业活动中使用商标，使其发挥应有的经济功能，是对商标提供保护的根本理由。"❶

第二节　不同语境下的商标使用

"商标使用"是一个含义非常广泛的概念，在不同的语境之下其含义和构成都有细微的差别。侵权判定中的"商标使用"与注册商标不使用撤销制度中的"商标使用"是一对经常被比较的概念，两者之间是否存

---

❶ 吴汉东. 知识产权法［M］. 北京：法律出版社，2007：256.

在区别是一个让学者和司法界人士不断探讨的问题。若要正确认识注册商标不使用撤销制度中"商标使用"的含义，就必须对与其相关的概念进行比较分析，才能得出合理的结论。目前，多数国家的商标法只是原则性地规定了"商标使用"的概念，列举了具体的使用方式，却并没有对侵权判定中的"商标使用"和撤销制度中的"商标使用"作出分别界定，这导致了理论上的模糊和实践中的混乱。例如，将他人已经注册的商标注册为企业名称无疑构成了商标侵权，但是将自己注册的商标注册为企业名称是否就构成注册商标不使用撤销制度中的"商标使用"，从而具有维持商标权的效力呢？我们认为这两个"商标使用"概念在含义、判断标准等方面都有很大不同，应该作出分别的规定，明确其各自的含义。

"在注册商标撤销制度中，为了避免没有进行任何形式使用的注册商标给他人的商标选择自由造成过大妨碍，当然应该对使用进行严格解释，即要求其使用必须是发挥识别机能的使用。而在商标侵权行为判断中，被侵害的商标往往是已经使用并积聚了商标权人市场信用的商标，为切实保护商标权人已经积聚的市场信用，此时对使用应进行扩大解释，即其使用不限于发挥识别机能的使用。"❶ 我们试着从司法实践的角度解读李扬教授这番话，在司法实践中，判断商标侵权是否成立的思路通常是："①确认原告对争议商标是否享有商标权；②确认被告是否使用了该商标；③原被告的商标或商品是否相同或相似；④被告的使用是否会产生混淆；⑤被告的使用是否存在免责事由。"❷ 可以看出，在侵权判定中"被告是否使用了原告的商标"是一个事实问题，至于这种使用是否一定是商标意义上的识别商品来源的使用并非必要条件，因此在侵权判定中"商标使用"这个概念比注册商标不使用撤销制度中"商标使用"概念

---

❶ 李扬. 注册商标不使用撤销制度中的"商标使用"界定——中国与日本相关立法、司法之比较 [J]. 法学, 2009 (10).

❷ 苏平. 论商标侵权中"商标使用"的判断标准 [J]. 法律适用, 2013 (1).

的范围更加宽泛。

从另一个角度来看，侵权判定中的"商标使用"的范围与商标禁用权中使用的范围相似，而注册商标不使用撤销制度中的"商标使用"的范围则与商标专用权中使用的范围相仿。一般来说，商标禁用权的范围比商标专用权的范围宽泛。商标专用权的范围是商标权人对商标这一资源的独占使用范围，它意味着商标权人可以独享此领域内的一切利益。而因为这些利益并不是通过独占行为来实现的，相反它是通过商标权人对商标资源的实际使用，发挥商标的识别功能，使其与消费者产生联系，逐步累积而来。因此，商标专用权与商标权人实际使用息息相关，如果商标权人没有实际将商标投入市场中，做发挥识别商品来源功能的使用，那么商标权人就不该获得专用权领域内的独占利益。换句话说，为了不对其他使用人造成妨碍和不公平，必须对维持商标专用权的"商标使用"行为进行严格的解释，把其限定在发挥识别商品来源功能的使用之内。相反，商标禁用权是商标权人得以阻止他人使用商标的范围，它是商标权人享有的消极权利。根据各国商标法的规定，商标权人阻止他人使用其商标的范围可以及于在相同或类似商品上使用相同或近似的商标，如果是驰名商标，甚至可以及于不相同或不相类似的商品上使用相同或近似的商标。从使用的对象这个角度看，商标禁用权的范围就比商标专用权在核定注册的商品上使用商标的范围更广泛，而在使用的方式上商标禁用权的范围就更加宽泛了。究其原因，我们认为这与商标的保护对象和商标的功能有关。识别商品来源是商标的基础功能，可是随着经济和贸易的发展，商标的功能也不断的丰富，在识别商品来源的功能之上发展出质量保证功能和广告功能。有一些使用并不是发挥识别商品来源功能的商标使用，但却是发挥质量保障和广告功能的商标使用。

因此，"在判断行为人的商标使用行为是否构成商标侵害的时候，虽然一般应当考察其对商标的使用是否是作为识别商品来源或者服务来源标识的作用，但也应当考察这种使用是否是作为品质保证手段或者广告手段的使用。如果行为人的商标使用行为是作为品质保证手段或者广告手段的使用,则其行为也会构成商标侵害行为。"❶ 例如,对商标进行丑化,再使用丑化后的标志的行为,虽然这样的使用并不会使消费者产生混淆,并不会妨碍商标发挥指示商品来源的功能,不能算是发挥识别功能的商标使用,但是它却使消费者对这个商标的评价降低甚至产生抵触情绪,影响了商标广告功能的发挥。如果不把这样的商标使用行为纳入侵权判定中的"商标使用"的范围既不合理,也会对商标权人和消费者的利益造成损害。因此,商标侵权判定中的使用并不能仅仅限于发挥识别功能的使用,而应当包括发挥广告功能和质量保证功能的使用,其范围也自然比注册商标不使用撤销制度中的使用的范围更加广泛。

第三节 网络环境下的商标使用行为类型

网络商标侵权可分为直接侵权和间接侵权,直接侵权法律责任比较清晰,而对于间接侵权,学界和实务界存在分歧。与传统商标侵权相比,因商标使用方式的特殊性、侵权场所的虚拟性,间接侵权在认定上变得捉摸不定。无论英美法系国家还是大陆法系国家,❷ 知识产权领域"间接侵权"的规则均主要来源于一般侵权行为法上的一项基本原则:即明知某种行为构成侵权,仍然教唆、引诱他人去实施这种行为,或者对他人

---

❶ 李扬. 注册商标不使用撤销制度中的"商标使用"界定——中国与日本相关立法、司法之比较 [J]. 法学, 2009 (10).

❷ 与英美法系存在差异的是,大陆法系将教唆、引诱、帮助侵权的行为列为非典型的共同侵权行为。例如,德国民法典第 830 条(2)规定:"教唆人和助手视为共同侵权人。"日本民法典第 719 条(二)规定:"教唆人与帮助人,视为共同行为人。"我国台湾地区"民法"第 185 条规定:"造意人及帮助人,视为共同行为人。"

的这种侵权行为提供实质性帮助的，应对侵权后果承担责任。❶ 而细化到商标间接侵权责任规则时，1982 年美国联邦最高法院作出的"伍德实验公司诉埃文斯实验公司案"（Inwood Laboratories, Inc. v. Ives Laboratories, Inc）❷ 是该规则适用的主要来源，并且适用至今：如果产品制造商或者经销商故意引诱他人侵犯商标权，或者在明知或有合理的理由知晓商标侵权行为的情况下还继续提供产品的，构成商标间接侵权，制造商或者经销商承担由此造成的损害后果。该规则起初只适用于生产商和经销商，但在"硬石咖啡诉特许服务公司案"（Hard Rock Café Licensing Corp. v. Concession Servs., Inc）❸ 中美国联邦第七巡回上诉法院把该规则的适用主体延伸至跳蚤市场，而在"佛诺维萨公司诉切利拍卖公司案"（Fonovisa, Inc. v. Cherry Auction, Inc）❹ 中美国联邦第九巡回上诉法院认为该规则也可适用于旧货市场；1999 年"洛克赫德·马丁公司诉网络处理公司案"（Lockheed Martin Corp. v. Network Solution, Inc）❺ 则进一步得出该规则的适用范围可延伸至网络服务提供商。对该结论的附议，可从"蒂芬妮公司诉易趣公司案"（Tiffany, Inc. v. eBay, Inc）案❻中得出支持：美国纽约南部地区法院拒绝了被告 eBay 提出的该规制不适用于网络服务商的请求，并在判决中强调了"洛克赫德·马丁公司诉网络处理公司案"得出的结论。至此，商标间接侵权规则已从单一实体市场主体渗透到虚拟市场主体。此外，商标间接侵权必须以商标直接侵权为前

---

❶ See Restatement of the Law. Second. Torts, § 876 877, 416–429; Fowler Harper, Fleming James & Oscar Gray. The Law of Torts (2nd Edition), § 10.1, § 26.1–26.3, Little Brown and Co. (1986).

❷ Inwood Laboratories, Inc. v. Ives Laboratories, Inc., 456 U.S. 844, 102 S. Ct. 2182, 72 L. Ed. 2d 606 (1982).

❸ Hard Rock Café Licensing Corp. v. Concession Servs., Inc., 955 F. 2d 1143. (7th Cir. 1992).

❹ Fonovisa, Inc. v. Cherry Auction, Inc., 76 F. 3d 259 (9th Cir. 1996).

❺ Lockheed Martin Corp. v. Network Solution, Inc., 194 F. 3d 980 (9th Cir. 1999).

❻ Tiffany, Inc. v. eBay, Inc., (2nd Cir. Apr, 1, 2010).

提，并且在主观上明知直接侵权行为可能或者已经发生，仍旧引诱、教唆、帮助直接侵权人，以致引发或者扩大侵权结果的行为。

从目前国内外判例情况看，网络商标间接侵权主要有三类：（1）以网络作为销售假冒或仿冒产品途径、场所的传统商标侵权；（2）以他人商标作为网络牟利工具，如抢注域名，作为竞价排名的关键词，作为网络实名，作为网络链接广告或弹出式广告的关键词；（3）网络平台经营者的帮助侵权问题，如淘宝网等提供交易平台的网络经营商对网上销售假冒或仿冒产品的帮助侵权责任问题。在网络市场的定性上，一些法院认为互联网只是物理市场上一个单独的销售渠道，并不是与物理市场相对应的虚拟市场。❶ 尽管该论断过于绝对而无法揭示网络应有的特性，但是在直接侵权认定上提供了相一致的路径：与传统商标直接侵权相似，网络商标直接侵权必须以发挥商标指示与区分功能作为商标使用的效果要件，只是不同的是，后者的侵权场所改变了，以数字形式使用相同或类似商标来指示或区分虚拟化了的相同或近似商品/服务。与网络商标直接侵权清晰的法律责任相比，网络服务商间接侵权责任的认定需要综合考虑错综复杂的因素。尽管一方面美国宪法第一修正案强调言论自由，另一方面互联网的发展是美国经济发展的重要推动力，但是美国专家提出，在美国立法和司法实践中，都侧重保护网络服务提供者。不少人认为，网络产业之所以能够呈爆发式快速增长，就是因为法律对其没有过多限制。美国法院一般认为，如果让网络服务提供者过多地承担责任，网络服务提供者就会严格限制网络用户在网络上发布信息，不利于保护言论自由和网络的长期发展。❷ 由此观之，网络服务商的商标间接侵权责任的认定，必须强调可责性，且严格判断网络服务商主观上是否故意，

---

❶ See E. g., Big time Worldwide Concert & Sport Club at Town Center, LLC. V. Marriott Int'l, Inc., 236 F. Supp. 2d 791, 804 (2003).

❷ 全国人大常委会法制工作委员会民法室. 侵权责任法立法背景与观点全集 [M]. 北京：法律出版社, 2010：352.

以达到平衡发展的格局。

一、域名抢注与商标侵权纠纷

域名与商标本不存在交集，前者是指互联网上识别和定位计算机的层次结构式的字符标识，与该计算机的互联网协议（IP）地址相对应。[1] 域名是使用者的网络身份，是引导网络用户进入网站的地址代码。从社会意义来讲，域名具有标识性，是"使用者在网络空间的人格形象的鉴别符号"。[2] 也正鉴于域名的标识作用，企业在选择域名时，往往以好听、简明易记和给人深刻印象为标准，同时，也希望选择登记的域名与自己的商业标识相近，以便发挥更大的商业价值与广告效应。而网络用户在使用网络时，一般惯性地将域名与企业的名称、商号、商标等商业标识联系起来。因此，企业名称、商号、商标等也就成了企业域名注册的最佳选择。根据统计，2011年，商标权人根据《统一域名争议解决政策》（UDRP）[3] 规定的程序针对4781个域名向WIPO仲裁与调解中心（WIPO中心）提起了2764宗域名抢注投诉，比2010年和2009年的案件量分别增长2.5%和9.4%。[4]

然而，与商标分类注册制度以及商标制度地域性导致的商标标识的非独占性不同，域名却是唯一性的。为了便于发送和接收电子邮件或者

---

[1] 域名本身并不等于联网计算机的IP地址，即便代表联网计算机物理位置的IP地址发生改变，域名仍旧可以保持不变。域名系统能够把域名翻译成新的IP地址，用户通过同一个域名仍然可以访问该联网计算机所在的系统。

[2] 吴汉东，胡开忠. 走向知识产权经济时代的知识产权法 [M]. 北京：法律出版社，2002：379.

[3] 《统一域名争议解决政策》（UDRP）是WIPO于1999年提出的，现已成为法院外解决域名争议的国际标准，是专门用来遏制并解决将商标抢注为域名这一问题的。根据UDRP，投诉人必须证明：争议域名与其商标相同或混淆性相似，被投诉人对争议域名不享有权利或合法利益，以及被投诉人对域名的注册和使用具有恶意。

[4] 韦波. WIPO为新通用顶级域名的启用做准备 [J]. 中华商标，2012 (3).

访问某个网站而设计的域名，必须实现衔接上的统一性与指示的唯一性。因此，对于域名的分配而言，也必然在唯一性的限制下，实行"先来先得"的原则。从该原则可以推论，域名抢注行为本身并非一定违法，而是符合国际惯例的。❶ 当域名所有人的域名恰好是另一个企业的注册商标，或者同一个商标的两个合法商标权人都以他们的商标作为域名，或者申请分配的域名中包含他人文字注册商标的单词、字母、数字等而引起纠纷时，那么美国网络解决方案公司（NSI）制定的《NSI域名争议政策》指出，美国或外国标识的所有人指控一个域名侵犯了该标识的权利时，可以找NSI。如果他（她）能够提交一份经过确认的标识证明复本，以此证明该标识登记的日期早于该域名启动的日期，那么NSI会要求该域名的所有人证明其有一个更早的标识注册。如果在30天内作出了证明，该域名所有人可以继续使用该域名直到法院对该案件作出结论；否则，该域名被暂停，而且在法院对所指控的侵权行为作出判决之前，该域名不可以被再次分配。然而，该项规制饱受批评的原因之一，是注册商标权人能够阻止域名，即便有关的商品/服务同他们自己的并不相似。❷

　　域名与商标冲突的关键问题在于抢注域名何时才能构成商标侵权。依上文所述，域名抢注并非都是非法，只有在恶意抢注时，方可认定。那么如何认定域名抢注行为是否恶意？WIPO在《互联网域名问题的最终报告》中，将恶意抢注域名称为"滥用注册"，并要求同时具备以下三要件时，才能符合"滥用注册"的条件：（1）域名与投诉人享有权利的商标或者服务标识相同或误导性相似；（2）域名持有人对该域名不享有合

---

❶ 世界上由政府主管部门管理或者直接干预互联网域名注册的国家并不多。除中国外，仅有新加坡等少数国家。大多数国家是由商业性民间机构负责这项工作。而且绝大多数国家及有关民间机构目前均采用"先来先得"原则，一般并不负责去查询或检索注册人是否系相应文字商标或商号的合法所有人。参见郑成思．"域名抢注"与商标权问题［J］．中国工商管理研究，1997（7）．

❷ 斯达切尔．网络广告：互联网上的不正当竞争和商标［M］．孙秋宁，译．北京：中国政法大学出版社，2004：8．

法利益；（3）对该域名的注册和使用是基于恶意。而恶意的判定，WIPO通过示范性而非穷尽性的方式举例：（1）为获取利益，向商标或服务标识所有人或其竞争对手出售、出租或以其他方式转让域名；（2）通过制造与投诉人的商标或服务标识之间的混淆，试图引诱互联网用户访问域名注册人的网站或其他在线网址，以获取经济利益；（3）域名注册人的注册行为本身即表明，其注册该域名是为了阻止商标或服务标识所有人以相应的域名反映其商标；（4）注册域名是为了破坏竞争对手的业务。1999年生效的ICANN《统一域名争议解决政策》几乎完全采纳了WIPO《互联网域名问题的最终报告》中的相关建议。不同的是，ICANN列举了可认定域名注册人对所注册域名拥有权利或合法利益的三种情形。❶ 域名抢注要构成商标直接侵权，则必须满足上文所述的"商标使用"+"混淆之虞"模式。因此，WIPO所列举的非穷尽情形中，第（2）、（3）、（4）种构成商标直接侵权。而第（1）种情形中，域名注册人注册的主要目的之一在于向商标或服务标识所有人的竞争对手出售、出租或以其他方式转让域名。在竞争对手构成直接侵权时，域名注册人因主观积极追求直接侵权的发生（即明知），而提供侵权的工具，则构成商标间接侵权。

二、竞价排名与商标侵权纠纷

早在20世纪90年代，美国的Overtune公司（原来的Gogo）已经申请了竞价排名专利。在竞价排名模式用于商业化之前，搜索引擎一直无法实现回收因搜索引擎技术开发而支付的大量成本。而竞价排名的出现，

---

❶ （1）在接到有关争议通知前，域名注册人在提供商品/服务的过程中已善意地使用或可证明准备善意地使用该域名或该域名相对应的名称；（2）域名注册人虽未获得商标权或有关服务标识权，但所持有的域名已广为人知；（3）域名注册人正在非商业性地合法使用或合理使用该域名，没有误导性地分流消费者或玷污争议商标或服务标识以获取商业利益的意图。

建立了有效的商业回报模式，让搜索引擎的技术能够转化为可观的商业价值，互动性的作用刺激了搜索引擎公司加大资金研发更加先进的搜索技术。

对于消费者而言，搜索引擎是从海量信息中提取有效部分的最便捷工具；对于经营者而言，搜索引擎却是能够实现将经营信息占据消费者有限注意力的最有效工具。然而，能够出现在用户视野内的有效信息毕竟是有限的，这意味着有些经营者的信息就会被淘汰。为了竞争有限版面，搜索引擎商推出了竞价排名的业务。所谓竞价排名，是指按照付费最高者排名靠前的原则，对购买了同一个关键词的网站进行排名的一种方式。竞价排名的实质是，投放广告者通过对某一关键词进行投标而获得对某一关键词的搜索结果的控制权，其权利是可要求搜索引擎商将广告与其超链接同关键词在搜索引擎商的数据服务器中"关联"起来，使之在搜索用户搜索关键词后发送到用户的浏览器上；搜索引擎商将依据投放广告者的标价和搜索用户点击次数计算费用并索取报酬。❶

由于复制、链接等技术应用的零成本，网络市场本身具有的外部性更显著。个人或企业可以轻松地享用他人商标带来的正外部性，如某知名平板电脑的配件提供商，几乎可以零成本地享有该品牌良好的商誉，大大节省了广告宣传费用。同时他人对商标使用产生的负外部性，也能很快地对商标权人产生不利影响。非权利人利用竞价排名服务，导致商标权人的网站流量和产品销售量急剧下降。外部性增强使网络上侵犯他人商标的危害也随之扩大，网络侵权行为的危害，远远大于街头巷尾便利店的侵权影响。但与此同时，网络逐渐改变了市场的阶梯形结构，其扁平化的趋势令生产者与消费者更加贴近，网络经济中，不仅厂商和消费者占有信息的数量呈现出对称性趋势，而且信息流动方向也出现了对

---

❶ 陈晓俊. 竞价排名商标侵权认定的新思路——商标间接侵权原则的应用 [J]. 电子知识产权, 2009 (4).

称性。中间商的结构也随之发生变化，各方主体都可以直接对话。消费者与生产者的互动增加，形成正反馈效益。中小企业能越过传统宣传渠道对资金的高要求，利用竞价排名、网络广告等提升接触消费者的概率。

尽管广告中的关键词数量无限制，可以在后台设置无数的关键词进行推广，而且竞价排名实行"无点击无费用"的收费标准，但是，经营者最重视的是关键词搜索的有效性。因此，企业在选择关键词时，往往会考虑关键词与企业产品、形象等方面的相关程度与使用频率。产品所归属的行业、产品的通用名称、行业中的驰名商标、产品用途等相关词汇，都是消费者在搜索时最先联想到的关键词，而这些词汇自然也成了企业挑选关键词的首选。企业将他人知名商标、企业名称等作为关键词，可以最有效地实现搭便车效应。通过这种行为，竞价企业实际上建立了与该商标的联系，切断了商标法所保护的商标权人和商标之间的对应关系，对消费者（用户）造成混淆。因此，竞价企业俨然已经构成商标直接侵权。

争议的焦点是，搜索引擎商的竞价排名行为的定性。从行为构成上分析，竞价排名由两部分构成：一是出售关键词；二是展现竞价的结果。首先，出售关键词的行为应如何定性。搜索引擎商出售商标标识的意图是增加盈利，而这种盈利方式在直接效果上并不会对商标权人的业务造成影响，也不会引起消费者的混淆。这种商标的商业性使用，并没有利用商标权人的信誉，而只是使用了构成商标的词汇等符号，从而为消费者提供了另外一条商品的信息。❶ 因此，出售行为不满足商标直接侵权的要件。那么，能否构成商标间接侵权，还要分析搜索引擎商是否有能力审查企业对该商标享有权利，以及是否存在主观故意。目前商标注册与登记的相关信息，可以从国家工商总局的官方网站中进行查询，或者通

---

❶ 李雨峰. 迷失的路——论搜索引擎服务商在商标法上的注意义务 [J]. 学术论坛, 2009 (8): 62-36.

过商业渠道获得信息。当搜索引擎商计划推广某一商标作为关键词时，有能力通过合法途径获取该商标的相应信息❶，以此获得与竞价企业信息比对的基础。鉴于搜索引擎与竞价企业之间的合同关系，搜索引擎应当知晓竞价企业的相关信息。当竞价企业与商标权人存在竞争关系时，搜索引擎理应拒绝其参与竞价。如果在明知或者应知情况下，搜索引擎商以帮助、引诱竞价企业利用商标标识进行的直接侵权活动，搜索引擎商应承担间接侵权责任。

但需要注意的是，要严格控制搜索引擎商审查的限度。以相近似商标作为关键词时，搜索引擎商的审查义务不宜过严，应当以一般社会公众的标准规定审查程度。搜索引擎商作为广告推广者，要面对大量的服务对象，需要审查不同业务领域的标识和商品，不同于进行关键词推广的广告主，搜索引擎商无法施以专业的、大量的能力和精力予以辨别；反之，如果可以相应的审查义务，就会把市场交易成本提高的部分分摊到搜索引擎商上，那么搜索引擎商必然会面临随时被诉诸大量帮助侵权之诉的风险，最终无法以应有的市场效率开展这一商业模式，阻却了市场机制的创新。❷对于众所周知的驰名商标，搜索引擎商在一般情形下应拒绝他人的竞价，因为作为一般理性人，应该具备基本的辨别能力——众所周知的驰名商标权人不可能许可他人可能引起淡化商标的使用。对于一般的驰名商标或者著名商标，搜索引擎商只需要把握"相关性"的标准即可。当竞价企业的经营范围与驰名商标或著名商标的权利人同属一个行业，或者虽不属同一行业，但是存在关联性时，搜索引擎商就需作出判断。

但是，与商标权人存在竞争关系的竞价企业并非都不能以商标标识

---

❶ 商标的相应信息可以包括商标权归属、商标构成、商品/服务的类型、所属行业等。
❷ 张心全. 搜索引擎服务商在关键词推广中的审查职责［J］. 中华商标，2009（8）：41.

作为关键词，只要竞价企业在广告上写明防止混淆的申明即可。❶ 正如法官在"花花公子公司诉网景公司案"（Playboy Enters. V. Netscape Communs. Corp）中所述，"除非非权利人在其网站上清楚表明其提供的商品/服务的来源，或者对其提供的商品/服务与商标权人提供的商品/服务公开作出比较，否则都会造成混淆。"❷

三、弹出式广告与商标侵权纠纷

当消费眼球从实体市场转向网络市场时，生产商必然要重新制定广告策略，以适应网络市场的广告规则。与传统报纸广告的"一对一"传播模式、电视传媒的"一对多"模式不同，网络广告则是多对多的传播过程。之所以这样，是因为在互联网上有众多的信息提供者和信息接受者，他们既在互联网上发布广告信息，也从网上获取自己所需产品和服务的广告信息。对于早期依靠广告来支援的网站来说，网站上的广告收入的确可以维持网站的日常运作与维护。不过，在科网股泡沫之后，广告条的点击率不断下降，以致依靠广告条带来的广告收入锐减。不少广告商开始研发更有效的广告方法。弹出式广告，作为广告业中的一次重大革新，同时利用了两项针对用户行为模式而设计：一是弹出式广告必定是浏览器最前方的窗口，所以不论用户想看与否，都必须手动关闭；二是人类天生对移动物件较为吸引，弹出式广告能有效吸引用户的眼球。基于这两个原因，广告商声称弹出式广告比传统的广告更为有效，因为

---

❶ 2004年美国联邦第九巡回上诉法院审理的Playboy Enterprises, Inc. v. Netscape Communications Corp案中，以初始兴趣混淆为基础，判定如果广告商没有明确指出该关键词广告不属于被用作关键词的商标权利人，则构成侵权。法院认为，在关键词广告中作出了这种声明时，网络用户已经被告知了相关信息，因此，是否继续进入广告商的网站取决于用户自身的选择，对作为关键词的商标之权利人没有造成具有可诉性的损害。

❷ See Playboy Enters. V. Netscape Communications. Corp., 354 F. 3d 1020.

它们较难被忽略。而结果亦显示，弹出式广告的点击率亦比传统广告条高。❶ 然而，网络广告的广告规则却极易造成困扰消费者与商标权人的问题：鉴于弹出式广告会影响上网的效率与心情，消费者希望在网络冲浪时，不会再出现未经其同意就自动弹出的广告；而商标权人认为，弹出式广告存在搭便车之嫌，分散潜在客户对其商品/服务的关注，混淆商品/服务的来源，故认为弹出式广告构成商标侵权，要求法院禁止未经其同意而使用商标的行为。

弹出式广告，是指用户浏览某网页时，网页会自动弹出一个很小的对话框，而该对话框或在屏幕上不断盘旋，或漂浮到屏幕的某一角落；当用户试图关闭时，另一个网页会马上弹出。它透过用户在进入网页时，自动开启一个新的浏览器视窗，以吸引读者直接到相关网址浏览，从而收到宣传之效。然而，弹出式广告的"自动激活"有其特殊的工作原理。第一，能够激活弹出式广告的软件，必须在网络用户有意识或者无意识地安装于电脑后，才能运行。第二，安装在电脑上的软件开始跟踪、记录网络用户的日常输入的网址、搜索词汇、浏览内容、方式等。第三，将存储的记录与软件自带的目录（directory）中的域名或者搜索词汇（search terms）进行比对，判断网络用户可能感兴趣的产品或服务。第四，当网络用户在对话框输入某一关键词或者软件根据用户此前的浏览习惯，激活相应的广告。在诸多域名或者搜索词汇中，弹出式广告往往会以商标作为主要的数据采集点，软件根据网络用户输入的包含商标的域名、词汇或者与该商标存在关联的行为习惯激活该商标竞争对手的广告，那么弹出式广告是否因此构成商标侵权？若构成侵权，则需承担直接侵权责任还是间接侵权责任？

---

❶ 与传统的条幅广告相比，弹出式广告的点击率为2%，相当于条幅广告点击率的4倍之多。正是基于此原因，才使诸如摩根大通、英国航空等网络广告大客户们仍然希望保留原来的弹出式广告，只不过在具体形式上会变得更温和些。其中最显著的变化是在浏览器被关闭时才弹出广告。

诸多法院在审理弹出式广告商标纠纷时，均认为弹出式广告本身并不构成商标法意义上的商标使用。❶ 尽管各法院的结论相同，但是得出结论的理由却相异。美国联邦一地区法院认为，WhenU 公司所提供的用于激发弹出式广告的"统一资源定位者"（Uniform Resource Locators，URLs）仅具有"纯机械性链接的功能"（pure machine-linking function），而非商标法意义上的指示与区分商品/服务来源的功能。为判决的作出，法院引用了"洛克赫德·马丁公司诉网络处理公司案"的基本原理：即使域名作为识别企业的标识，但仍旧不能成为商标。只有当域名作为识别与区分商品/服务来源时，才能作为商标，可能构成商标侵权。依该原理，法院判决 WhenU 将 U-Hual 的域名与词汇纳入目录，并不构成商标侵权，因为 WhenU 使用商标的目的仅是实现"纯机械性链接的功能"，绝不是为了宣传或者推销 U-Hual 的网页或者商标。❷ 无独有偶，密歇根州东部的地区法院亦判决，WhenU 使用域名并不是为了指示商品/服务的来源，而只是指示网址。❸ 尽管纽约州南区地区法院在 1-800 Contacts 案中，判决 WhenU 构成商标侵权，但是美国联邦第二巡回法院推翻地区法院的判决，并赞同 U-Hual 案判定的"纯机械性链接的功能"结论，并强调 WhenU 使用域名的行为并不构成商业性使用（use in commerce），更主要是因为 WhenU 只是将域名作为进入网页的网址，一把进入网页的公共性钥匙（public key），而不是将其作为网页所宣传的商品/服务来源指示。❹ 既然弹出式广告本身不构成商标使用，那么商标直接侵权就无从谈起；但是，弹出式广告服务提供者是否存在间接侵权之嫌？

软件之所以能实现广告激活，关键在于输入的域名或词汇与软件自

---

❶ See 1-800 Contacts, 414 F. 3d at 409-11; Wells Fargo, 293 F. Supp. 2d at 761; U-Haul, 279 F. Supp. 2d at 728.
❷ See U-Haul, Inc. v. WhenU. Com, Inc., 279 F. Supp. 2d at 728 (E. D. Va. 2003).
❸ See Wells Fargo & Co. v. WhenU. Com, Inc., 293 F. Supp. 2d at 762 (E.D. Mich. 2003).
❹ See 1-800 Contacts, Inc. v. WhenU. Com, Inc., 414 F. 3d at 402 (2d Cir. 2005).

带目录之间存在交集，而实现交集的重心往往在于两者之间的关联性。关联性的表现形式有多样，比如同属一个行业、商品/服务存在竞争关系或者隶属关系、衍生商品/服务的关系等。也正是基于此，广告者也只关注与自己有关联性的企业标识作为激活广告的引子，并以出现该引子而作为判定用户是否为潜在消费群体。当广告者意图通过关联性标识（如商标）吸引用户，试图让用户相信所弹出的广告与其搜索的网页之间存在一定的关系时，那么可判定广告者的行为已构成商标使用；如果用户对网页所宣传或推销的商品/服务的来源产生（广义上的）混淆，商标直接侵权就可认定。尽管广告服务提供者（即软件提供者）与广告者之间仅存在合同关系，但是这并不能完全排除其一定限度的审查义务。当广告者的网页中出现商标时，广告服务提供者应该禁止该广告的弹出，否则，将会承担帮助侵权行为的间接责任。但是，如果弹出式广告中已经清楚地表明该广告的来源与商标权人无关，那么就不会对用户、商标权人和商标造成具有可诉性的损害。

  弹出式广告的做法与零售店的销售模式相似，经营者利用某知名商品吸引消费者的同时，提供与之具有竞争关系的其他商品以供选择，提供他们可能感兴趣的替代产品、商家的优惠券、折扣情况等，如此即为消费者提供了更多商品信息，也刺激了竞争。在全世界范围内，遏制弹出式广告的呼声越来越高。很多提供网络服务的公司已经悄然转变原有观念，宁愿损失部分广告费也会建议广告主选择其他形式。2006年11月，网络巨头雅虎公司在其网站的工具条上追加了拦截弹出式广告的功能。微软同样也在其IE浏览器中嵌入自动屏蔽弹出式广告的新功能。尽管很多公司已长时间提供该项功能，但是微软的行动才是最致命的，因为90%的浏览器都是IE。由此可见，弹出式广告退出历史舞台只是时间问题。

四、网络平台与商标侵权纠纷

2011年中国网络购物市场交易规模延续2010年高速增长的态势，市场交易规模达7735.6亿元，较2010年增长67.8%，所占社会消费品零售总额的比重从2010年的2.9%增至4.3%，而且2012年这一比重突破了5%。此外，网络购物用户规模将达到1.87亿人，在宽带网民中的渗透率为41.6%，并且网络购物用户规模稳步增长，进一步带动了网购市场快速发展。❶ 然而，作为未来市场必然的发展，网络购物产业欣欣向荣的同时，商标侵权纠纷从原来的实体经济滋生到了网络环境，进而成为网络购物产业未来发展中无法回避的问题。在企业之间（B2B）、企业与消费者之间（B2C）以及消费者与消费者之间（C2C）的三种营销模式中，尽管B2B、B2C的销售企业具有较强的经济实力，但是在发生商标权纠纷时，除了能够便捷地找到直接销售假货的企业之外，权利人通常会参考成本、效率等因素，不会直接追究商标侵权的个人责任，而是想尽办法牵扯网络服务提供商分担商标侵权责任。与网络版权中涉及网络服务商侵权责任的界定一样，若想准确界定网络交易平台服务商承担何种责任，必须要遵循网络商业贸易与商标权人之间的利益平衡原则。因为如果过于保护商标权人的利益，过度延伸商标使用的范围，势必会增加网络交易平台的成本。若欲继续盈利，所增加的成本最终还是被分摊到消费者头上。

如此层层增加成本，最终会阻碍商品交换，影响网络商业贸易的可持续发展。相反，如果过于倾向保护网络贸易的发展，则不利于商标权人合法利益的保护。关于网络交易平台服务提供商的法律定位，国内外

---

❶ 艾瑞咨询.2011年中国网络购物交易规模达7 735.6亿元［EB/OL］.［2012-06-28］.
http://ec.iresearch.cn/17/20120112/161325.shtml.

的司法判例存在不同的观点：第一，定位为经纪人。在 LVMH v. eBay 中，LVMH 公司旗下拥有 Louis Vuitton、Dior 等世界著名品牌，它发现 eBay 网站销售假冒其品牌的商品，遂向法国巴黎商事法院提起诉讼。法院认为 eBay 作为一个积极的经纪人，在明知网站上存在销售假冒商品的欺诈行为，却仍旧向销售方提供虚拟店铺与相关数据服务，并从中获利，同时 eBay 公司无任何有效的反假冒措施，这足以说明它存在主观上的过错。因此应承担巨额的经济赔偿。第二，定位为交易中介方。在 Hermes v. eBay 案中，与 LVMH 公司相同，Hermes 公司发现 eBay 网站上有假冒其品牌的商品，于是向法国法院提起诉讼。法院在判决中认为，eBay 网站在为当事人的交易提供网络服务的同时，制定交易规则，并且帮助卖方展示物品，因此它担任了交易中介方的角色，就有义务对交易活动予以监控。所以判决 eBay 公司对网络售假行为承担责任。❶ 第三，定位为网络信息发布提供平台。在 Lancôme v. eBay 案中，Lancôme 公司在发现 eBay 网站上有其假冒品在售，向比利时法院提起诉讼。比利时法院的观点与 Hermes v. eBay 案中法国法院相反，其认为 eBay 仅仅是网站上货物销售信息的发布提供网络平台，并不对用户发布的信息负有监控义务，也无主动搜寻非法销售假冒信息的义务。❷

除了法院在判决书中列明的观点外，相关案例中权利人的主张与学界的观点也是认定网络交易平台服务提供商法律地位的重要参考意见。例如在迪志文化出版有限公司诉上海易趣贸易有限公司、亿贝易趣网络信息服务（上海）有限公司案中，原告提出了"卖方与合营者"观点，学者的"柜台出租方"等。❸ 不同观点所强调的权利义务分配是不相同的。若欲准确界定网络交易平台的性质，在坚守利益平衡原则的同时，

---

❶ 胡开忠. 网络服务提供商在商标侵权中的责任 [J]. 法学, 2011 (2).
❷ 胡开忠. 网络服务提供商在商标侵权中的责任 [J]. 法学, 2011 (2).
❸ 刘德良. 论网站在网络交易中的地位与责任——从一起网络交易纠纷案说起 [EB/OL]. 中国电子商务法律网.

还要正确理解网络交易平台服务提供商的工作原理。

通常而言，网络交易平台上的交易行为需要经过特定的步骤才能完成。第一步，用户注册。网络交易平台的用户分为两类：一类是纯粹的买家，即仅仅通过网络交易平台购买商品或者接受服务的个人或企业；另一类是兼顾买家与卖家于一身的用户。与前一类用户不同的是，后者的注册程序较为复杂，验证内容较为详细，身份信息更为公开与真实。第二步，上传店铺信息。在获准用户资格后，卖家需按照网络平台规定的形式要求，上传商品/服务信息；只有符合网络交易平台服务商规定的形式要求，用户才能成功上传信息。第三步，登录浏览。用户通过登录，浏览相关商品/服务信息，从而锁定信息需求。第四步，达成协议。与实体市场不同的是，网络平台的交易活动往往是单向的。要约列明的条件中，价格通常为标价或一口价，用户的承诺也仅限于数量、颜色、大小等因素的选择。在要约与承诺相一致时，网络交易平台会自动产生订单，以示证明买卖合同。第五步，网下实物交接。除了能在网络上实现的权利义务外，多数买卖需要通过网下履行。从上述交易流程来看，网络交易平台除了为卖家提供公布商品/服务信息的平台外，还会提供买卖的最后认证与相关安全性保障服务，如淘宝的支付宝服务；而平台的买卖认证与安全性保障服务是网络交易平台系统设计的机械性操作，其运行是被动性的激活。

综合整个交易流程，网络交易平台始终保持着中立的角色，被动地输出缔结网络交易所需的信息发布、信息传递、合同缔结与资金存管等服务。它不同于"柜台出租方"，不需要与用户签订空间出租协议，也不能与用户签订商品/服务的利润分成。它也不同于"中介服务方"，不需要关注网络交易是否达成，而只是机械性地提供服务；也不会在交易成功后，收取买方的费用。被动性、机械性的操作过程，决定了网络交易平台只能是一个信息的发布平台，而不监控具体的交易行为。

需要注意的是，交易行为起算点的计算。网络交易与实物交易在法律性质上是相同的，都属缔结合同的一种手段。卖方通过注册，将信息公布于平台，其目的是向不特定的人发出要约。所谓要约，是希望和他人订立合同的意思表示，该意思表示应符合下列规定："（一）内容具体确定；（二）表明经受要约人承诺，要约人即受该意思表示约束。"❶ 卖方发布的商品/服务信息，在内容上是否具体确定，需根据要约的具体性质而定。换言之，视具体交易而定。通常而言，卖家会提供确定的商品/服务价格、货款支付方式、商品/服务的履行方式、违约责任，而数量、颜色、履行地点等因素则取决于买方。如此信息的发布，是足以构成合同成立的条件。与超市陈列商品一样，网络平台上的商品/服务标价陈列，同样属于要约的方式之一。❷ 因此，卖方信息上传信息行为，理应被认定为买卖行为的起点。再则，面对网络交易的海量订单，网络交易平台也缺乏监控的能力与现实可行性。即便退一步讲，网络交易平台服务商雇佣大量的员工对每一笔订单进行审查，但是仍然不能像实物交易一样，准确判断商品的真假，因为在交易平台中，商品/服务的信息是以图片、文字、声音等形式呈现，以至于实物的品质如何、是否真实都是不确定的。除了卖家直接在商品/服务上使用商标标识外，网络平台交易商是无法对卖家的商品/服务的真实性进行有效判断。再则，具体履行商品/服务是在网下进行，只有买家收到货物、接受服务后，才能有效判断商品/服务的真实性。因此，事前审查或监督，并不会成为网络交易平台的义务。

既然主动性审查缺乏现实与技术的操作可能性，那么对于被动性审查（主要来自于权利人的告知与事实足以证明侵权存在之情形）的不作为或者疏忽，网络交易平台就需要承担由此带来的责任。从司法审判来

---

❶ 韩世远. 合同法总论 [M]. 北京：法律出版社, 2011：77.
❷ 商品标价陈列，在大陆法系通常被认为是要约行为，而在英美普通法则通常被认为是要约邀请。我国合同法理论认为商品标价陈列行为是一种要约。参见韩世远. 合同法总论 [M]. 北京：法律出版社, 2011：82.

看，我国主要根据共同侵权责任制度来确定网络交易平台提供商的法律责任，英美法系国家则以间接侵权责任制度为基础。但近年来，我国法院在此类案件的审判思路上逐渐向国外法院靠近，只是对个别问题的认识不一致。❶ 间接侵权责任主要包括代替性侵权责任、帮助性侵权责任与引诱侵权责任。依美国法律在审理知识产权案件时对代替性侵权责任所做的解释，"纵使被告与直接侵权行为人之间不具有雇佣关系，但只要被告有权利及有能力监督直接侵权人的侵权行为，且从中获取了直接财产利益，即应负代替性侵权责任。"❷ 依上文所述，网络交易平台服务商不存在监督交易的现实与技术可能性，也就无法适用代替性侵权责任。而帮助性侵权责任与引诱性侵权责任，除去侵权行为方式的差异外，都要求责任人主观上存在过错，即知晓或者有理由知晓直接侵权人正在或者将要实施侵权行为之情形。由此可见，认定网络交易平台服务上是否承担间接侵权责任，关键在于主观过错的认定。

当经营者没有未经许可而使用他人商标，但是却通过明示或暗示的手段故意引诱或促使其他经营者实施商标侵权行为，或是在已经知晓他人要利用自己提供的商品实施商标侵权行为之后，仍然不采取合理措施以避免侵权后果发生的，则构成间接侵权。❸ 于此，间接侵权行为人，从传统的制造商或经销商转变成网络平台交易服务商。身份的异化并未改变主观判断的标准。如果网络交易平台服务商在创设平台时，主观意图在于搭建直接侵权的平台，并辅之以明示或暗示的广告宣传，那么间接侵权的认定是明确的。此外，如果权利人的侵权通知书中足以明确地指定侵权商品/服务信息的位置，网络交易平台服务商主观上就已达到"确

---

❶ 胡开忠. 网络服务提供商在商标侵权中的责任 [J]. 法学, 2011 (2).

❷ See Gershwin Publishing Corp. v. Columbia Artists Management, Inc., 443 F. 2dd 1159, 1162 (2d Cir. 1971).

❸ 王迁, 王凌红. 知识产权间接侵权研究 [M]. 北京：中国人民大学出版社, 2008：106-107.

切知晓"。对于"有合理理由知晓"的判断，取决于一个居于相同位置的理性人是否能够意识到自己的行为正在帮助他人实施侵权行为，而且这种"合理预见"应当具有相当程度的确定性，即网络交易平台服务商无须经过复杂的判断，就可认定卖家构成商标侵权。其原因在于，对于他人未经许可在相同商品/服务上使用相同商标的商标侵权行为，网络交易平台服务商具备判断的能力。然而，对于类似商品/服务、近似商标的判断，本应归属于法院的判定，也超出了服务商的认知范围。若将近似性的判断苛责于服务商，势必会影响网络交易平台行业的发展。因此，对于"有合理理由知晓"的认定，理应采用高标准。网络交易平台服务商的主观意图满足上诉要求时，才能承担商标间接侵权责任。

第四节 商标使用标准的质疑

我国商标法秉承大陆法系传统，整个法律呈金字塔形。作为塔顶的立法宗旨规定着法律的价值取向，是理解和领会商标法的总向导和总依据；作为塔基的各项具体制度是对立法宗旨的展开和具体化，是价值取向的落定。《商标法》第 1 条规定了除具有浓厚计划经济色彩的"加强商标管理"外，"维护消费者利益""保护商标权人利益""维护市场公平竞争"作为商标法的立法宗旨共同体现了三种价值。那么，这三种价值之间存在何种关系？从商标发展史上看，近现代商标法偏重于通过商标权人维护其权利来实现保护消费者利益。鉴于此，我国台湾学者曾陈明汝先生认为，商标法的直接目的在于商标专用权的取得和保护，而终极目的在于消费者利益之保护，以免其对商品来源发生混淆、误认。[1]在商

---

[1] 曾陈明汝. 商标法原理 [M]. 北京：中国人民大学出版社，2003：136-137.

标制度较为发达的美国亦是如此。《兰哈姆法》秉承了先前商标法的立法宗旨，在市场自由竞争秩序与商标权人利益之间保持平衡。

一般而言，维护消费者利益、保护商标权人利益和促进市场竞争秩序，在制止假冒和仿冒行为、防止消费者发生混淆方面，由于目标的一致性不会发生冲突。但商标权人和消费者毕竟分属于市场的两大阵营，两者的利益难免发生冲突。涉及具体利益时，法院在面对商标权人主张其商标与仅有媒体、社会公众的主动宣传而与商标权人的商品或服务之间建立联系的标志相似而享有权利时，是坚持商标权人利益的获取需存在商标有目的性的商业使用标准，从而驳回商标权人的主张，还是维护消费者主动将该标志与商标权人所提供的商品或者服务相联系，为避免他人注册而造成混淆之利益？该利益冲突，其实质是商标法中"制造商激励"与"消费者保护"之间的矛盾。

一、价值取向失准

在价值层面上，"使用"作为认定商标权侵权标准所面临的一个问题是：假如生产商已经投入大量资金创作和宣传一个商标，但消费者还未开始把标志与商品相联系，那么竞争者能在相同或相似的商品上使用该标志吗？"制造商激励"与"消费者保护"都是非常重大的价值，在两者发生分离、无法兼顾时，价值取向往往直接左右法律的适用。因此，何种价值优先就成为解决纠纷的前提。当不同利益不能同时满足时，人们无疑是要作出一些价值判断，但同时人的确不可能凭据哲学方法对那些应当得到法律承认和保护的利益作出一种普遍有效的权威性位序安排。对此，庞德认为应"尽可能地满足一些利益，同时使牺牲和摩擦降低到最小限度"。❶ 消费者作为商标所蕴含的商品信息的接收者，需要经过复杂的认知过程才会接受某一标志。因此，商标权人使用商标必须具有策略性：商标若想被消费者接受，就必须与消费者能够接受的"频道"同步，即确保信源与信宿在信号码上的一致。❷ 在消费者对该标志作为其选购商品的识别性标志后，如果在后使用人可以随意使用该标志，那么已开始依赖该商标与商品之间联系的消费者的利益就会受到损害。这样不仅破坏了与商品的特定联系，而且会使消费者今后不能再建立这样的联系，更多的消费者就会花更多的时间和成本去寻找商品。经济学家们一直认为消费者能够快捷地、低价地找到他们所需的商品是促进商品全球自由贸易的条件。❸ 而商标的价值就在于通过该商标所传达或体现的有关该企业品牌品质的信息，降低消费者的搜索成本。因此，减少搜索成本是，并且一直都是，创立商标法最主要的传统理由。❹

商标使用的理论基础是商标法应为消费者提供更多的消息，更多的信息可以提高社会的福利，并降低消费者的搜索成本。在这个理解框架之下，互联网环境下的销售广告词服务就是非商标使用，因为这一服务给消费者提供了更多的与消费者搜索有关的其他经营者的信息。然而，过多的信息并不会降低消费者的搜索成本，反而会增加消费者的负担。最近的一项研究表明，过多的信息对于消费者而言，必须面临着挑选与质量的问题，这反而会增加消费者的搜索成本。❺ 事实上，在商品或者服务市场上，消费者需要的是有价值的信息，而不是简单的、较多的信息，

---

❶ 博登海默. 法理学：法律哲学与法律方法 [M]. 邓正来，译. 北京：中国政法大学出版社，1999：416.

❷ 王太平. 论商标法中消费者的地位 [J]. 知识产权，2011 (5).

❸ Graeme B. Dinwoodie, Mark D. Janis, TRADEMARK LAW AND THEORY [M]. Northampton: Edward Elgar Piblishing Limiyed, 2008: 94.

❹ Stacey L. Dogan, Mark A. lemley. TRADEMARKS AND CONSUMER SEARCH COSTS ON THE INTERNET [J]. 43 Hous, L. Rev., 2004 (777): 779.

❺ Frank Pasquale. Copyright in an Era of Information Over load: Towardthe Privileging of Categorizer [J]. Vand., L. Rev., 2007 (60): 135.

有时仅仅只是多而已,实际上,它反而是少。对于消费者而言,我们应当提供的是能够保证其真正选择和消费者自主的信息。❶

二、商标法上功能的悖逆

显著性是商标的固有属性,它发挥着表彰商品和区分商品来源之功能。显著性不是一个本体,不是一个客观的陈述,而是商标与商品或者服务之间的联系。当我们表述一个商标是否具有显著性时,并不是说这个标志本身是否具有显著性,而是说这个标志和商品联系在一起是否具有显著性。❷ 商标显著性的获得实际上体现了一种意义生产的机制,但此意义并非固定不变,而是应着市场的节拍处于永恒变幻之中,或增长或冲淡或消逝。商标显著性的变化与商标使用密切相关。商标使用作为将商品或服务与标志结合起来的工作,具有使该标志与其背后所要传达的信息产生联结的功能。❸ 因此,对应着商标显著性的生成、增长、维持、冲淡、消逝,商标使用也相应分为三种不同意义上的使用样态。

(一) 以取得商标权为基础的商标使用

脱离了商品或服务的商标,就如我们日常生活中的文字、图形、颜色的组合一样,只是孤零零的符号,是人类交流的工具和赖以生存的基础。❹ 从公有领域中剥离构成商标的符号,并划归由商标权人在商品或服务上排他性使用,其根源在于消费者能够认识到商标背后的信息,而该信息的建立取决于商标在商品贸易中的流传与使用。其具体过程是这样

---

❶ GraemeB. Dinwoodie, Mark D. Janis, Confusion Over Use: Contextualism in the Trademark Law [J]. TMR, 2008 (98): 1121-1122.
❷ 李雨峰. 重塑侵害商标权的认定标准 [J]. 现代法学, 2010 (6).
❸ Robert J. Sternberg, Cognitive Psychology, 583 (Thomson 3ed., 2005). pp. 252-253.
❹ Rochelle C. Dreyfuss. Trademarks As Language in Pepsi Generation [J]. Notre Dame Law Review, 1900: 65.

的：首先，商标最初是不断被使用在特定种类的商品上，但随着消费者获取信息渠道的多元化，商标随即渗透到多元化的渠道中去。纵观中国、美国、欧盟等国家或地区的商标法对商标使用方式的规定，无论是采用直接定义式还是采用列举式，都将使用方式延伸至商品包装、容器、商品交易书、广告宣传、展览等上。消费者接触商标的机会越多，商标被消费者认识的概率就越大，但此程度上的认识仅限于对标志的纯粹记忆。随着消费者对这种商品的不断购买与消费，消费者就会形成对这种商品的看法，即意义。由于商标标志是生产商对该商品的"命名"，因此它必然是该商品最"显眼的"特征。当商品的质量等特征相对比较稳定时，一件件贴附着商标的商品信息就逐步地被浓缩到商标上，于是商标在消费者眼中就成了某种商品的代表，包含了这种商品的有关信息。至此，商标标志与其所代表的商品或服务之信息就结合为一体。❶

（二）以维持商标权为基础的商标使用

我国《商标法》规定"连续 3 年停止使用的"注册商标，商标局有权责令限期改正或者撤销其注册商标。该法条表明取得商标权并不代表"万事大吉"，若想长久享有商标权，还必须长期的连续性使用。该点对于注册取得模式尤为重要，其原因在于注册行为本身的性质，商标权的取得来自于注册行为本身，而基于商标而产生的商誉是从注册之后才慢慢形成（当然，也存在注册之前就享有商誉的未注册商标之情形）。因此，维持商标权也兼具取得商标权的含义。那么，如何论证维持商标权的需求程度呢？当正面回答过于复杂时，不妨通过反面论证来排除不符合之情形，这也未尝不是一个可取的论证方法。维持与抛弃，虽然前者侧重过程，后者侧着结果，但在表述商标权的归属时却是一致的。抛弃

---

❶ 王太平. 商标概念的符号学分析——兼论商标权和商标侵权的实质 [J]. 湘潭大学学报：哲学社会科学版，2007（3）.

原则是源自于商标权透过使用特定标志而取得与维持的概念。创设该原则的目的是将商标标志重新回归公有领域，以供他人使用，从而阻止商标权人"库存"商标（"warehousing marks"）的行为。❶ 美国《兰哈姆法》规定了商标权抛弃，它包括两种类型：其一，事实放弃（actual abandonment）；其二，推定放弃或法定放弃（constructive or legal abandonment）。事实放弃应具备两个要件：第一，已经停止使用；第二，不打算继续使用。"已经停止使用"在客观范围上必须是全国性的，某一区域的商标使用可产生推定其他地方的使用效果。对美国商标法而言，其宪法依据是各州之间的贸易往来。因此，若想维持宪法意义上的商标权，其范围必须是州际的或者产生州际影响的地理区域，而非仅限于某一州内。

对我国商标法而言，即使仅局限于某一省份的商标使用，也可产生抵消"已经停止使用"的效果。商标使用连续3年不使用是抛弃的表面证据，当初步抛弃已被证实时，商标权人必须证明继续使用的意图，才能推翻抛弃原则的适用。继续使用的意图应当是正在进行商业行为或者商业性计划，这正符合美国法院在认定意图使用时，不仅要参考商标权人继续使用的客观情况，还要针对商标权人的主观意图。❷ 现实中存在一些企业因资金链的断裂而处于停滞状态，并且在客观上也表现出若干年（超出3年）无使用之情形，但考虑到若干年恢复资金供应后继续使用，则该情形是否可驳回抛弃原则的适用？回答是肯定的。在美国，如果是因为迫不得已而中止营业，一些法院并不愿意判决该企业对其某一商标的抛弃；❸ 从消费者的利益出发，我们也严重怀疑允许该情形被适用抛弃，且允许竞争者采用该商标之情形会对消费者有利。推定或者法定放

---

❶ See Major League Baseball Properties Inc. v. Sed Non Dlet Denarius, ltd., 817 F. Supp. 1103 (S. D. N. Y. 1993).

❷ See EH Yacht LLC v. Egg Harbor LLC, 84F. Supp. 2d 556, 566 (D. N.). 2000.

❸ See Miller Brewing Co. v. Oland's [1971] Ltd (1976)；转引自：Arthur R. Miller, Michael H. Davis, Intellectual Property [M]. 2ed. 北京：中国人民大学出版社，2004：207.

弃，通常出现在因商标权人的作为或者不作为，而导致商标丧失显著性的情形。其中突出表现在对商标被许可人的控制。然而，对于控制的程度需因情形而定，同时结合许可的时间与许可数量。

（三）以侵犯商标权为基础的商标使用

在相同或相似的商品或服务上使用相同或相似的商标，足以造成消费者混淆的行为，被认定为侵犯商标权。虽然我国商标法在修法之前并没有将混淆作为商标侵权的判定标准，但《商标法实施条例》以及相关司法解释已采纳了该标准。在传统的消费习惯下，大部分的商标都是被印在广告媒介物上或贴在商品上，而这种商标利用方式都是消费者可以看见的。因此，在绝大多数案件中，由于商标使用要求的讨论并不是案件的难点而被忽视。美国法院的法官也乐于此种处理方式，最主要的好处在于避开了这个表面上看似明显，实际上却难以认定的"商标使用"。❶而网络的出现，就是一个重要的分水岭，它彻底改变了消费者获取资讯的习惯。因此，企业必须寻找一种新的行销与广告模式，让其商品或服务讯息能在海量的信息中成功占有消费者有限的消费注意力。这种全新的方式往往包含非商标权人对商标的不当使用，而这种使用方式又不再是以呈现在消费者看得见的地方。对于这种方式是否构成商标侵权上的"商标使用"就成了不能回避的问题。

乔纳森教授（Jonathan）认为，"商标使用"就是美国商标法所规定的"商业上的使用"，即使用他人商标来指示商品或服务来源或出处。如果将商标使用扩张到"使用他人商标来指示商品或服务来源或出处"之外，会对公平竞争与情报资讯造成威胁。❷然而，里贾纳·尼尔森

---

❶ Stephanie Yu Lim, Can Google be Liable for Trademark Infringement? A Look at the Trademark Use Requirement as Applied to Google Adwords [J]. 14 UCLA Ent. L. Rev., 275, pp. 265-284.

❷ Jonathan Moskin, Virtual Trademark Use: the Parallel World of Keywordsadds [J]. 8 J, Internet. L. 14, p. 12.

（Regina Nelson Eng）并不认同这种说法，他认为，就像销售商标作为广告关键词的行为伤害了商标权人对有效商标享有的权利，其原因在于通过人为方式将竞争者有关的链接放置页面顶端来促进竞争是非正义的。❶ 由于"商业上使用"包含了"使用"与"在商业上"两个独立要件，而《兰哈姆法》并没有对"使用"进行明确定义，因此，在理解"使用"的含义时应结合"使用"行为的语境。"使用"通常的含义是投入或采纳（putting or bringing into）的行为，同时还包含因某种目的而采纳（employing）。如果在适当的语境下运用该定义，法官会清晰地发现《兰哈姆法》并不要求商标侵权上的可视性商标使用，该解释也是与其他商标侵权相一致的。❷ 因此，在销售商标关键词广告中，当消费者以商标作为搜索词时，他们希望得到的结果是与他们搜索相关的，即围绕着商标而展开或缩小的资讯。当人为化的结果出现在搜索列表顶端时，就会引起消费者的高度关注，那么与商标相关的广告暗示着指示来源的存在，从而引起了消费者的混淆。

三、利益导向的异化

当商标由非商标权人使用时，很可能会产生有利于商标权人利益的情形。那么，法律应当承认"代替性"使用的行为效果归于商标权人吗，还是仅仅以商标权人自身在贸易上的实际投入作为建立商标权的条件？"代替性"使用的主体可以因与商标权人之间的关系分为两种：隶属机构与社会公众。

隶属机构是个广义的概念，它包括子公司（subsidiary）与特许经销

---

❶ Regina Nelson Eng, A Likelihood of Infringement the Purchase and Save of Trademarks as Adwords [J]. 18 Alb L. J. Sci. & Tech., p.493.

❷ Regina Nelson Eng, A Likelihood of Infringement the Purchase and Save of Trademarks as Adwords [J]. 18 Alb L. J. Sci. & Tech., p.493.

商（franchisee）。那么子公司与特许经销商的商标使用行为是否可认定为商标权人的商标使用呢？最高人民法院于2010年出台的《关于审理商标授权确权行政案件若干问题的意见》中规定，没有实际使用注册商标，仅有转让或许可行为的不宜认定为商标使用。《北京市高级人民法院关于审理商标民事纠纷案件若干问题的解答》第4条规定，仅实施转让注册商标的行为，没有发挥商标的区分商品来源的功能，不属于商标使用行为。因此，子公司与特许商的行为构成商标使用的话，所使用的商标必须能实现指示来源的功能。那么，如何理解"来源"的含义？在生产者的规模局限于某一区域就能实现区域供给时，其所销售的商品就完全产自该生产者实际所在地。在该背景下的"来源"就是指商品实际发出的物理位置（physical location）。

　　随着贸易的全球化，一个企业鉴于成本不能仅在原有生产地生产商品而后向全球销售，因此，在优势地区选择建立子公司或特许商就成了其推广品牌、占领新市场的手段之一。倘若仍旧遵循"来源"的最初含义，子公司与特许商的供货或销售（supply or emanate）所在地的就不能满足。面对商标权人所在地与商品实际提供地的分离，消费者为何依旧相信商标所代表的商品信息？换言之，该情形下的"来源"是否不仅限于物理位置的定义，还应赋予它更广泛的内容，比如商品质量可称为"来源"的额外因素之一。我国商标法规定，商标许可人应当监督被许可人使用注册商标的商品质量，被许可人应当保证使用该注册商标的商品质量。之所以规定贴有商标的商品质量的要求，在于商标因减少消费者在区别一个商品的不同品牌时所承担的成本而获得收益，这就要求某一商品的生产商对其商品保持一种稳定一致的质量。尽管消费者在新购买商品时会根据其先前购买经验所形成的商品质量的认识，然而在消费者使用其新购买的商品后，新购买的商品质量就会使消费者对该商标的认识产生影响。商标之所以有价值，是因为它们象征着持续稳定的品质，并且只有在企业有能力维持持续稳定的品质时，才会投入必需的资源以开发一个强势商标。由此可见，商标指示"来源"的功能包含商品或服务的质量，其实质是遵循"来源"的另一种表达。

前述所提及的案件中，俗称或简称的真正使用者是广义上的社会公众，它包括让消费者认知了俗称所指向的商品或服务的媒体与消费者，也正是因为俗称的使用者并非商标权人，多数学者反对该方式被认定为商标使用。其实，对于社会公众使用某一商标的简称而对商标权人有利的案例，早在1942年的美国就已出现。可口可乐公司享有"COCA-COLA"商标权，并且可口可乐饮料在全美具有极高的知名度。在日常生活中，消费者习惯将"COCA-COLA"简写成"KOKE（COKE）"。BUSCH公司以"KOKE-UP"作为商标并在饮料上使用。随后可口可乐公司向法院提出禁令。加内（Ganey）法官认为，商标权的取得是基于在商业贸易中的使用，而非仅仅采用某一标志即可。相应地，原告并没有在商品、广告或者其他上实际使用"KOKE（COKE）"，如果严格按照商标侵权的标准，这种情形似乎并不会被认定为侵权。但是允许他人使用商标的简称，就很可能导致混淆的发生。再者，在美国年轻人中存在一个明显的趋势，即缩写或简写现象。因此，消费者愿意用简写来代替商标全称也就是一件很自然的事。此外，"KOKE"属于臆造性词汇，其用途完全集中于指称原告的商品。被告在商标中突出使用"KOKE"，而该种使用将会导致混淆得到产生。最终，法院判决商标权人对商标的简称享有商标权。❶

倘若在商标俗称或简称形成之初，商标权人明确表示不予接受，那么判决的结果又是如何？"索爱"案的一审与终审判决就是完全不同的观点，前者采用"结果主义"，而后者采用"形式主义"。在CONTINENTAL案与HARLEY-DAVIDSON案中，❷虽然法官在案件事实部分都承认原告（或上

---

❶ See Coca-Cola co. v. Busch, 44 F. Supp 405 CE. D Pa. 1942.

❷ See Continental Corrugatedd Container v. The continental Group, 462 F. Supp. 200, 203 U.S.P.Q. 993.

诉人）在最初并不认同商标的简称，且在最后的判决中也一致采取了对该问题的回避，但是笔者认为，从判决最终支持的对象来说，法官倾向于由商标权人享有对商标简称或俗称的权利，以避免消费者的混淆，降低交易成本。像"广本""索爱""伟哥"与"KOKE"等商标俗称是满足臆造性商标的定义，不同的只是臆造者是社会公众。虽然商标的要素是既定存在的，但它是从无到有的结果，因此，俗称所含有的意义就存在唯一性，即指示特定商品或服务的来源。倘若俗称本身是通用名称，但同样因社会公众的使用而具有了指示特定来源的功能，那么商标权人的主张是否仍旧会得到法院的支持呢？麦卡锡教授认为，当通用名称充满着商标意义时，该词的通用含义就会停止。❶ 表示商标简称或俗称的符号，从公共领域中脱离，专门被用于指定唯一的商品或服务的来源。其含义的变化类似于"描述性商标"的功能"进化"，从用来描述一类商品或服务，到代表商品或服务的唯一来源。将蕴含特定含义的简称或俗称划归到"公有领地"，可想而知，"搭便车""公地悲剧"等现象便会接踵而至。商标权人、其竞争者与消费者的交易成本自然也随之攀升。科斯定理认为，在交易成本为零的世界中，各方之间的谈判将会导致财富增加至最大化的社会安排，且与权利的初始分配无关。然而，现实决定了交易始终处在正交易成本的世界里。在交易成本高昂的情况下，法律的规则选择也应当模拟交易成本为零之情形下的市场配置结果，将产权直接界定给最能有效利用该财产的一方。❷ 人们也显然期望把权利配置给那些能够最富有成效地使用它们的人，并且有激励引导他们这样做，从而降低成本。

此外，无论是有关的国际公约，还是商标法上关于商标本质的商誉说，都是针对商标权的获得来讨论使用的，尽管在认定侵害商标权的时

---

❶ J. Thomas MaCarthy. MaCarthy on Trademarks and Unfair competition 12：51（4th ed 2002）.
❷ 波斯纳. 法律理论的前沿 [M]. 武欣，凌斌，译. 北京：中国政法大学出版社，2003：6.

候，也涉及使用，但这一使用与作为商标权获权条件的使用，意义并不完全覆盖。如果将两个不同性质的使用统合在商标使用这一标准之下，就会产生在一个理论框架中，同一个术语有不同内涵的结果。并且，商标使用倡导者试图在获得商标权和侵害商标权之间建立一种对应关系，将获得商标权的使用移植到侵害商标权的认定中，并进而主张商标使用标准，为侵害商标权的认定提供了一种确定性。在现代传播技术的影响下，如果过度扩大使用的内涵，还会引起商标本身的异化，传统的商标使用指的是将标示附着于商品之上或者与此密切的活动，如在商业信函中的使用。现代传媒兴起之后，在广告中进行宣传也是商标的使用。如此，商标与广告密切勾连，商标因为广告宣传，便不再仅仅是商品或者企业的标记，它成了我们这个消费者社会的消费文化的中心环节。如此，商标变成了一个过度依赖传播的符号。无论是国家工商局颁布的《驰名商标认定和保护规定》，还是最高人民法院通过的《关于审理涉及驰名商标保护的民事纠纷案件应用法律若干问题的解释》，都把企业在商标宣传上付出的时间程度和方式作为认定的一个重要因素。慢慢地，商标变成了一个活期存单，只要经营者注入越多的广告资金，经营者的收益就越大，其禁止其他人利用的范围就越广。这样，生产商改进商品或者服务质量的激励减退了。最关键的，在笔者看来，商标使用尽管有其合理之处，但其体现的是一个过程，与商标权本身并不等同。更何况，并不是所有的对商标的使用都可以产生商标权，因此，商标使用标准在逻辑上最重要的问题在于，它没有从权利本身受到侵害这一视野讨论侵害商标权的认定标准。

第五章

侵害商标权判定标准的重构

第一节 商标侵权标准的共同点：显著性的损害

商标是经营者用以标识其提供的商品或服务，并同其他经营者提供的商品或服务相区别的标志。商标是消费者选购商品或接受服务的向导，同时，经营者为实现同其他经营者提供的商品或服务区别开来的目的，也会产生对商标进行投资的激励。由此，商标成为经营者参与市场竞争的一种竞争手段。商标的显著性是商标保护的真正目的，"显著性是商标保护的灵魂"，❶ 显著性之于商标，正如独创性之于作品，新颖性之于专利。❷ 商标强度甚至商标的保护范围也在很大程度上取决于其显著性。❸

显著性是商标法中最重要的概念。商标必须具有显著性，国际公约

---

❶ 黄晖. 驰名商标和著名商标的法律保护 [M]. 北京：法律出版社，2001：11.
❷ 米勒，戴维斯. 知识产权法：专利、商标和著作权（影印版）[M]. 北京：法律出版社，2004：164.
❸ 彭学龙. 商标法的符号学分析 [M]. 北京：法律出版社，2006：101.

和各国商标法都对显著性作出了规定。TRIPS 第 15 条规定："任何能够将一企业的商品或服务与其他企业的商品或服务区别开来的标记或标记组合，均应能够构成商标。"美国《兰哈姆法》第 45 条规定："商标包括一个人使用的，或一个人有在商业上真实使用意图的，并申请在本法建立的主注册簿上注册的，用以对其商品，包括独一无二的产品，与他人生产的或销售的商品予以标识和区别的，并表明商品来源（即使该来源不为人所知）的任何文字、名称、符号或图形，或其组合。"英国商标法也在第 1 条规定了商标的显著性要求："本法所称商标是指任何能够图示并能将某一企业的商品或服务区别于其他企业的标记。"我国新修订的《商标法》第 8 条规定："任何能够将自然人、法人或者其他组织的商品与他人的商品区别开的标志，包括文字、图形、字母、数字、三维标志、颜色组合和声音等，以及上述要素的组合，均可以作为商标申请注册。"同时第 9 条第 1 款规定："申请注册的商标，应当有显著特征，便于识别，并不得与他人在先取得的合法权利相冲突。"由此可见，无论各国，构成商标的核心在于该标志是否具有显著性。

一、商标显著性的内涵

商标的基础功能是识别商品/服务的来源。因此，商标必须具有显著性，唯有如此，消费者才能据以区别此商品/服务与其他商品/服务。就商标显著性形成来说，显著性主要分为固有显著性与获得显著性。依照 TRIPS 的规定，构成商标的标识必须能区别一家企业与其他企业的商品或服务，标识非先天能区别相关商品/服务的，会员国得规定注册须有赖经由使用取得的显著性（即第二含义）。不过，TRIPS 并没有说明，是否每种标识都可以因先天或后天的显著性而受到保护，或某种标识能因后天的显著性受到保护。❶ 在我国，有学者将显著性定义为："商标所使用的标记能够使消费者区别此产品与彼产品。"❷ "商标标示企业产品出处并使之区别于其他同类产品的属性。"❸ 我国《商标法》第9条第1款明确规定：申请注册的商标，应当具有显著性特征，便于识别，并不得与他人在先取得的合法权利相冲突。第11条规定："下列标志不得作为商标注册：（一）仅有本商品的通用名称、图形、型号的；（二）仅直接表示商品的质量、主要原料、功能、用途、重量、数量及其他特点的；（三）其他缺乏显著特征的。前款所列标志经过使用取得显著特征，并便于识别的，可以作为商标注册。"虽有法律规定，但未见我国有相关的法律法规对如何认定显著性以及显著性的丧失有详细的说明。

在我国台湾地区，显著性又称为识别性，系指"商标本身具有特殊性，并可指示与他人商品之商标有所不同者而言。"❹ 或者，"标记所具有的对所指定使用的商品或服务在交易上被当作辨识的方法，而能藉以与其他商品或服务相区别之具体能力。"❺ 我国台湾地区"商标法"第5条规定："商标，应足以使商品或服务之相关消费者认识其为表彰商品或服务之标识，并得藉以与他人之商品或服务相区别。"前款是对于固有显著性的规定，而对于获得显著性，则在第23条第4款规定："有第一项第二款规定之情形或有不符合第五条第二项规定之情形，如经申请人使用且在交易上已成为申请人商品或服务之识别标识者，不适用之。"

---

❶ TRIPS第15条规定：任何能够将一个企业的商品或服务区别于另一个企业的商品或服务的符号或符号组合都能够构成商标。这样的符号，特别是字符，包括个人姓名、字母、数字、图形要素和颜色组合以及任何这些符号的组合都应能够注册为商标。如果符号本质上不能够区分出相关的商品或服务，缔约方可以根据实际使用所取得的区别程度确定其可注册性。作为注册的一个条件，缔约方可以要求符号是从视觉上能够感知的。

❷ 杜颖.商标法[M].北京：北京大学出版社，2013：12.

❸ 彭学龙.商标显著性探析[J].电子知识产权，2005（12）.

❹ 曾陈明汝.商标法原理[M].北京：中国政法大学出版社，2003：113-115.

❺ 许忠信.由TRIPS与巴黎公约等国际规范论我国商标法上之保持公共使用需求[J].台北大学法学论丛，第67期.

在美国，学理上很少探讨显著性的含义。著名商标法学者斯凯特在20世纪20年代提出："保护商标之独特性（uniqueness），应该构成商标保护的唯一合理基础。"❶ 在一篇文章中，斯凯特通过德国法院对著名漱口水品牌"Odol"的判决加以阐释。该案起于钢铁制造商对此前已经素有商誉的"Odol"商标进行使用，法院认为应该禁止被告将该商标使用在与漱口水并无竞争关系的铁路枕木上，认为此举违背了"善良"，并且消费者在看到原告漱口水的商标时，会理所当然地认为其代表了原告产品的良好品质。若任何人肆意使用该商标以指涉自己商品的话，该商标将丧失其销售力（selling power）。后世将斯凯特此处所谓的独特性也称为"显著性"。不过，美国学界甚少对此定义进行仔细界定，而法院在遇到个案时，也是依照个案的实际情况对显著性概念进行解释。

《欧洲商标指令》在其第3条"拒绝注册的理由"中规定了显著性的内容。在其（B）项中规定了"缺乏显著性的标记"，（C）项规定了说明性的标记，（D）项则是有关通用名称的规定。如出现以上情形，商标注册申请都应予以驳回。至于对通用名称的判断标准，欧洲在"爱尔康诉OHIM案"（Alcon Inc v. OHIM）中指出，❷ 应以相关消费者之认知为准。例如，该案中的商标用于医疗药剂上，是否为通用名称应以专家医疗公众之认知为准。另外，欧洲法院在"仙妮蕾德公司诉OHIM案"中对描述商标的判断也进行了阐释，❸ 该案中争议的商标为"VITALITE"（法语为"活力"之意），法院认为仅有直接描述商品或服务的商标为描述商标，当"VITALITE"用于矿泉水等商品时，并非为了说明商品的特性，可以注册；当其用于药品以及营养补品时，属于直接说明商品特性，不能注册。

---

❶ 原文是：the preservation of the uniqueness of a trademark should constitute the only rational basis for its protection. See Frank I. Schechter. The Rational Basis of Trademark Protection [J]. HARV. L. REV., 1927 (40): 813-845.

❷ 2004 ECJ CELEX LEXIS 440.

❸ 2004 ECJ CELEX LEXIS 5661.

从上述各国、地区的法律规定来看，何谓商标的显著性？基本都是从物理符号的视角来单纯分析商标的显著性问题。实际上，我们认为商标本质是附着在商品/服务商的一种符号，判断商标是否具有显著性，应该看该商标与该商品/服务之间的关系。所以说，显著性不是一个本体、不是一个客观的陈述，而是企业、商标与商品/服务之间的关系。当我们表述一个商标是否具有显著性的时候，并不仅仅说的这个标示本身是否具有显著性，而是说这个标示和商品联系在一起是否具有显著性。因此，"苹果"这个词不具有显著性，但当它用于电脑或者手机上时就在同类商品中具有了显著性。一方面，显著性暗含了一个比较的框架，是和其他企业生产的产品或者服务对比而言的；另一方面，显著性又表明了商标与企业的关系，它指示了商品的来源（企业），并区别了同类产品或者服务（商品）。在这个意义上，我们不能简单地认为某个标记是臆造的、任意的、描述的，从而认定其有无区别能力。

二、传统商标显著性的判断

传统上提到商标显著性的判断或者分类，多会提及美国法院在1976年判决的"阿伯克龙比和惠誉公司诉狩猎世界公司案"（Abercrombie & Fitch Co. v. Hunting World, Inc.）,❶ 在该案中，弗里德利法官（Friendly）以受商标法保护的资格和程度，按升序把商标分为四类，即商标分为通用名称（Generic Marks）、描述商标（Descriptive Marks）、暗示商标（Suggestive Marks）、任意商标（Arbitrary Marks）或臆造商标（Coined or Fanciful Marks）。

该案的案情如下：原告阿伯克龙比和惠誉公司多年来使用并注册了"Safari"的商标，销售男女用外衣、服装等。被告狩猎世界公司则是经

---

❶ Abercrombie & Fitch Co. v. Hunting World, Inc., 537 F. 2d 4 (2d Cir. 1976).

营零售运动服装的商家,使用 Safari、Minisafari、Safariland 等商标。原告认为被告侵害其商标权,同时提出商标侵权及淡化的主张。被告提出答辩及反诉,主张"Safari"是通用名称,认为该词是"普通的、共同的、说明性的、地理性的及通用名称(generic)",因为该词"在公众心中,指的是旅程或长途探险,特别是指到东非狩猎或探险,以及该长途探险所包括的人员、动物及设备"。据查,原告据以主张侵权的 Safari 商标在注册簿上指定的商品类别包括男女外衣、帽子、鞋子以及运动服装等。在一审中,纽约南区联邦地区法院支持了被告的主张,判决原告败诉并撤销上述商标注册,包括指定使用于运动商品及衣服的纽约州注册,以及指定使用于行李箱、手提烤架、绝缘冰柜、露营帐篷等联邦注册。原告上诉至美国联邦第二巡回上诉法院。

该案的争议点就在于 Safari 一词是否具有显著性。根据美国商标法的规定,商标权是否受到侵害,是否撤销商标注册,都取决于商标的显著性以及显著性的强度。弗里德利法官在判决书中陈述到,依照先例和《兰哈姆法》,某一词语是否受商标法的保护,大致可以分为四类情形:(1)通用名称(generic);(2)描述性的(descriptive);(3)暗示性的(suggestive);(4)任意的(arbitrary)或臆造的(fanciful)。标记能否称为商标,以及法律对其保护的强度,大致可以依照上述次序递增。不过,这些标记之间的区分是模糊的,某一词语用于某特定商品上属于某一类商标,当其用于其他商品上时,又另当别论。❶ 法官还举例说明,例如,

---

❶ 原文是:The cases, and in some instances the Lanham Act, identify four different categories of terms with respect to trademark protection. Arrayed in an ascending order which roughly reflects their eligibility to trademark status and the degree of protection accorded, these classes are (1) generic, (2) descriptive, (3) suggestive, and (4) arbitrary or fanciful. The lines of demarcation, however, are not always bright. Moreover, the difficulties are compounded because a term that is in one category for a particular product may be in quite a different one for another, because a term may shift from one category to another in light of differences in usage through time, because a term may have one meaning to one group of users and a different one to others, and because the same term may be put to different uses with respect to a single product. In various ways, all of these complications are involved in the instant case.

"Ivory"（象牙）一词，如果用于指明象牙所制的产品时，是通用名称，但如果用于肥皂时，是任意性的。某一用语经过一段时间的使用后，由于用法的差异，可能由某一类转为另一类。例如，"Escalator"一词原本是臆造的，或最起码是暗示性的，之后该词成为电动扶梯的通用名称。又某一用语可能对某一群使用者有一种意义，而对其他的使用者则有不同的意义。甚至用于某一单一产品的相同用语都可能有不同的用法。这些因素会增添区别的困难。

法院在判决书中阐释了以上各类情形的显著性：

（1）通用名称："通用名称是关于特定产品为其所属（species）的类（genus）"，按照普通法，通用名称或描述性的词语都不能成为有效的商标。《兰哈姆法》就描述性而取得第二含义的用语，设有一项例外，❶ 但此例外不适用于通用名称。而且按照该法的规定，如果注册的标志在因为使用成为通用名称，对该标识的注册应予以撤销。这里所说的意思是，通用名称即使经证明具有了第二含义，也无法转换成为有效的商标。在使用通用名称的过程中，不论商家付出了多大的人力、物力，也不论该通用名称是否已经得到了公众的多大认同。因为它不能剥夺其他竞争者以该名称称呼商品的权利。

（2）描述性：描述性的商标较通用名称拥有较好的基础（stands on a better basis）。法院还特别举了"Deep Bowl"（深碗）一词来解释描述商标。当"Deep Bowl"一词用于"碗"时，它属于通用名称。但当用于"Deep Bowl Spoon"（深碗调羹）时，表示的是该商品（调羹）如深深的碗形，目的是告诉他人这些调羹的形状特征。适用通用名称时，使用人若主张专用这个词语，必须予以拒绝。因为如果赋予专用权，相关的竞争者便无法有效地称呼其销售的商品，后果是此举不仅授予了标识的独占权，也授予了产品的独占权。描述性的标识是否予以注册，法律考量

---

❶ 15 U.S.C. § 1052 (f).

的是以下两种利益关系：第一，是否妨碍相关竞争者使用合适的词语，对其他竞争者的营业造成困难；第二，假设标识使用者已经投入了相当的人力、物力，标识在市场上已经具备了很高的商誉，如不予以专用，则会剥夺使用者的努力成果，对其造成困难。

（3）暗示性。在美国早期的商标法或普通法案件中，并没有关于暗示性商标的规定。当时，不仅是暗示性词汇，几乎所有的说明性词汇都不能获得注册，也不论其是否已经在市场上取得了第二含义。后来，法院在判案实践中发现，有些暗示性词汇应当予以保护。不过对于何谓暗示性则很难界定。从以往的判例来看，存在两种判别方法：第一，想象（imagination），即当人们看到某个词语时，运用想象、思考，认知到这是关于该商品的性质的，那么该词汇是暗示性的。如果该词汇传达的是该产品的配方、质量、特征，则是描述性的。❶第二，暗示性的词汇，并不需要第二含义的证明，即可以允许注册。

（4）臆造性或任意性。臆造性或任意性的词汇如作为商标使用，则享有暗示性用语的一切商标权利。所谓的臆造性，通常指的是专门针对某个商标而发明的文字。而任意性则是指将一般公众熟知的词汇以不同寻常的方式进行使用。

按照上述显著性原则，该案法院就涉及的 Safari 商标作以下认定：第一，当 Safari 用于某种衣服时，属于通用名称；minisafari 可用于较少帽檐的帽子。第二，就靴子和鞋子而言，Safari 尚未成为通用名称，而是暗示性或描述性的标识，它已经取得不得争议的地位（Incontestability），即不

---

❶ 原文是：A term is suggestive if it requires imagination, thought and perception to reach a conclusion as to the nature of goods. A term is descriptive if it forthwith conveys an immediate idea of the ingredients, qualities or characteristics of the goods.

得撤销注册。❶ 第三，被告使用 Camelsafari、Hipposafari 及 SafariChukka 时，纯粹是用来说明靴子、鞋子，属于合理使用，属于对商标侵害的抗辩。关于 Safari 属于通用名称的判断，上诉法院认为，Safari 一词原意是"到非洲的长途探险"，除了这个意义外，它还让人浮想出一种"探险的情景"，但与非洲无关。当用于衣服时，指的是某种时尚衣服的通用名称，这已经在美国为业界和消费者所认知。

当然，该案最为著名的就是提出显著性的分类，并提出显著性具有相对性，即某一词语是否具有显著性取决于所涉的商品/服务类别及公众的认知程度。后来人们把第四种商标类型明确区分开，成为"五分法"。通用名称是某类商品、服务的名称。描述商标是对所标示的商品或服务的特征、质量、性能等直接描述的商标。暗示商标与商品或服务没有直接、明显的联系，通常以暗示、隐喻的手法提示商品的属性或某一特点。❷ 任意商标是采用现有的、与商品或服务没有联系的词汇的商标。臆造商标是采用杜撰的、没有特定含义的词汇组成的商标。在美国，该分类法以此案命名，称为"Abercrombie 分类法"。

"五分法"建立在显著性分为固有显著性和通过使用产生的获得显著性上。前者是某些符号因其构图、文字等内容的独特性，天然地适合用作商标，公众也容易把其与特定产品来源相联系。后者是指普通的符号通过商业使用产生了与原属含义不同的，以指示产品来源为其意义的"第二含义"。由于使用和判断方便，该理论及其"五分法"被广泛运用，对现有商标制度和观念影响深远。在注册取得为主的制度中，对尚未使用的标志，商标审查员只能以商标"固有的显著性"强弱来推断其

---

❶ 美国商标法规定，如果商标注册人自商标注册之日起连续 5 年在美国使用其注册商标，则注册人通过申请可以获得无可争辩性的权利。一项无可争辩性的注册可以构成注册人拥有在贸易中使用其商标的独占权的确凿证据；而且任何第三方再也不能以该商标缺乏显著性为理由，要求美国上诉审判委员会撤销该商标注册。

❷ 彭学龙. 商标显著性新探 [J]. 法律科学, 2006, 24 (2): 60-67.

在商业活动中区别和标明来源的能力，再给予是否注册的判断。对于暗示商标、任意商标和臆造商标，审查员们认为由于它们的"固有显著性"较强，几乎自动地或很容易地作为商标。而描述商标和通用商标被视为没有固有显著性，不易被消费者自动视为指示来源的商标，而较难被注册和给予保护。

三、传统商标显著性的批判

（一）传统显著性理论与认知心理学相悖：显著性的过程性

"Abercrombie 分类法"对商标显著性的阐释，在消费者心理认知的基础之上，被当今法学理论和司法实践广泛接受。然而，随着现代商标法客体的日趋增多，有学者指出："商标法过于依赖对消费者行为的假设，而忽视了从整个商标法的理论体系来专门探讨显著性。"❶ 并且，即使从消费者的角度而言，不同群体的认知变化也会导致显著性的动态变化。传统的商标"五分法"，因其静态性和对消费者模型的依赖，而较难指导理论和实践。显著性是一个符号能成为商标的最基本、最核心的条件，指的是它能够和具体的产品或服务提供者相联系，识别产品或服务的不同来源。❷ 而判断一个符号是否具有显著性，以及显著性的强弱的主体则是广大的消费者。从消费者的认知心理学视角来看，显著性不是固定不变，而是处在动态变化之中，这种特征深深地影响了商标制度。

从消费者认知商标显著性而言，会无意识地遵循这些规律。比如，消费者在对"康师傅"商标进行认知时，当这三个字以黑色毛笔书写的字体、大小相近、连续紧凑地出现在方便面包装上，它们具有统一知觉

---

❶ Craig Aleen Nard. Mainstreaming Tradress Law: The Rise and Fall of Secondary Meaning [J]. Detroit College Law Review, 1993 (37): 210-220.

❷ 张玉敏. 知识产权法 [M]. 北京：法律出版社, 2011: 283.

特征，我们会认为它是一个对象，与同时出现在包装上其他位置的，以另外字体和大小书写的"红烧牛肉面""就是这个味儿""升级"等字句不是同一物体。此外，包装中的面条图案显然与这些文字也不是同一物体。实验发现，3个月、5个月和9个月的婴儿可以运用接近律来认知事物，但是基本上忽视其他格式塔知觉原则，而成年人则能够运用多种格式塔原则来认知事物。❶ 这说明，人类需要经过知觉学习才能良好地运用各种知觉组合律，而有意识和无意识的知觉学习贯穿了个体成长的全过程。生产者在商品上使用特定标识最初是为了与他人的产品相区分，同时出于保持交易长久持续的考虑，这些标识应当容易被消费者记住，而且能够广为传播。因为物体的明显性对长记忆非常关键，并且为了在交易中发挥着一些特定功能，所以商标在其发展历史中，演变出一种特有的属性，那就是显著性。与一般词汇在构成和使用方式上有很大差别的具有显著性的商标，成为商业社会得以正常运行的重要因子之一。人们在每时每刻接触无数的商品时，对于商标这一概念形成了某种原型或样例，大概包含标示来源、与普通词汇不同、非直接描述产品、出现在商品或包装上的特殊位置等特征。当我们再次接触已经储存在记忆中的标识，或者首次面对有类似特征的标识时，我们就会认为这是属于"商标"这一概念下的物体。这就是消费者认知商标的过程。

　　商标显著性是其能识别产品来源的能力。如果消费者是显著性的认知主体的话，那么我们应该结合认知心理学来解读显著性。而从认知心理学的视角看，消费者对商标的认知并不是如立法者想象那么简单。当有了关于商标的概念后，消费者对外界刺激的接受和判断还受到认知环境的影响，同时群体认知的变化也会导致商标显著性在市场中的变化。环境中充满了成千上万的物体，时刻都在向我们的感官发出各种刺激，

---

❶ M. W. 艾克森，M. T. 基恩. 认知心理学 [M]. 高定国，等，译. 上海：华东师范大学出版社，2009：85.

但是人类的信息加工系统能力有限，无法对所有刺激感官的信息都进行完善的加工。通常，大脑把注意力集中在一个认知对象的图案上而忽略了周围其他的图案，这就是认知心理学所称的"图形—背景分离现象"。❶而与背景差异较大的图案更容易吸引注意力。当我们的感官体系注意到刺激后，下一步就是对刺激的信息内容进行组织、类化、推论等，结合已有的概念进行解读。所以当商品包装上五颜六色的文字和图案被展露在消费者面前，我们通常会注意在颜色、图形等方面最突出的物体，但是这些最突出的有可能不是商标。

为了研究"图形—背景"组成的认知对象在消费者认知商标中的影响，美国学者托马斯（Thomas R. Lee）做了一系列的相关实验。❷ 他的团队以同样的描述性词汇"wonderful"使用在假设巧克力椰子饼干的包装上。随着包装颜色、背景等认知环境的影响，消费者对其是否是商标的判断产生变化。实验如下图所示。

Typical Trademark Use　　　　　Weak Trademark Use

---

❶ 刘国辉. 当代语言学理论与应用研究 [M]. 北京：中国社会科学出版社，2010：188.
❷ Thomas R. Lee. An Empirical and Consumer Psychology Analysis of Trademark Distinctiveness (2009) [EB/OL]. [213-06-10]. http://works.bepress.com/thomas_lee/3/.

Non-trademark Use 1　　Non-trademark Use 2

　　第一种是典型的商标使用，即在突出的地方，以吸引人的颜色图案凸显商标。第二种是弱商标使用，颜色图案都不是很突出。第三种被研究者定义为非商标使用1，因为它是如此平常而不起眼，很容易被消费者忽略。第四种是非商标使用2，wonderful这个单词只出现的包装右下角，需要仔细观察才能找到。最终，第一种方式中有80%的受访者认为该词标示了商品来源，第二种方式有70%，第三种仅有33.3%，第四种仅有26.7%。虽然同一个词汇，不同的四种使用方式，出现截然不同、差距甚大的结果，这表明"图形—背景"的变化使得标示来源的商标显著性也随之变化。而目前我国的《商标法》《商标审查标准》，以及其他国家的商标法律、法规，都只对商标符号本身的显著性进行了规定，并未考虑其使用方式。虽然如何使用和标志商标是商标权人的自由，但是该实验证明，只有一种容易被认为是识别商品和区分单一来源或货物原产地的方式"使用"，才是作为商标的使用。❶ 而商标使用方式的变化，也直接影响显著性的有无和强弱。

　　商标显著性的动态特征还表现在，随着商标使用范围和时间的变化，消费者群体对显著性认知的变化。这种群体认知变化在通用名称问题上体

---

❶ Thomas R. Lee. An Empirical and Consumer Psychology Analysis of Trademark Distinctiveness (2009). [EB/OL]. [2013-06-1]. http://works.bepress.com/thomas_lee/3/.

现得尤为明显。对于通用名称能否成为商标的问题,美国法院多年来的态度也左右摇摆。1946年的《兰哈姆法》虽然没有明确表示通用名称可以作为商标,却规定注册商标在任何时候成为商品或物品的通常描述名称时,都可以被撤销。但是法院的做法却不尽相同,曾有一段时期,法院倾向于即使通用名称获得了第二含义,也不能使其成为注册商标。在"寇斯坦姆诉路易斯·马克思公司案"(J. Kohnstam, Ltd. v. Louis Marx and Company)中,❶ 法官认为不管通用商标的使用者投入多少时间和精力来推广他的产品,无论他多么成功地获得了公众对此的识别,都不能成为注册商标。在同时期的其他案件如"维斯面条公司诉金脆饼公司案"(Weiss Noodle Co. v. Golden Cracknel and Specialty Co)中,❷ 法院也都持这样的观点。

  但是有法院却持肯定态度。在著名的"拜耳公司诉美国药物公司案"(Bayer Co. v. United Drug Co),❸ 关于Aspirin(阿司匹林)商标的纠纷案中,由于拜耳公司早期生产的Aspirin牌乙酰水杨酸包装简陋,加上当时美国医生销售药品的方式,导致美国公众把Aspirin作为乙酰水杨酸的通用名称,但是具有专业医学知识的医生和零售商却能够区分其来源。所以法官判决,在以普通消费者为销售对象时,允许被告在装有50及以下粒数的瓶子或盒子的包装上只表明"Aspirin"字样,但是出售给零售商时必须使用乙酰水杨酸的称谓,并且船运时必须在密封的容器上标明乙酰水杨酸和被告的名称。该判决秉持了这样一个理念,即应该分别看待商标所面对的不同相关公众,对于因商标所有人自己推广成为通用名称的商标,在那些没有成为通用名称、第二含义仍然存在的市场,该商标仍然应该保护。法院在判断消费者对一个词汇的理解时,考虑相关公众的所有组成部分,避免了当某一商标在一些市场上还具有显著性就被贸

---

 ❶ J. Kohnstam, Ltd. v. Louis Marx and Company, 280 F. 2d 437, 440, 47 CCPA 1080 (1960).
 ❷ Weiss Noodle Co. v. Golden Cracknel and Specialty Co., 290 F. 2d 845, 48 CCPA 1004 (1961), 还有Application of Searle & Co., 360 F. 2d 650, 53 CCPA 1192 (1966).
 ❸ Bayer Co. v. United Drug Co., 272 F. 505, 510 (S. D. N. Y. 1921).

然认定为通用名称，而给商标所有人带来损失。因此，简单地认为通用名称不能成为商标的观点是粗糙的，同时也是与现实生活中相关公众的认知相背离的，也进一步证明了商标的显著性具有的随着群体认识变化而变化的动态性。商标的显著性可能因时间而消逝、取得、增长，所有这些变化最终都取决于消费大众对商标之信赖与爱好之心理状态。❶

事实上，消费者对商标的认知受很多因素的影响处在变化之中，并非"五分法"的静态认知。当他们面对的标志与商标的概念类似，就极有可能认为那是商标，而不管是"五分法"中哪一类。上文提到的在美国学者托马斯的实验中，也设计了一系列以"五分法"为基础的实验，来检验消费者对五类商标是否如我们假设的那样认知度依次递减。其中一个实验是，其团队精心设计了4组不同商品的商标包装，在突出的地方填入描述性和暗示性词汇，来测试前者的显著性是不是真的比后者弱，而使消费者不轻易把它看作商标。他们选择了930名在过去一年中购买过有关产品的消费者参与实验。为与上文对应，此处仍以其中的巧克力椰子饼干的包装为例，❷ 如下图所示。

---

❶ 曾陈明汝. 商标法原理 [M]. 北京：中国人民大学出版社，2003：131.
❷ Thomas R. Lee. An Empirical and Consumer Psychology Analysis of Trademark Distinctiveness (2009) [EB/OL]. [2013-06-10]. http：//works.bepress.com/thomas_ lee/3/.

参加实验者被要求对这些词汇是否表明来源进行判断。实验数据显示，100%和86.7%的参与者认为描述成分、特性的"Chocolate Abundance""Chocolate Choice"是标示来源的；93.3%和96.7%的人认为赞赏类描述词汇"Wonderful""First Class"能标示来源；93.3%的人认为描述商品使用和效果的"Celebrate""Relax"具有该性质。暗示商标"Party Hat"和"Island Breeze"有96.7%和100%的成绩。实验数据一方面支持了通常认为的暗示商标比描述商标的显著性可能略强；另一方面也反映出，描述性词汇被作为识别来源的商标比例只比暗示性词汇稍低，但是仍然保持在高比例，差距并不大。这种较少差距，不足以令它被加上额外的法律证明义务。而实验参与者是有购买经历的消费者，也验证了上文所强调的，在认知过程中，过往经历形成的"概念"的衔接作用；以及群体认知在商标认知中的影响，如果再进行不同无购买经历参与者比例的比较，实验数据也应会有变化。在这个基础上，结合第一个"图形—背景"变化的实验，我们可以得出，消费者对商标是否具有显著性的认知，与商标本身、商标使用方式、认知群体等皆有关系。而把商标显著性视作静态并且以"五分法"为基础构建商标理论是与他们的认知不符的；这也说明了商标显著性是个动态的过程，它的动态性随着不同的因素而呈现不同的变化。因此，固有显著性的意义只能是程序性的，而非权利授予性的。

（二）传统商标显著性的局限性

从商标的基本功能出发，关于符号是否受到法律保护实质上是一道是非题。即可识别来源者可以受到保护，否则不予以保护。由此推导两种实践运用模型，具有固有显著性和获得显著性而受到法律保护的商标，以及无法识别来源的其他符号。随着商标客体的增多，商标法基本包含了任何形式的可以起到识别作用的符号，包括颜色、外观、气味、词汇等。对于一般的文字商标而言，"Abercrombie分类法"显得精妙与细致，但对于其他新型客体而言，又陷于相形见绌的境地。并且，在保护范围的判断上，"Abercrombie 分类法"区分了各类型标记的保护层级。依照该案法官的分析思路，具有固有显著性的商标理应比获得显著性的商标拥有更广泛的保护范围。依照此推论，作为任意性商标的国王牌（KING）或天鹅牌（SWAN）的保护范围必定大于获得第二重含义而具有显著性的商标，例如 COCA-COLA、IBM、McDONALD'S。❶ 这样的看法，不论是对固有显著性的强调，还是对获得显著性的保护，似乎都有失偏颇。

传统商标法假定商标越有显著性，消费者对该商标的认知度越高，则越容易将该商标混淆为其他商标。此种观点看似理所当然，因为其来源一种曝光理论（exposure），美国法院在"埃尔维斯·普雷斯利诉堪培斯案"（Elvis Presley Enters., Inc. v. Capece, 950）中说到，❷ 原告的商标在消费者心中认知度越高，被告的商标将会越容易抢占原告商标在消费者心中的位置。❸ 按照毕比（Beebe Barton）教授的说法，"具有显著性的商标的光芒过于耀眼，以致附近其他商标所发出的光芒会被误认为出自它们光辉的邻居"。❹ 但是，这种耀眼的"显著性"并非都是固有显著性，更多是出自通过后天使用获得的显著性。简而言之，符号是否受到商标法的保护，取决于其具有来源显著性；而保护力度的大小，则取决于后天通过使用获得的区别显著性的强度。固有显著性的商标，即使经由设计人的妙笔生花，与市场上的其他商标相比多出那么一点的差异性，

---

❶ Beebe, Barton. The Semiotic Analysis of Trademark Law [J]. UCLA L. REV., 2004 (51): 621-670.

❷ Elvis Presley Enters., Inc. v. Capece, 950 F. Supp 783, 792 (S. D. Tex. 1996).

❸ 原文是：The more deeply a plaintiff's mark is embedded in the consumer's mind, the more likely it is that the defendant's mark will conjure up the image of the plaintiff's product instead of that of the junior User.

❹ 原文是：Especially "distinctive" marks shine especially brightly in features space, with the result that the light of nearby marks will be mistaken for their brighter neighbor.

但是如果不真正在市场上使用或者大范围的广告宣传,其获得的保护范围仍然是微乎其微的。从这个角度而言,"Abercrombie 分类法"过分强调固有显著性对商标的重要性,而忽略了获得显著性才是商标保护范围宽广的关键要素。

从市场的角度,固有显著性有其内在的缺陷。假如我们创立了一家名为"2PM"的品牌,从事服饰生产,特别是女士衣服。此商标毫无疑问具有固有的显著性,它既不描述所附着的商品的类型、特征,也不暗示商品的功能,当然更不可能是通用名称,很有可能获得注册。但是,如果在注册完毕后,我们用各种方法,包括利用广告、发表会、参展、明星代言等活动,却迟迟无法在市场上打响知名度,则该商标完全不可能发挥识别商品的作用,更别提具有与其他商品有所区别的功能。所以,具备固有显著性的商标,可能根本就不曾有效地发挥商标的功能。而商标法之所以如此重视固有显著性,更多考量的是一种实施成本。在商标获准注册前或者使用初期,要证实商标识别作用的发挥程度,无论是消费者调查,还是销售力的证据、广告的花销均难以提供。如此,会导致商标使用人对商业投入持怀疑的态度。从激励市场发展的角度,商标法在制度设计上对于原先无法合理说明企业与商品/服务之间的逻辑关系的标记,在法律上推定其容易受到消费者的认可,而不必厘清它与其商品、服务的关系。同时也认为这样做,不会损害市场上其他竞争者的利益,因此予以注册并保护。不过,本质上固有显著性在商标完成注册程序后,其功能已经完全耗尽。商人利用商标在市场上横扫千军的时候,关键是看商标后天获得的区别显著性。固有显著性除了形式上作为理论推测外,对商标的保护程度没有一丝半点的贡献。可以说,固有显著性最多只不过是存在于商标法理论中的一种幻觉,其实质并没有我们期待的重要。

由上观之,商标的"获得显著性"才是其生命。无论何种类型的商标,只有通过后续的市场使用,才能有效发挥其功能。而传统的"Abercrombie 分类法"将后天显著性局限在第二含义上,是一种从先天显著性本位的视角延伸而来的傲慢。第二含义商标是指原来不符合商标注册条件的文字、图形或其组合，因被长期与某种商品或服务结合使用，具备了与这些文字、图形或其他构成要素的通常意义不同的含义。[1] 也就是说，此类商标摆脱了消费者心中的首要含义（描述），通过市场的商业活动重新在企业、商标与商品/服务之间建立了对应关系，不管其有否具有固有显著性，都应该得到保护。从此角度而言，即使在商标显著性退化（genericide）的领域，固有显著性也与之无关。如果一个具有固有显著性的商标，经过市场的考验而退化为某类型商品/服务的通用名称，从而丧失了注册商标的资格，那也是因为该商标起初获得注册是因为其被推定为具有固有显著性，而现在不存在了。并且，当时法律对其显著性的推定范围，已经被后来在市场上获得的显著性所填充了，消费者已经不再认可其能发挥商品/服务的识别功能了。而这些均与固有显著性无关。

综上所述，对于商标侵权的判断，传统的"Abercrombie分类法"以固有显著性为导向，排列出各类型商标的保护强度，此分类方法暴露出两项缺陷：第一，固有显著性仅仅为一项基于经济分析的制度性设计，无法表述显著性的应有之义；第二，获得显著性才是商标的"生命"，这在传统分类方法中却长期得不到应有的重视。传统的"Abercrombie分类法"只告诉了我们标记如何变得有显著性，而没有提及商标拥有何种显著性。而后者才是我们研究商标侵权标准的关键，即侵犯的究竟是何种显著性。简单来说，我们认为，商标可以经由先天或后天获得两种显著性：来源显著性（source distinctiveness）、区分显著性（differential distinctiveness）。不论是混淆或淡化任何一种商标侵害救济模式，商标都必须具备来源显著性才为保护适格，并且在保护范围上取决于商标区分显著性的程度。

---

[1] 张耕. 试论"第二含义"商标 [J]. 现代法学, 1997 (6): 52-55.

第二节 显著性标准的确立

人是符号的动物。❶ 符号代表了人类能够相互交流信息的能力，使他们可以把过去、现在和未来连接起来。符号便于生活，促进交流。就符号化的标志而言，它最早可以追溯到原始时期，原始人在一些物品上篆刻的一些标记，以及洞穴中的壁画，都可以认为是人类符号化生活的实践。商标不是与生俱来的，而是人类社会发展到一定时期的产物。早期的标志是一种"所有权标志"，它是表示所有权的依据。发展到后来，政府和行会的控制也使商标成为一种"责任标识"，它是追溯瑕疵产品责任的依据。在欧洲，拜占庭帝国要求在贵重金属制品上实行强制标记。❷ 商标只是一种政府和行会管理的工具，此时的商标没有标志和区别的属性。商标的使用是一种义务，是中世纪行会的强制要求。

随着行会逐渐退出历史舞台，商标逐渐从人身属性发展到财产属性。工业革命导致生产规模化，交通工具的发展使得区际贸易逐渐兴盛，此时的商人便具有了使用商标以便实现区别他人商品的内在激励。早期的管理标志与现代商标具有本质的区别：前者确定生产者，而后者区别不同的商品，商品可以拥有一个完全不同于生产者的身份。❸ 商标从生产者身份中解放出来，生产者可以对商标进行投资以实现规模化的效果。同时，消费者也开始将商标作为一种表明商品来源的标志，并进而根据商标选择表明一定质量品质的商品或服务，现代商标的来源功能、质量保

---

❶ 卡西尔. 人论 [M]. 甘阳, 译. 上海: 上海译文出版社, 2004: 37.
❷ 余俊. 商标法律进化论 [M]. 武汉: 华中科技大学出版社, 2011: 49.
❸ 邓宏光. 商标法的理论基础——以商标显著性为中心 [M]. 北京: 法律出版社, 2008: 45.

证功能和广告功能便形成了雏形。商标的性质从早期作为"责任标志"转变为"表明一定质量水平的指示器"。在这一过程中，商标的财产属性逐渐被认同。

1862年，英国谢菲尔德法案赋予权利人凭借商标注册证明提起侵权之诉的权利，从而减轻了原告证明商标显著性的负担。1875年英国颁布的商标注册法第11条规定："商标由下列必要成分组成，即：以特殊或显著的方式印制图案、标记、个人姓名或企业名称；个人或企业的书面签名或书面签名复制件；显著的标签或票证；此外，在本法通过之前已经作为商标使用的任何特定而且显著的文字或者数字、字母的结合，可以根据本法予以注册。"后世的商标法也以此为基础保留了显著性要件。

一、商标本质功能的集中体现

从符号学（Semiotics）视角观察，显著性体现了商标最本质的功能。符号学是研究符号规律的科学，它重点研究符号的构成、表意方式和交流方式。现代符号学是20世纪60年代后以法国和意大利为中心发展至欧洲各国的。符号学开始运用于法学领域是在20世纪下半叶，而运用到商标研究中则是近几年的事。法律对商标进行保护本身即意味着法律对于符号心理功能的认可。由于商标本身就是一种符号，因此符号学对于商标法不仅是一种研究方法，还具有本体上的意义。可以说，商标法在本质上就是一种符号规则，在商标法学领域，符号学分析构成其他研究方法的基础和前提。符号正是利用一定的媒体来代表或者指示某一事物的东西，其目的是传递意义。一个图形、一组文字、一个声音或者一种思想文化等都可以构成一个符号。符号有两类典型的结构：一类是瑞士语言学家索绪尔提出的二元模型，由能指和所指构成；另一类是美国哲学家皮尔士所主张的三元结构，包括能指、所指和对象。能指是符号中具有物质形式的部分，即意象、客体；而所指是符号所表示的概念，能指与所指实质上就是符号的形式和符号的内容，它们之间的关系即是符号的意指作用。符号的意义即由此而生。

作为典型的符号，商标由能指、所指和对象构成，分别对应于商标标志、意义与所附着产品。没有天生的商标，符号本身并没有自己的绝对意义，它们的意义是在与其他存在物相联系时得以固定的。所以只有当一个符号被专门用来代表特定商品，承载该商品的有关信息，并把商品信息传达给消费者时才能称之为商标。从传播学与心理学的角度分析，一个符号所能表达的信息量以及信息传递的效果是由符号自身的"吸引力"以及受传者的认同心理所决定的。符号自身的"吸引力"在商标研究中表现为商标的固有显著性，也就是商标的"能指"部分所体现出来的独特性，它是商标获得显著性的有利条件，但并非商标真正的显著性。[1]必须经过"意指化"过程，即市场营销和广告宣传，能指、所指与对象三者间的特定联系才能得以固定，作为商标的符号才能发挥其指示出处的作用。标示与区别是一枚硬币的两面，商标真正的显著性，即实际的区别能力也由此获得。不管是二元结构还是三元结构，能指与所指都是符号的主干结构。由于符号自身并无绝对的意义，能指与所指完全依赖于意指过程。所以在不同的时间和空间，随着语言、文化等社会因素的改变，符号的意义及其指涉物也会发生变化。商标功能的发挥有赖于消费者对商标的心理认同。商标具有显著性，能够区分商品的不同生产者或销售者，即商标的能指与对象明确清晰，不会使消费者分不清商标的所指。但是，作为一种典型的符号，商标与其所指涉的商品及其出处之间的联系也不是一成不变的。这也是商标显著性为什么会随着时间、空间的变化而有所消长的原因所在。

法律之所以要求商标标志必须具备显著性，是出于多方面的考虑：

---

[1] 杜颖. 商标法混淆概念之流变 [M] // 李扬. 知识产权法政策学论丛. 北京：中国社会科学出版社，2009：185-195.

其一，对于某个商标的首次使用者而言，如果其他人使用的商标与该商标过于接近，则首次使用者可以后使用者的商标不具备显著性为由提出异议；其二，在于反对独占市场上的普通词汇或者描述性词语，这类似于禁止授予总括式商标权的政策。

自商标产生以来，商标的功能就处于不断的发展与扩张之中。商标的最原始功能是表明商品生产者，以便明确商品的责任主体。当使用某种标记的商品始终具有恒定的优良品质时，消费者便会将该标记作为优质商品的象征；因此，生产者需要对附着该标记的商品进行严格的质量控制，特别是当使用同一商标的商品由众多生产者生产（如工厂化生产或行会会员共同使用同一商标）时，它就成为行会会员控制其合作者质量的重要手段。一个商标被消费者广泛接受，意味着附着该商标的商品拥有广泛的或者潜在的市场，它能够给商品的生产者带来竞争优势。因此，生产者对商标的培育就不再满足于通过商品质量或售后服务的手段来积累商标信誉，而是采取更加积极主动的方式来打造商标，扩大商标的知名度和市场影响力。在经济全球化和贸易自由化的经济环境下，商品流通不存在区域限制，生产者通过自由竞争可以将自己的商品输送到全世界。由于商品种类的增多与选择的增加，消费者区别商品生产者就变得愈加困难，这进而形成了认牌购物的必然趋势。如此一来，对于国际性驰名商标而言，经营者的实力和财富不再只是以其工厂的规模和产品的数量来表示，而是包括商标在内的知识产权日益成为其财富与实力的象征。

关于商标的功能，学者们有着不同的认识。有学者将商标的功能归纳为4个方面：第一，区别同一种或同一类商品的不同生产者；第二，促使生产经营者明确责任，便于消费者对商品质量进行监督；第三，便于广告宣传，推销商品；第四，增强商品的竞争能力，使生产经营者们开展正当的竞争。而有的则认为商标具有标示商品来源，监督商品质量，指导商品选购，商品销售的广告等4项功能。❶ 还有的学者对此作进一步的分析，将商标的功能分为基本功能和延伸功能：识别功能、区别商品和服务来源的功能、商品的品质保障功能是商标的基本功能；企业形象拓展功能、商誉积累功能、独立价值形态的无形资产功能则属于商标的延伸功能。商标固有功能的形成与不断扩张，是市场经济发展的客观要求。它不仅是商标使用过程中自然演化的结果，更是商标所有人精心培育的产物。经营者与消费者的共同需要促成了商标功能体系的形成。消费者需要生产者提供一种容易识别的标记，使自己能经常买到可以信赖的生产者的商品。同样，生产者当然也希望消费者能牢记自己的商标，可以每次购买自己的商品。然而，这种局面的出现，虽然是系于消费者和生产者的共同需要，但消费者和生产者在本意上是不完全相同的。

二、商标显著性的内在结构与混淆、淡化的关系

法以社会现实为调整对象，所以，社会现实是第一性的，法是第二性的。❷ 而商标显著性与混淆、淡化的关系，同样遵循社会与法的顺位关系。根据美国学者巴顿·毕比（Barton Beebe）教授对商标所进行的符号学分析，商标显著性可分为来源显著性与区分显著性两大类。此种划分的意义在于，对商标来源显著性的确认是某一商标能否获得法律保护的基本前提，而商标究竟能够获得多大范围的保护则取决于其显著性的强弱。由此，法院在认定被告的侵权责任时应当分两步走：其一，查验原告方的商标有无来源显著性，以确定其受保护的适格性；其二，法院还应就商标区分显著性的强弱进行确认，以此判定被告方的行为有无与原

---

❶ 邓宏光．商标混淆理论的扩张［J］．电子知识产权，2007（7）．
❷ 李琛．法的第二性原理与知识产权概念［J］．中国人民大学学报，2004，18（1）：95-101.

告方的利益冲突。❶ 毕比教授主张的来源显著性与区分显著性，是与笔者所主张的商标显著性内部结构中商标与企业、商标与商品/服务之间相互对应；因此，本书所主张的商标显著性，按照商标内部结构，可分为来源显著性与区分显著性。但是在认定侵权责任时，笔者并不赞同毕比教授的观点，而应根据商标显著性的现实情况，来作相应的法律判断。

（一）商标区分显著性与混淆的关系：普通商标

从广义上理解，商标的来源显著性应包括商品/服务的提供者与产地的信息。在工业革命之前，商品/服务的提供者，其规模因生产资料限制，而局限于某一区域的商品/服务的供给。因此，商品/服务的提供者与其供应地/产地之间存在对应关系。有学者以历史演进的路径，认为在19世纪下半叶，要想获得法律保护，商标必须能够标示出其所附着的真实的、具体到人的出处。这种严苛刚性的出处观反映了早期商标法的特点。在前工业化时代的欧洲，要求商人们必须使用生产标志，其目的不仅是控制竞争，还在于追究缺陷生产者或销售者的责任。与其说那时的商标是一种资产，还不如说是一种责任。❷ 因此，此时的商标与商品/服务提供者之间的对应关系，本质上是一种责任指示关系。工业革命的爆发，不仅是"人类历史的分水岭"，❸ 也是商标法制的分界线。工业革命促进了生产技术、交通方式、营销策略的大变革，改革了商品的销售规模与形态，最终致使经济生活的日益复杂化。生产商为扩大商品销售范围，唯有通过商标的媒介，才能越过经销商的肩膀，直接与消费者建立起联系。同时，贸易的发展与扩张，也逐渐拉大了生产商与消费者之间

---

❶ Barton Beebe. The Semiotic Analysis of Trademark Law [J]. 51 UCLAL. REV., 621, February, 2004.

❷ 彭学龙. 商标法的符号学分析 [M]. 北京：法律出版社，2007：166.

❸ 道格拉斯·C. 诺思. 经济史上的结构和革命 [M]. 厉以平，译. 北京：商务印书馆，1992：180.

的距离，而商标正是弥补这一距离的有效手段。❶ 以贸易全球化为例，商标权人鉴于成本收益的考量，选择在优势地区选择新建子/分公司或者特许商的方式，来生产、供应旗下商品/服务，推广其品牌，并占领市场。面对最初商标权人所在地与提供地之间对应关系的分离，商标来源显著性中的产地来源指示日益弱化，以致瓦解。正如在 Scott Paper Co. v. Scott's Liquid Gold 案中，法院如是判决："事实上，消费者并不知晓商品/服务来源的唯一性（the identity of that source）。"消费者甚至不在乎其所购买的商品/服务产自何处，但其信赖的是商品/服务与商标之间的对应关系，即便商标所有权人发生转移。因为消费者认为控制商标的人，负有维持商标、商品/服务与企业之间内在关系稳定的义务。表面看来，这种区分过于琐细，但就商标与商品/服务的联系而言，这种精准的区分却是至关重要，正是这一点造就了现代商标的生产属性。按此逻辑，商标内置信息的表达，往往跳过了商品/服务提供者的真实产处，只要商标与商品/服务的对应关系依旧符合消费者记忆逻辑，商标便能够散发购买引诱力。从商标显著性"三位一体"的内部结构分析，就普通商标而言，商品/服务的提供商与商标之间的对应关系，即商标（狭义的）来源显著性尽管客观存在，但它的客观性并没有被消费者所知悉。这种行为在理论上被称为"匿名出处理论"。该理论显示，为了获得商标法保护，商标只需要标示出单一尽管可能是匿名的出处即可。商标向消费者所传递的，并非相关商品源于其特点与个性为消费者所熟知的某个确定出处，它只是向人们表明，附着该商标的商品/服务出自同一并很可能是匿名的出处。❷ 因此，现实的有选择性认知造成了商标显著性内部结构被压缩，进而呈现单一的"商标—商品/服务"的对应关系，即区分显著性。

在商标法中，"出处"一词已经成为一种法律拟制，由此而留下的真

---

❶ 余俊. 商标法律进化论 [M]. 武汉：华中科技大学出版社，2011：67-69.
❷ Frank I. Schechter. The Rational Basis of Trademark Protection [J]. 40 Harv. L. Rev., 1927 (813)：831.

空只能由商品/服务本身填补。如果从立法条文解析商标本质，可以十分简明扼要地勾勒出，"凡具备区别功能的任何商业标志都是商标。"如TRIPS第15条第1款规定："任何标志或标志的组合，只要能够将一企业的商品/服务区别于其他商品/服务，即构成商标。"英国商标法第1条明确规定："商标是指能够将一家企业的商品/服务与其他企业的商品/服务区别开来的，可用图画的方式加以表现的任何标志。"因此，在商标显著性没有到达驰名商标之程度时，商标只要满足区分显著性即可。❶ 就混淆标准而言，基于现实商品/服务的出处不一定被知晓，因此判定商品/服务来源混淆的标准就应被淡化，而区分混淆应当被视为唯一的考量指标。❷ 如果以消费者立场（尽管消费者理性是法官内心所秉持的理念）来判断是否构成混淆，在逻辑上也应当立足于消费者所真正能够关注到事实，即商标与商品/服务之间的对应关系——区分显著性，而不是毕比教授所主张的将来源显著性作为商标受保护的适格性要件。由于混淆理论立足于保护消费者免于混淆，法官在司法实践中基于内心理性消费者的认知能力，从商标标志、商品/服务种类等角度来判断是否构成混淆；这种分析方式是虚设消费者的理性，来做客观要件的比对。但在实质上，是法官根据具体情况和自己的经验，通过比较冲突的商标及其使用的情况，认定混淆可能性。❸ 再则，消费者并没有意识到商标来源显著性的存在，法官却判决近似商标的使用会导致来源混淆；如此一来，与"混淆

---

❶ 但是需要注意的是地理标志；TRIPS第23条第1款规定："各成员国应为利害关系人提供法律措施，以制止用地理标志去标示并非来源于该标志所指的白酒与葡萄酒，即使在这种场合也同时表示了商品的真正来源地，即使该地理标志使用的是翻译文字，或即使伴有某某'种'、某某'型'、某某'式'、某某'类'，或相关表达方式，也均在制止之列。"

❷ 虽然主流学说一致认为，商标混淆包括来源混淆与区分混淆；但是没有对两者在现阶段是否有实际存在的必要或者两者的重要程度，做一番论述。

❸ 孔祥俊. 商标与不正当竞争法 [M]. 北京：法律出版社，2009：278.

标准"预设的消费者中心主义发生了偏离。❶ 笔者认为混淆是使商标显著性受到损害的表现形式之一，如果以显著性受到损害之虞作为侵权判定标准，就可径行比对权利人所拥有的商标与其实际的商标使用情况，从而避免混淆理论逻辑与现实相违背的情形。

（二）商标显著性与淡化的关系：驰名商标

商标淡化的基点是，除了规制相同商品/服务上使用相同商标外，在于非同类或非类似的商品/服务上使用他人驰名商标或与驰名商标实质性相似的商标，虽然不会造成混淆之虞，却是降低了驰名商标指示来源与区分商品/服务的能力。与混淆标准不同，淡化作为一种不正当竞争行为，在定义上不与消费者产生关系；它立足于商标权人的商标的能力，即来源显著性与区分显著性。虽然谢克特教授在其著作中提及标志被模糊的现象，并没有明确使用淡化的概念；但是，他已经意识到在完全不相关的商品/服务上使用具有强显著性的商标，会对商标权人造成损害。"通过在非竞争性产品上使用商标，让公众在头脑中记住了这个商标，这实际上是对商标唯一性的缓慢削减或者分散。"换言之，这是对商标来源显著性与区分显著性的缓慢分散。

就驰名商标弱化（模糊）而言，似乎存在一种强商标弱化的悖论："商标显著性越高，混淆可能性越大。这种看法令人吃惊，因为一般说来驰名商标更容易与其他近似商标区别开来。"依美国所做一项社会调查发现："因消费者在其记忆中牢牢地将商标与商品/服务捆绑在一起，以至于很难再使消费者从记忆中剥离，或者再创设新的商标与商品/服务之间

---

❶ 同样，在认定商标混淆时，按照 TRIPS 第 16 条第 1 款的规定，若对相同的商品/服务使用了与他人相同的标志，则推定存在混淆可能性，并以此为基础，认定构成对商标权的侵害。这种武断的认识忽略了一种现实生活中常见的一种情况，有时尽管行为人在相同商品/服务上使用了与注册商标相同的标志，但消费者并没有造成混淆。

的捆绑联系。因此，极强的商标是不会被弱化的。"❶ 然而，此调查语境下的"极强商标不会被弱化"，应当是指消费者心中该商标所指向的商品/服务的对应关系，是不会被扭曲；即使他人将该商标用于不同种类商品/服务上，消费者也不会松散商标与商品/服务之间的捆绑（对应）联系。但是该论断缺乏一种期间限制，长时间将驰名商标用于非相同或类似的商品/服务上，必然会影响到该商标与商品/服务之间的对应关系，致使该商标逐渐脱离甚至失去与某一特定商品/服务的联系。

笔者认为，在淡化体系下，极强商标的来源显著性与区分显著性的重要性是不相同的。当代企业往往倾向于商标跨行操作，利用商标在原市场积累的商誉进入另一个不同的产品市场，这已经使消费者习惯于见到某商标出现在与其一贯形象完全不同的商品/服务之上。虽然企业的此种操作方式存在商标自我弱化的风险，但是实际上，淡化体系下"产品"的概念与上述"出处"的概念一样，属于一种法律拟制。它代表了一系列既可能相关又可以毫无相关的商品/服务，而它们的共同之处在于，每一件/种商品/服务上都标有同一商标，以表明所有商品/服务均来自某一"出处"，即商标与企业之间的对应关系。只有这样分析，才能符合淡化是对不正当竞争行为的规制，是对他人损害商标权人商誉可能性的规制。

三、私权救济模式的回归

从商标权的性质来讨论侵害商标权的认定标准，这一认识并不新鲜。孔祥俊先生在其著作中就着重提出，我国在认定商标侵权行为时应当依据商标的固有权利，从商标的功能入手；并认为商标的基本功能对商标侵权的认定具有基础作用。在此基础上，孔祥俊先生将侵害商标权的行

---

❶ Maureen Morrin, Jacob Jacoby. Trademark Dilution: Empirical Measures for an Elusive concept [J]. 19 J. PUB. POL & MARKETING, 2000 (274): 265.

为划分为直接妨碍商标功能的侵权行为和延伸的商标侵权行为。❶

将商标的基本功能作为认定侵害商标权的基础准确把握了商标法的内核，但其不足的是带来了一定的不确定性，商标的基本功能包括哪些？区别、宣传、表彰还是质量保证？商标功能的不确定性将导致认定侵害商标权的行为的不确定性。为此，我们着眼于商标的本质即显著性，认为"显著性受到损害之虞"是侵害商标权的判定标准。美国学者斯凯特（F. Schechter）于1927年曾在一篇重要的论文中指出，现代商标的价值依赖于其销售力（selling power），决定销售力的就是商标的唯一性（uniqueness）或者特殊性（singularity）。商标的保护范围就决定于这种唯一性或者特殊性的程度。❷

现代学者更愿意把商标的本质表述为显著性而不是斯凯特所谓的唯一性或者特殊性。但我们认为，从商标的本质来确定商标保护标准的思路仍然具有启发意义。尽管有的学者已经从显著性方面讨论了商标法的保护基础，但其主旨没有集中于商标权人。❸ 与此不同，我们认为商标法是商标所有人主义的（trademark owner oriented），保护商标权人是商标法的第一要旨。在这样的进路下，我们认为"显著性受到损害之虞"是侵害商标权的认定标准。显著性不是一个本体，不是一个客观的陈述，而是企业、商标与商品/服务之间的关系。当我们表述一个商标是否具有显著性时，并不是说这个标示本身是否具有显著性，而是说这个标示和商品联系在一起是否具有显著性。例如，"苹果"这个词不具有显著性，但当它用于电脑或者手机上时就在同类商品中具有了显著性。一方面，显

---

❶ 孔祥俊. 商标与反不正当竞争法：原理和判例 [M]. 北京：法律出版社，2009：310-312，170-171.

❷ Frank I. Schechter. The Rational Basis of Trademark Protection, Harv. L. Rev [J]. 1927 (40)：813-865.

❸ 参见邓宏光. 商标法的理论基础——以商标显著性为中心 [M]. 北京：法律出版社，2008. 如该书作者认为，商标法的第一立法宗旨是"维护消费者利益"。在我们看来，这样的认识就偏离了显著性。因为，显著性是指向商标的，是以商标权人为导向的。

著性暗含了一个比较的框架，是和其他企业生产的产品或者服务对比而言的；另一方面，显著性又表明了商标与企业的关系，它指示了商品的来源（企业），并区别了同类产品或者服务（商品）。在这个意义上，简单地认定某个标示是臆造的、任意的，进而认定其有无区别能力是武断的。

把"显著性受到损害之虞"作为判定侵害商标权的标准的另一个理由是，它可以统合商标法的基础。按照混淆标准，其依据的主体是消费者；按照淡化标准，其依据的主体是商标所有人。这样，在商标法上就存在两个角度不同的判定侵权的参考系，其结果是造成商标法基础的混乱不一。更重要的是，在认定商标的混淆时，按照TRIPS第16条第1款的规定，若对相同商品或者服务使用了与他人形同的标志，则推定存在混淆的可能。并以此为基础，认定构成了对商标权的侵害。这种武断的认识忽略了一种现实生活中常见的一种情况，有时尽管行为人在相同商品或者服务上使用了与注册商标相同的标志，但消费者并没有造成混淆，如行为人在价格、产地等方面明示，消费者根本不可能混淆。知假买假就是这种情况。例如，在我国的南方某市的港口市场上，英纳格手表售价200元，一般的消费者显然不可能把其当作瑞士生产的手表。❶但这种行为仍然应当认定为侵权，理由就是，英纳格这个商标的显著性降低了。还有，某家汽车公司只做高档产品，如BMW，如果有个消费者把BWM汽车的标志用在自己的质量低劣汽车上使用，显然不属于我国2013年《商标法》第57条第（5）项的反向假冒行为，也不是对驰名商标的弱化，但仍然降低了BWM的显著性。如果满街的车上都贴上了BWM，

---

❶ 经济学家张五常就认为，假货给消费者造成混淆的可能性就非常小，原因在于，市场会给消费者以保护。参见张五常．打假货是蠢行为吗？［EB/OL］．［2009-12-10］．http://blog.ifeng.com/article/3514951.html.也正是在这个意义上，日本学者田村善之才指出，市场和法律之间在保护民事主体权益方面的竞争性。参见田村善之．知的财產法［M］．东京：有斐阁，2003：9-13．

BWM这个标志所彰示的高贵品质荡然无存。❶ 这种行为与阅读盗版书的差异在于，前者具有一定的公共性，影响了BMW的潜在消费者，使BMW的显著性降低。在这个意义上，我们认为，行为的性质与行为人是否与商标所有人之间存在竞争关系并无必然联系，重要的是后果。

把"显著性受到损害之虞"作为判定侵害商标权的标准预示了救济模式的转变。在以混淆为侵权认定标准的前提下，考量的是消费者，把消费者当作受害人。按此逻辑，行政保护就是应有之义。在现阶段修改商标法的讨论中，诸多的呼声是减少行政救济。这类呼声的主要理由是，商标局是国家机关，靠纳税人的税收维持运转，如果过多地采纳行政救济，就会得出用纳税人的钱帮助商标权人维权的结论。仔细考量，这样的分析并不成立。如果防止给消费者造成混淆作为判定侵害商标权的标准，其结论显然是商标法的消费者主义。众多消费者的利益显然可以构成公共利益。❷ 为什么不能行政保护？经济学家许成钢和卡塔琳娜·皮斯托认为，由于法律是内在不完备的，仅仅依靠法院阻吓违法的被动式执法有时是次优的，必须通过其他的立法和执法方式进行矫正。他们通过模型得出结论，在损害行为标准化程度高，而且预期损害的外部性大时，采纳主动的监管者执法模式就是最优的。❸ 行政保护就是监管的一种方式。因此，如果以消费者混淆作为侵害商标权的认定标准，行政保护就是有效率的。与此相反，我们认为，侵害商标权的判定标准是"显著性受到损害之虞"，这时法官就可不以消费者为考量的标准，而径行判定行为人的行为是否降低了商标所有人商标的显著性。如果一个行为降低了

---

❶ 至于这种行为是否应当向商标所有人赔偿则是另一问题。仔细分析这类问题要复杂得多。我们并不是说这种情况都构成了侵权，而是认为要综合考量商标所标示的产品的档次、价格等实际情况进行个案分析。

❷ 关于公共利益的构成与判断，参见陈新民. 德国公法学基础理论（上）[M]. 济南：山东人民出版社，2001：第5章.

❸ 许成钢，卡塔琳娜·皮斯托. 不完备法律：一种概念性分析框架及其在金融市场监管发展中的应用[M] //吴敬琏. 比较（第3辑）. 北京：中信出版社，2002.

商标的显著性，他应当向商标权人赔偿；如果该行为同时还给消费者造成了混淆，使消费者蒙受损失，则消费者可以通过向有关部门投诉或者通过起诉获得救济。

将侵害商标权的判定标准界定为"显著性受到损害之虞"还可以在学术研究上有效地分配资源。在以混淆作为判定侵害商标权的标准时，诸多的学者和实践部门的研讨人员多把精力置于消费者的研究上，如研究消费者的偏好、消费者的心理、何谓混淆的可能性等；❶而忽略了对商标本身的研讨，忽略了对商标条件和显著性的研讨。在我们看来，研究消费者的心理与偏好等更应该属于经济学、心理学、消费者权益保护法等领域的任务。当然，这并不意味着我们赞成界限分明的学术隔离，但从经济学上看，合理的学术分工是产生优质产品的必要条件。

第三节　商标显著性的度量

一、商标显著性与销售力的关系

斯凯特认为，现代商标的价值并不在于识别商品来源，而在于创造购买力；这种购买力来自公众的心理，它不仅取决于使用商标的商品的价值，还取决于商标本身的独特性（uniqueness）和单一性（singularity）；于相关或不相关的商品上使用这种商标会损害这种独特性或单一性；法律同样要对它进行保护，对它的保护程度取决于商标所有人通过自己的努力或者创造力使该商标区别于其他商标的独特性的程度。斯凯特还引

---

❶ See Thomas R. Lee, Glenn L. Christensen & Eric D. DeRosia. Trademarks, Consumer Psychology, and the Sophisticated Consumer [J]. Emory L. J, 2007-2008 (57): 575.

用德国的案例佐证自己的观点。一家生产钢铁的公司使用了漱口药的商标。尽管消费者不会认为生产漱口药的这家公司开始生产钢铁了，但德国法院认为，消费者由此商标会联想到漱口药，并进而认为以同样商标销售的任何一种商品都有同样好的质量。如果每个人都用这种商标识别其提供的商品，该商标就会丧失购买力。❶ 斯凯特的观点，直接阐明了商标显著性与销售力之间的关系。需要注意的是，商标本身的独特性和单一性，在商品最初进入市场时，确实能够因商标的独树一帜而吸引顾客，但这不能保证商标标识的显著性有利于长久提升商标的销售力。依照商标法的传统经济学理论所依赖的前提，"可使用的商标实际上是无限的，因此，公司实际挑选的商标是不相关的。假如这一观点是错误的——假如在公众把某一商标与任何特定产品或服务联系起来以前，一些商标就比另一些商标受欢迎——那么，允许保护没有市场意义的商标就可能实质性阻碍竞争者进入市场。"❷

因此，商标真正的显著性在于商标—商品/服务—生产商三者之间的内在关系的稳定性。该内在关系的稳定性的强度就代表了销售力的大小。依上文所述，所谓销售力是商标的显著性对于消费者消费欲望和购买行为的激发能力与消费者对商标所蕴含信息的依赖度。它的衡量指标包括商品市场占有率、潜在市场开发能力与可能性、消费者的认可度、销售额等量化指标。在销售环节，销售力就是消费者购买负载商标商品的可能性。当某一商标具有极强的显著性（如驰名商标）时，消费者对商标的依赖能够节省搜索成本与选择索引，进而圈定消费市场与群体。而此等销售力是由具有有利联系的显著商标在消费大众的头脑中所形成的。如在 Mead 数据中心公司诉美国丰田销售公司案中，法官认为，LEXIS 商标在其消费者——即律师和会计师中具有"销售能力"，而在普通公

---

❶ Frank I. Schechter. The Rational Basis of Trademark Protection [J]. Harv. L. Rev., 1927 (40): 813-865.

❷ Stephen L. Carter. The Trouble With Trademarks [J]. Yale L. J., 1990 (99): 759-760.

众——即非消费公众中缺乏销售能力,但是这一事实不应剥夺其享有的第 368 条第 d 款规定的反淡化保护权。事实上,LEXIS 是一个能够被淡化的非常强的商标。由于需要通过想象、思考和感受要求才能把 LEXIS 和计算机化法律研究服务联系起来,消费公众也以独特的方式把它与产品来源联系起来。❶

二、商誉的损害与显著性的弱化

在假冒之诉中,商誉的损害是虚假陈述行为造成的。最直接的表现形式有两种:毁损(destruction)与剥夺(deprivation)。❷ 毁损,指的是被告假冒原告产品,而且产品的质量是有缺陷的。当被告将这些产品投向市场的时候,不明所以的消费者上当受骗后,降低了对原告产品的信任,导致原告的产品对其不再有吸引力。剥夺,也是指被告假冒原告,但是制造销售的产品的质量与原告相差无异,使得原告许多潜在的消费者流向被告,从而剥夺了本应属于原告的利益。从严格意义上来说,毁损才是真正的损害商誉的行为。不过,无论毁损抑或剥夺,其本质都是一种割裂原告与消费者之间的贸易联系,而这种贸易关系实际就是原告商誉的重要组成部分。

在实践中,原告在提起诉讼时只要能证明其商誉可能受到损害,就可以得到法院的救济。法院并不要求原告提供实际损害的证明,也不受限于同一行业或者同一地区的竞争者之间。例如,在 1972 年审理的❸ Annabel's v. Shock 案件中,原告 Annabel's 在当地经营一家夜总会,这家

---

❶ Mead Data Central, Inc. v. Toyota Motor Sales, U. S. A., Inc. 875 F. 2d 1026 (2d Cir 1989).

❷ Wadlow Christopher. The Law of Passing - Off: Mainwork: Unfair Competition by Misrepresentation [M]. London: Sweet & Maxwell, 2011: 255.

❸ Annabel's (Berkeley Square) Ltd v Shock [1972] RPC 838.

夜总会由于奢华的服务吸引各地名流前往，享有很高的商誉。被告在原告所在地开设了一家与其同名的私人保镖服务公司（escort agency）。当然，原告与被告并不存在任何的联系。原告因此向法院提起假冒之诉。法院在审理中认为，被告的服务在当地的名声并不好，而它明知原告在当地享有很高知名度的事实，仍然将原告的名称使用在其公司名称上的行为将会使得公众将其服务与原告联系在一起，对原告的商誉构成了潜在的损害。长此以往的话，原告的商誉将会受到伤害。因此，法院颁发禁令制止被告继续使用与原告相同的名称。

此外，商誉损害的表现形式还体现在商誉的淡化（dilution）。我们对淡化的理解很多都是基于美国后来的立法，实际上，淡化的概念早在假冒之诉中出现，并且淡化的范围不仅指商誉的淡化（dilution of goodwill），还包括个人声誉的淡化（dilution of a personal reputation）。在 Taittinger v. Allbev 案❶中，第一原告是一家法国的知名香槟酒家（Champagne），第二原告是法国国内香槟产区法定的行业协会，这个协会的工作就是专门负责监控香槟酒的生产质量和产地标记的管理。被告是一家英国生产饮料的公司，其在生产的饮料包装上标有"Elder Flower Champagne"标记。原告于是提起假冒之诉，要求禁止被告在其产品上使用"Champagne"标记。法院在判决中提到，被告的行为淡化了（dilution）原告的商誉，将会对原告的商誉造成很大的伤害。❷ 关于个人声誉淡化的情形，见我们前文提到的 Irvine v Talksport Ltd 案。❸ Laddie 法官在此案中将淡化的理论使用于著名的公众人物个人的声誉上，从而扩大了淡化的范围。但对于损

---

❶ Taittinger SA v. Allbev Ltd [1993] FSR 641.
❷ 原文是：On the facts of the instant case, there were serious issues to be tried in relation to the allegation of passing off since, inter alia, the dilution of the plaintiffs' reputation by the use by others of the word "Champagne in connection with beverages which were not in truth champagne, and which had no connection with champagne, could be a serious cause of damage to the reputation and the goodwill attached to the word "Champagne".
❸ Edmund Irvine & Tidswell Ltd v. Talksport Ltd [2002] 2 All ER 414.

害的证明，上述两家法院都重申了，在实践中要准确评估原告的实际损害是很困难的。不过，只要原告证明了它的商誉存在，以及由于被告的虚假陈述行为将会导致原告商誉存在损害的可能性，法院就将会据此颁发禁令，以防止这种不当结果的产生。

从心理角度分析，商誉是消费者对商标的评价。该评价是以商标的显著性为参考对象。依上文所述，商誉的损害，就其结果而言，是对商标显著性内在信息的一种破坏，是对消费者信赖基石的一种摧毁。无论是淡化（包括"纯粹的淡化"带来的搭便车行为❶）还是虚假陈述，都会使消费者产生质疑甚至摒弃商标的结局。商标显著性与商誉的正相关关系，不仅仅体现在显著性能够积累商誉，而且也体现在商誉的损害，给商标显著性带来的分散效应。

第四节　商标显著性与保护范围的关系

商标显著性和商标的权利范围密切相关。详言之，就是显著性越强，权利的范围就越大；显著性越弱，权利范围越小。正如美国联邦第二巡回上诉法院在 Nabisc 一案中所作出的判断一样，显著性是一个至关重要的商标概念。标识的显著性程度在一定意义上确定了商标内在要求的保护范围的层次。商标法律给那些最显著的商标预留了最强的保护。如果

---

❶ 有学者不认为"纯粹淡化"会导致商标显著性的降低，认为"如果消费者就商品来源发生了错误认识，而认为商标和著名商标权人有某种联系，事实上是不可能发生淡化的，因为此时在消费者的意识中，标记指向的是一个来源——著名商标权利人，不论消费者认为商品来源于一个提供者，还是认为商品的两个提供者之间有某种合作关系。即使发生了后种情况，在消费者那里留下主要印象的仍是著名商标权利人。这时，从逻辑上说，商标的显著性、独特性没有遭到淡化，反而是被强化了"。详细阐述，请参见杜颖．商标淡化理论及其应用［J］．法学研究，2007（6）：44-54．

从商标识别功能的变化来观察这个问题,则结论是非常明显的。随着商标从"一个不说话的售货员"演化为"一个不出声的宣传员和信使",产品概念主要由使用价值构成延伸到产品的附加价值和效益,如交货与信用条件、安装、服务和保证;商标从单一地区别商品或服务产源和标指其质量,发展到与产源相独立地运载企业的信誉。[1] 例如,我国《商标法》第11条规定:"下列标志不得作为商标注册:(一)仅有本商品的通用名称、图形、型号的;(二)仅仅直接表示商品的质量、主要原料、功能、用途、重量、数量及其他特点的;(三)其他缺乏显著特征的。前款所列标志经过使用取得显著特征,并便于识别的,可以作为商标注册。"第2款的规定是从立法上肯定了商标可以通过使用获得显著性。前款所列标志经过使用取得显著特征,并便于识别的,可以作商标的知名度越高,这说明引起联想的可能性越大,商标的保护范围就越大。

商标的显著性是根据物理识别性产生的,越是臆造的商标,识别性越强,与特定商品或企业联系在一起的特定性就越强,联想到某种特定商品的可能性就越高。例如,消费者看到苹果牌西服,则联想到苹果牌电脑的可能性,就不如消费者看到"KODARK"洗衣皂联想到KODARK胶卷的可能性高。如果从商标淡化的角度来看,商标的显著性越强,被淡化的可能性就越小。驰名商标或其他具有一定知名度的商标具有崇高的市场声誉,成了将消费者与某种商品或者服务联系起来的纽带和桥梁,一旦提及该商标,消费者首先就会联想到该商标所标志的商品或服务以及该商品或服务的提供者;同时,一旦提及某种商品或者服务,消费者首先联想到就是某个品牌的商品或服务,以及该商品或服务的提供者;甚至,一旦提及某个商家,消费者就会联想到该商家提供的商品或服务以及该商品或者服务的商标。但商标淡化行为削弱了商标的识别性,改

---

[1] Barton Beebe. The Semiotic Analysis of Trademark Law [J]. UCLA L. REV., 2004 (51): 621.

变了消费者的这种预期。商标的显著性越弱，例如用数字或叙述性词汇构成的商标，就越容易被淡化。尤其是那些经过使用获得显著性的商标，如果不及时加强它的显著性，严防被淡化，则很容易就会沦为某类商品的一般名称或任何商品都可以使用的一个普通标志。

第六章

侵害商标权行为的例外

第一节 合理性使用

一、指示性使用

（一）指示性使用的概念与构成要件

指示性使用（Nominative Use），指使用者在经营活动中善意合理地使用他人的商标，客观地说明自己商品用途、服务范围以及其他特性，与他人的商品或服务有关。商标指示性使用直接指向的是商标权人的商品或服务，但最终目的仍是说明使用人自己的商品或服务。商标指示性使用多出现于零配件贸易、维修服务行业以及其他消耗性产品的销售等领域，用以表示自己所生产的产品或提供的服务与商标权人的产品相适配，目的在于将商品与有关商品相匹配或兼容的信息传达给潜在消费者。指示性使用发端、成熟于美国的司法实践，特别是在 1992 年的 New Kids 案❶和 2003 年 The Beach Boys 案❷中得以成型。由于指示性使用往往是直接"再现"权利人的商标，若按照传统的混淆判断标准将导致指示性使用构成侵权的法律后果。这显然不合指示性使用的目的。事实上，指示性使用具有特殊性，需要法官针对指示性使用个案进行具体分析、比较。判断涉案的使用是否构成指示性使用，需要衡量三个要素：

第一，使用他人商标的必要性。第三人之所以能够使用他人商标，通常的理由是该行为可以降低消费者的搜寻成本。"经过长时间、大范围的使用，消费者会逐渐意识到这些标志可以像一个商标一样起到指明商品来源的作用"。❸ 作为一种识别标志，商标不仅表明商品或服务的来源，而且"具有很强的代表、指示或表示的作用"。❹ 这使商标成为社会交流不可缺少的词汇，例如在交流购买何种物品时，将不可避免地涉及特定的商标，否则他人就无法快速而准确地得知自己所购买商品或服务的特性。在市场交易中，特别是在维修行业和配件贸易中会不可避免地使用特定的商标，这种使用的目的是传递关于其商品或服务的真实信息，例如电脑厂家会在商品上粘贴"Intel Inside""Windows"等相关商标图样来说明其电脑所用的芯片和操作系统；手机电池生产厂家为说明电池兼

---

❶ See New Kids On The Block v. News America Publishing. Inc, 971 F. 2d 302 (9th Cir. 1992). 也有学者认为商标指示性使用可以追溯到 Prestonettes, Inc. v. Coty 264 U. S. 359 (1924). 该案并没有提出商标指示性合理使用，但在该案中最高法院确立的"说明真实情况"（telling the truth）标准，为法官在 New kids 案中创设商标合理使用原则提供了理论基础。

❷ See Brothers Records, Inc. v. Jardine, 318 F. 3d 900 (9th Cir. 2003).

❸ 黄晖. 商标法 [M]. 北京：法律出版社，2004：60.

❹ Century 21 Real Estate Corporation, et al. v. Lending Tree Inc., 425 F. 3d 211, No. 03-4700.

容的手机品牌而在生产的电池上粘贴"适用于诺基亚"或"For Nokia"的字样;汽车修理厂在招牌中标注维修范围时使用大众汽车的商标以指出提供大众汽车修理服务等。对必要性的认定不需要排除其他可替代性的表达方式,只要该使用是说明产品或服务时所必需的就已经满足必要性的判断标准。这一必要性的关键在于,使用者的真实意图传达了关于商品或服务的真实信息,而非恶意抢夺他人的商誉,并且该使用降低了消费者的搜寻成本。因此,在个案中分析指示性使用时,应当对使用者的意图进行考察,应当区分出哪些是必要性的使用,哪些是在抢夺他人商誉。

第二,使用的数量与形式。第三人使用商标的数量和形式对判定使用者的动机有着至关重要的影响。商标是标示商品或服务来源或出处的识别性标记,能够使相关消费者与他人商品或服务相区分。因此,即使在同一或类似商品或服务上使用相同或近似的商标图案或文字,若该图案或文字仅是说明商品或服务本身的真实信息,并且在使用自己商标的同时没有突出使用他人的商标,则该使用商标图案或文字的行为不构成商标侵权行为。换言之,为向消费者说明所提供的商品或服务信息,即使在交易过程中使用了他人的商标,但这种使用没有使商标发挥识别作用,也没有使相关消费者产生混淆,就构成善意、必要且合理的使用。商标指示性使用强调使用者在非商标意义使用的情形下有使用商标权人商标的自由,通过使用者的使用方式可以判断使用者的主观动机,判定其是否存在侵害他人商誉的主观目的,若不存在此目的则使用者有可能构成商标指示性使用。

第三,是否具有引起他人混淆的可能性。该要件与商标混淆判定原则之间存在复杂的关系。按照商标混淆理论,混淆是指被诉商标具有使一般谨慎程度的普通消费者误认为其所附着的商品来源于商标所有人或与商标权人存在联营、许可或赞助关系。❶ 商标混淆理论旨在禁止使用者使用他人商标把自己的商品或服务伪装成商标权人的商品或服务，简而言之，就是禁止他人在商标意义上使用他人商标。指示性使用仅仅是为了传达真实信息而使用他人的商标标识，即使存在相似并不一定会导致混淆。现实市场中的消费者是理性的、谨慎的，在购买商品时会对商品的性质、经营者有理性的认识，例如消费者不会把一个卖苹果的"apple. net"认为是苹果公司的网站。但是使用者不得使用具有迷惑性的文字使消费者误认为经营者与商标权人之间存在赞助或者认可关系，如经营者未经授权不得在招牌中使用"特约"字样。

  判断是否造成混淆，应从商标的本质功能出发，不损害商标显著性的使用行为不应当认定为侵害商标权。商标指示性使用的合法性基础就来源于此。判断是否侵害商标权的重要标准是商标的来源识别功能是否受到使用行为的侵害。商标作为一种识别性标志经过注册或使用获得了法律所赋予的垄断权，但是真正受到保护的是标志所具有的来源识别功能。因此商标法并没有授予权利人对其商标符号、图案、文字的垄断权，而是对商标权人在使用商标过程中所逐渐形成的商标来源识别功能，禁止他人恶意抢夺商标权人的商誉。前文中已经提到，指示性使用的使用者并不是在商标意义上再现商标权人的商标，而是为了描述、说明自己所经营的商品或服务的特性，不得已在必要且善意合理的情况下使用商标权人的商标图案或文字。这种再现的"商标"并没有发挥商标指示商品或服务的来源的功能，并没有恶意侵夺商标权人的商誉的目的，不会使相关消费者误认为使用者与商标权人之间存在特殊的关系。因此，指示性使用与混淆可能性是可以同时并存的，通过混淆测试只是证成商标侵权的第一步，并非全部。

---

  ❶ 彭学龙. 商标混淆类型分析与我国商标侵权制度的完善[J]. 法学, 2008 (5).

(二) 商标指示性使用制度的构建

我国关于商标指示性使用的最早规范性文件是国家工商行政管理总局1996年发布的《关于禁止擅自将他人注册商标用作专卖店（专修店）企业名称及营业招牌的通知》、1999年发布的《关于商标行政执法中若干问题的意见》。此外，1999年国家工商行政管理总局商标局发布的《关于保护服务商标若干问题的意见》中也涉及了商标指示性使用的相关规定。但是这些该规定仅是行政部门规章，法律位阶太低，规定也简单粗糙，对商标行政执法具有一定的约束力，但是在司法审判中仅仅可以参照适用，对司法裁判的影响并不很大。经过修订后的《商标法》依然缺少对商标指示性使用的明确规定。为了解决行政执法过程中的难题，2002年国务院颁布的《商标法实施条例》第49条对商标描述性使用作出了明确的规定，但未提及商标指示性使用。把《商标法实施条例》与国家工商行政管理总局的三个规范文件相对照，经分析可以发现，《商标法实施条例》缩小了不侵犯商标权的范围，把正当使用范围仅仅局限于在第一性含义上使用描述性商标。

2006年北京市高级人民法院发布的《关于审理商标民事纠纷案件若干问题的解答》对商标指示性使用作出了较为明确的规定。[1] 该司法意见不仅明确规定正当使用商标标识行为的构成要件，还特别指明"在销售商品时，为说明来源、指示用途等在必要范围内使用他人注册商标标识的"属于正当使用商标标识的行为，间接地对商标指示性使用作出了相对具体的规定。但是，北京市高级人民法院的司法意见只对其辖区内的法院商标纠纷审判具有指导作用，适用范围有限，不能在全国范围内形成统一的司法认识。当前，我国在司法层面发生的一些纠纷，如TOEFL

---

[1] 京高法发〔2006〕68号。

商标侵权案❶、FOR VOLVO 商标侵权案❷、TOTO 商标侵权案❸都在一定程度上涉及了商标的指示性使用。不过，由于我国在立法层面没有具体的规定，又由于我国不是判例法国家，致使各地法院的判决颇不一致。由于法官不能拒绝裁判，为解决司法实践遇到的类似案件，在我国立法不完善的前提下，借鉴外国法院的思维路径，具有一定的积极作用。具体而言，当法院遇到类似纠纷时，应主要把握以下几个问题。

首先，是否属于非商标意义上使用。商标的基本功能是彰显商品或服务的来源，这种功能是专属于商标权人的权利，即使指示性使用能够与一定程度的混淆可能性并存，但是这种能够并存的混淆是建立在使用者没有把他人的商标作为识别商品来源的标识之上。商标指示性使用是作为不侵权抗辩而提出的，指示性使用的判断直接影响商标侵权是否成立。由于二者的密切联系，被告侵权与否的判断标准反过来也是指示性使用判断的重要参考，使用者的行为不得使普通消费者对该商品或服务的来源产生混淆或误认。❹如今，市场上产品包装日益华丽，充斥着各种图案，其上不仅有经营者的商标，还有宣传广告及图样、背景装饰、企业形象等，使得判断何种图案构成商标使用存在一定的困难。因此，在使用他人商标对自己的商品或服务的特性进行说明时，为了杜绝消费者发生误认或混淆的情形，我们认为应要求第三人必须在自己商标上加注"®""注册商标"或"TM"字样表明自己所使用的商标，除此之外第三人应当在他人商标旁附加一定的说明，表明商品或服务来源于使用者与商标权人无关。这样不仅可以彰显使用者的商标，有利于创建自己的品牌，还可以满足商标指示性使用的判定标准。

其次，是否属于善意使用。在知识产权法中行为人的行为动机通常

---

❶ 北京市高级人民法院（2003）高民终字第1393号民事判决书。
❷ 上海市浦东新区人民法院（2005）浦民三（知）初字第40号民事判决书。
❸ 河南省高级人民法院（2003）豫法民三终字第02号民事判决书。
❹ 参见李明德. 美国知识产权法 [M]. 北京：法律出版社，2003：297.

不在知识产权侵权标准之内，版权法和专利法中判断行为是否构成侵权往往只考察行为人的客观行为即可。但是在商标指示性使用领域，行为人的主观动机对判断是否构成商标指示性使用具有直接的影响。从关于商标指示性使用的各国立法例来看，❶ 虽然各国立法使用的语言各不相同，诸如"正当、诚实使用""符合工商业的诚实惯例""以符合商业交易习惯之诚实信用方法"，使用的"善意"已是各国相关立法普遍明确的要求。此处的善意不同于传统民法上的善意，传统民法上的善意要求不知情，而此处的善意要求行为人不得有不正当竞争之目的。使用者使用他人商标仅仅限于说明真实情况、说明商品或服务的特点，使用方式应当符合正常、合理，符合商业惯例，不得采用非惯常表达方式，如故意突出与他人注册商标相同或近似部分。分析使用行为是否构成善意时可以根据其标识位置、字体大小、是否以明显引人注意的突出形式使用等具体情形加以判断。商标权人有权禁止他人在与其商品相同或类似的商品上使用与其注册商标相同或近似的商标，若在使用他人商标传达真实信息的同时能够附加特别说明，以凸显该使用仅仅限于对商品或服务的性质或特点的说明，则能认定其使用为"善意"。

最后，是否说明或传达真实信息所必需。商标指示性使用的目的是传达真实信息，即便是允许使用商标权人的商标标识进行说明，也不意味着第三人可以无限制、大量地使用商标权人的商标。"必需性"要满足两个条件，（1）若不使用商标标识难以准确描述商品或服务的性质或范围；（2）不得大量使用商标权人的商标标识。

---

❶ 参见美国商标法第33条，《欧共体商标条例》第12条，我国台湾地区"商标法"第36条，香港特区商标条例第29条。

二、描述性使用

（一）描述性使用的概念与构成要件

描述性使用（Descriptive Use），指使用者善意使用他人商标中的描述性文字或图形，目的并不在于指示商品或服务的特定来源，而是向公众提供商品或服务的基本信息。为了平衡商标权利益、竞争者利益与消费者利益，竞争者描述性使用注册商标的行为不构成侵权。2013年8月新修订的《商标法》第59条第1款规定：注册商标中含有的本商品的通用名称、图形、型号，或者直接表示商品的质量、主要原料、功能、用途、重量、数量及其他特点，或者含有的地名，注册商标专用权人无权禁止他人正当使用。由于描述性文字或图形是对商品或服务性质、原料、产地、质量、数量、种类、功能和用途等特点的直接描述，缺乏商标注册所需的显著性，因此不能作为商标加以注册。这种描述性的文字或图形只有经过长期使用取得原描述性含义以外的"第二含义"、获得作为区别性来源标识的显著性后，才能被注册为商标。这种获得第二含义后的注册商标，其商标权效力仅局限于第二含义上，商标的原描述性含义仍处于信息公有领域中，人们可以自由使用。因此，他人对注册商标原描述性含义的使用，商标权人无权禁止。正如美国法官所述：当原告选择将某个描述性用语作为商标注册时，就预示了其不能排除某些类别的竞争性使用，尤其是那些在非商标意义上使用商标描述性含义的行为。❶ 描述性合理使用的立法意旨在于，商标注册人不能将某一描述性用语作为其独占使用的权利加以限制，进而剥夺他人对自身商品或服务进行准确描

---

❶ United States Shoe Corp. v. Brown Group, Inc., 740 F. Supp. 196, 15 U.S.P.Q. 2d 1138, 1139 (S.D.N.Y. 1990), aff'd without op., 923 F. 2d 844 (2d Cir. 1990).

述的权利。❶ 一方面,允许商标注册人对描述性用语进行商业化垄断,将不恰当地增加其他竞争者进入市场的门槛,不利于公平竞争;另一方面,商标法既保护消费者依赖商标的来源指示功能,又允许他们获得替代性商品或服务信息,从而丰富消费者选择,降低消费者搜索成本。证成描述性合理使用,需要满足三个条件:第一,非商标意义上使用;第二,善意使用;第三,使用目的在于说明或描述自己的商品或服务。❷

(二) 描述性使用与混淆、误认的关系

对于描述性合理使用能否与混淆可能性共存的问题,实践中一直存有争议。一些法院和学者认为描述性合理使用以不存在混淆可能性为前提。❸ 例如,麦卡锡教授认为,"合理使用只是一种不会产生混淆可能性的使用类型之一,这种'抗辩'只有在此意义上才能成立。因为商标法的主要目的就是防止消费者混淆,所以存在混淆可能性就不再是'合理使用'"。❹ 在著名的 Microcolor 案之前,美国法院一直认为描述性合理使用抗辩的成立以不存在混淆可能性为前提。然而,美国联邦最高法院在 Microcolor 案中,一改以往的态度,认为即使存在混淆可能性,仍然可以证成描述性合理使用。❺ 事实上,描述性合理使用若以不存在混淆可能性为前提,既存在不可克服的逻辑矛盾,也不符合合理使用制度所追求的公平价值。

---

❶ New Kids On The Block v. News America Publishing. Inc, 971 F. 2d 302 (9th Cir. 1992).
❷ Sands, Taylor & Wood Co. v. Quaker Oats Co., 978 F. 2d 947, 951 (7th Cir. 1992).
❸ Cairns v. Franklin Mint Co., 292 F. 3d 1139, 1151 (9th Cir. 2002); PACCAR Inc. v. TeleScan Techs., L. L. C., 319 F. 3d 243, 256 (6th Cir. 2003).
❹ J. Thomas McCarthy, McCarthy On Trademarks and Unfair Competition [M]. Thomson, 2008, §11: 47.
❺ KP Permanent Make-Up, Inc. v. Lasting Impression I, Inc., 543 U. S. 111, 124 (2004).

第二节　商标共存

商标共存制度肇端于美国1916年和1918年两个著名的判例。在1916年的汉诺威磨制公司（Hanover Milling）案中，❶ 原告自1872年在面粉上使用"TEA ROSE"商标，到1912年起诉时，原告的产品已在俄亥俄、宾夕法尼亚、马萨诸塞三个州销售，被告自1904年开始在南方销售带有"TEA ROSE"的面粉，到诉讼发生时，其产品达至密西西比、亚拉巴马、佐治亚、佛罗里达四个州。法院经过审理查明，在1912年原告起诉时，被告并不知道原告已在北方使用该商标；双方当事人均在各自的地域范围内使用该标志，他们并没有进入对方的销售区域从事销售和广告，也就是说，当事人并没有在共同的地域使用该商标。基此，美国联邦最高法院认为，双方当事人对该商标的使用都属于远方使用（remote use），原告不能仅凭在先占有（prior appropriation）就排除另一个诚信、无辜的使用人在一个远方地区使用该标志。❷ "在常见的案件中，当事人在同一市场上使用同一标志，会存在竞争关系，在先占有显然可以解决这一纠纷。但是，如果当事人在同等级的产品上各自独立使用相同的标志，而且各自的市场总体上是彼此隔离的，在先使用在法律上就意义不大，除非能够证明在后的使用人在选择这一标志时有损害在先使用人之利益的意图。"❸

在普通法上，一个标志的在先使用人并不能在其经营范围和声誉之

---

❶ Hanover Star Milling Co. v. Metcalf, 240 U. S. 403, 60 L. Ed. 713, 316 S. Ct. 47 (1916).
❷ J. Thomas McCarthy. McCarthy On Trademarks and Unfair Competition [J]. Thomson, 2008: 26-30.
❸ Hanover Star Milling Co. v. Metcalf, 240 U. S. 403, 60 L. Ed. 713, 316 S. Ct. 47 (1916).

外垄断该标志。这一规则被称为蒂罗斯规则（Tea Rose Doctrine），它承认在一个法域内，允许两个或者两个以上的经营主体在各自的经营范围内，在相同的商品上使用相同的商标。在1918年的联合药品公司案（United Drug）中，❶原告于1877年开始在马萨诸塞州将"REX"标志用于药品上，到案件审理时，原告已在新英格兰地区（美国东北六州）的一些地方销售其产品。被告是肯塔基州路易斯维尔市的一个小药品商，于1883年开始在药品上使用"REX"标志，其产品从未超出路易斯维尔市。1912年前，双方基本是在各自的地域范围内使用该标志。自1911年，原告在路易斯维尔市建立了四个名为"REXALL"的药店，但在1912年4月前，从未在该市销售任何药品。1911年6月，原告知悉被告在路易斯维尔市使用该标志，于是在1912年4月首次将使用"REX"商标的药品运至该市进行销售，并要求被告停止使用这一商标。本案与汉诺威磨制公司案的不同在于，在先使用人已经进入在后使用人的地区，同一标志在同一地区出现了多个使用人。这一情形还适用蒂罗斯规则吗？在审理中，原告诉说，作为在先使用人，其业务已经合理地进入了在后使用人的地区，在后使用人的行为与其构成了冲突，不应适用蒂罗斯规则。美国联邦最高法院指出，原告并不能禁止被告在路易斯维尔市诚信使用该标志的行为，就路易斯维尔市而言，原告才是在后使用人。诚然，在全国范围内，原告是在先使用人。但是，他必须承担这样的风险：某些在遥远地区的不知情的当事人可能会碰巧使用这一标志，并建立起一定的信誉。❷ 若此，这些不知情的当事人就可以继续使用这一标志。1918年的联合药品公司案在一定程度上丰富了蒂罗斯规则的内容，之后，从这两个判例发展出来的规则被统称为"蒂罗斯—莱格特纳斯规则"（Tea

---

❶ United Drug Co. v. Theodore Rectanus Co., 248 U.S. 90, 63 L. Ed. 141, 39 S. Ct. 48 (1918).

❷ J. Thomas McCarthy. McCarthy On Trademarks and Unfair Competition [J]. Thomson, 2008: 26-29.

Rose- Rectanus Doctrine)。

  蒂罗斯—莱格特纳斯规则有其严格的限制条件：（1）该规则来源于普通法，在该规则形成之前，美国还没有全国通用的商标制定法；（2）它以使用为前提，反映了一定的使用哲学（philosophy of use）；❶（3）在后使用人在距离在先使用人的遥远地区先使用相同的标志；（4）在后使用人主观上是善意的。只有同时满足这四个条件，才允许同一商标的共存。著名的商标专家麦卡锡教授将这一规则的内容总结为，"在没用联邦成文法授予全国性权利的前提下，在先使用人如果没用通过广告、声誉、实际销售进入某一远方市场，他就不能抢先占有该市场。"❷这一规则再现了普通法上关于商标权是一种地区性权利的基本判断。该原则适用于未注册商标经实际使用所产生的区域性权利（territorial right），其核心要件是如何判断在后使用人的主观善意和遥远地区（remote territory）。❸ 1946年的《兰哈姆法》将普通法上的商标共存制度加以法典化，并试图建立通过注册的"推定通知"（constructive notice）来排除商标在后使用人的主观善意之抗辩。❹对商标共存制度的完善起至关重要作用的案件是唐·多纳特（Dawn Donut）案，❺该案详细阐述了如何平衡细微差异但又十分复杂的两个（以上）商标使用人之间的利益；同时，细化了蒂罗斯—莱克特纳斯原则的适用要件，明确了诸多考量因素。除了在司法层面之外，美国还于20世纪70年代制定了商标共存注册程序，由此改造了普通法视野下的商标共存制度。

---

 ❶ 曾陈明汝. 商标法原理 [M]. 北京：中国人民大学出版社, 2003：346.
 ❷ J. Thomas McCarthy. McCarthy On Trademarks and Unfair Competition [J]. Thomson, 2008：26-55.
 ❸ 有的判例主要讨论的是，如何判断在后使用人在遥远地区的使用，所以有时也把该要素称为远方使用（remote use）。
 ❹ David S. Barrett. The Future of the Concurrent Use of Trademarks Doctrine [J]. HASTINGS COMMENT L. J., 2001：691.
 ❺ See Dawn Donut Co. v. Hart's Food Stores, Inc., 267 F. 2d 358, 360 (2d Cir. 1959).

蒂罗斯—莱克特纳斯规则所确立的商标共存制度被 1946 年的美国《兰哈姆法》所吸收。该法第 2 条（d）款规定，"……如果专利商标局局长认为，两人以上使用相同或近似标志，依其使用标志的方式或地域或使用该标志的商品等条件和范围，其继续使用该相同或近似标志不会产生混淆、误认或欺诈时，并且，当他们于某特定时间前因在商业中合法共同使用某标志而有权利使用这些标志时，可以对这些当事人给予同时注册……若商标申请人或者注册人同意另一申请人共同注册的，则不要求该另一申请人于申请或者注册之前使用过某标志。若有管辖权的法院最终判定两人以上在商业中有权使用某相同或者近似标志，专利商标局局长也可授予共同注册。授予同时注册时，专利商标局局长应就准予各使用人使用某些标志的方式或地域或使用该标志的商品等规定相应的条件和范围。"与普通法上强调的商标共同使用不同，《兰哈姆法》表述的是商标的共同注册，但其核心依然是普通法上的蒂罗斯—莱克特纳斯规则。考量相同或者近似标志能否被不同的市场主体注册在相同或近似商品或服务上时，远方区域和在后使用人的善意依然是最重要的标准。也就是说，在商标共存的法律构造中，远方区域和主观善意是两个最重要的要素。

一、远方区域

远方区域要件规定商标的使用必须处于不同的、相隔较远的区域市场。在进行要件审核时，首先，需要验证该商标是否已取得全国性的注册；若已注册，则只需要考虑商标注册人是否已渗透到在后使用人所在区域。其次，需验证争议商标是否为"第二含义"商标，若未产生"第二含义"，也就不存在商标权；若已产生，则区域要件的分析与固有显著性商标一样。换句话说，远方区域这一法律构造测量的是，在后使用人是否于在先使用人市场之外使用某一标志，如果答案是肯定的，法律就允许这种使用。反过来,如果在先使用人的经营已经进入了在后使用人的区域,或者很有可能进入,则在后使用人就不属于在远方区域的使用(remote use)。显然,法官测量的是,在先使用人排他性权利的范围。就此而言,美国的判例法总结出了三种标准:即(1)市场渗透程度;(2)市场声誉范围;(3)自然扩张的区域。❶

(一) 市场渗透程度

市场渗透标准(Market Penetration Test)是测量商标使用区域的传统方法,它所要验证的是在特定区域范围内商标使用的程度,该程度的实质就是商誉的程度。换言之,市场渗透标准所要测量的就是商誉。❷ 为准确定位商标商业性使用的范围,市场渗透标准中商标法所保护的不同商业活动类型采用的是不同的区域范围解释范围,同时还考虑可能决定商品有效渗透到市场的所有因素。法院并未简单地把"最小限度或必要数量的销售"作为测量该标准的唯一指标,相反,在实践中,法院更愿意得到的是能够处理该区域真实存在混淆可能性的足够重大证据。❸ 在斯威达茨公司(Sweetarts)案中,美国联邦第八巡回上诉法院法官认为应从四个方面判断市场渗透程度:(1)商标在后使用人进入市场时,在先使用人的销售价值(dollar value of sales);(2)接受商标在先使用人服务的人数占总人数的比例;(3)在先使用人相关销售的潜在增长数量;(4)距离前一次该区域出现大规模销售(significant sales)的时间跨度。尽管撤销了美国联邦第八巡回上诉法院的判决,但上诉法院仍然强调了销售数量的作用,并补充说,对人数较少的州来说,人口数量分析的意义并

---

❶ William Jay Gross. The Territorial Scope of Trademark Rights. U. MIAMIL. REV. [J]. 1990 (44):1075.

❷ 此处需要说明一个假设前提,即商标使用人的商业活动所产生的商誉是可估量的。

❸ See Sweetarts v. Sunline Inc., 380 F. 2d 923 (8th Cir. 1967).

不大。❶

"斯威达茨公司案"中美国联邦第八巡回上诉法院提出的标准尽管影响较大,但并不是所有的法院都认可这些要素。比如,美国联邦第三巡回上诉法院就在"内特尔皮鞋公司案"(Natural Footwear Ltd.)否决了"斯威达茨公司案"提出的分析工具,认为应以时间要素与商品广告的数量作为判断的标准。❷ 在另外一则判例中,美国联邦第八巡回上诉法院又指出应把该区域的消费者所占的人口比例作为另外一种分析工具。❸ 尽管分析指数不同,但大多数法院在判断市场渗透程度时,还是重点强调销售与消费者数量。亦即,当商标在后使用人进入市场时,在先使用人的销量额和消费者的数量都较大时,在后使用人在该地域使用同一标志被认定侵权的可能性就较大;反之,就较小。

市场渗透程度是以客观物理世界为依托,它以界限明确的区域作为衡量单位。然而,互联网环境也给地域范围带来了难题,双方的网络商业行为很可能触及不在本区域的消费者。一些法院在网络市场的定性上,认为互联网只是物理市场上一个单独的销售渠道,并不是与物理市场相对应的虚拟市场。❹ 尽管如此,不同法院还是对网络渠道的有效使用提出了与物理市场不同的标准:一种标准要求网络销售渠道中有效的商标使用必须伴以大规模的销售与广告;❺ 另一种标准则认为大量公开性的使用即可。❻ 不同标准反映了销售数量与范围在认定市场渗透标准方面的不同

---

❶ See Sweetarts v. Sunline Inc., 436 F. 2d 705, 708 (8th Cir. 1971).

❷ See Natural Footwear Ltd. v. Hart, Schaffner & Marx, 760 F. 2d at 1399.

❸ See Wrist-Rocket Manufacturing v. Saunders Archery co., 578 F. 2d 727, 733 (8th Cir. 1978).

❹ See E. g., Big time Worldwide Concert & Sport Club at Town Center, LLC. V. Marriott Int'l, Inc., 236 F. Supp. 2d 791, 804 (2003).

❺ See Lucent Info. Mgnt. V. Lucent Techonogies, 186 F. 3d 311, 325 (3d Cir, 1999).

❻ See Brookfield Communications, inc., v. West Coast Entait Corp., 174 F. 3d 1036, 1053 (9th Cir. 1999).

认识。在衡量网络对物理市场的渗透影响时，除了内特尔皮鞋公司案确定的"广告数量"是衡量商誉的重要指标外，网站所提供的广告性质对建立市场范围亦有作用。

网络广告在性质上与日常交流颇为相似，我们可以按网站与消费者之间联系的主动程度，将网站划分积极型网站与消极型网站。积极型网站是商业交流的有力平台，它能人工化或自动化地与消费者进行"交流"，试图将商标推向消费者。消极型网站通常只是在网站上提供商品/服务的基本信息，它既不是商业销售的导管，也不是消费者与生产者进行交流的手段。❶两类网站的差异主要体现在消费者认识商标的程度上。尽管消费者的最初认识来源于网站提供的信息，但是对商标识别性功能的认识还需要商标不断地被贴附于商品上以及消费者对这种商品的消费。尽管网络是一种高效的传播和消费渠道，但更多的网络宣传仍旧需要客观上对商品/服务的交付，某一区域的商品销售数量依然是传统市场渗透标准的基础。在这个意义上，市场渗透标准的核心能够继续适用于网络环境下的商标使用。❷

（二）市场声誉范围

声誉范围标准（Zone of Reputation Test）是市场渗透标准的一个分支，是单一商标产品销售标准的常用手段，❸其目的是检验消费者将商标与相关商品/服务联系起来的程度。与市场渗透程度不同，商标使用人所享有的商誉范围还包括消费者已意识到商标所蕴含的商品信息但实际上并未在消费者的所在区域进行销售的情形。换言之，即使没有实际的产

---

❶ David S. Barrett. The Future of the Concurrent Use of Trademarks Doctrine [J]. HASTINGS COMMENT L. J., 2001: 691.

❷ David S. Barrett. The Future of the Concurrent Use of Trademarks Doctrine [J]. HASTINGS COMMENT L. J., 2001: 691.

❸ J. Thomas McCarthy. McCarthy on Trademarks and Unfair competition [M]. Thomson, 2008, § 26-10.

品销售，但通过消费者对商标所传递的商品信息的认同，经营主体也可建立自己的商誉。一旦消费者将商标与商品/服务联系起来，他人对商标的使用就可能产生混淆。声誉范围的测量指标并不是商品数量，而是广告数量与广告所产生的商标声誉。然而，问题的关键在于，经营主体在何种程度或范围才能有效建立声誉。美国联邦第十巡回上诉法院认为，全国性范围的广告和电子商务邀请函，才能在未销售区域建立有效的声誉。❶ 或许此准入门槛还有待商榷，但它明确指出了测量声誉范围需要考量广告的性质和渠道。

与其他任何传统媒介一样，网络广告也是消费者认识商标的重要途径。与传统不同的是，网络广告存在全球蔓延的特性。尽管绝大多数企业都愿意受到全球的关注，但不能因此而断言所有网站的目标群体都是全球购买者。多数网站锁定了特定的目标群，这表明全球浏览者（global viewers）与全球购买者之间并不等同。经营主体锁定目标群时会衡量商业性质、购买者性质与特征、全球点击者中本地点击的比例、本地购买者的数量等要素。❷ 因此，法院通常以网站的目标群作为经营者通过网络广告建立有效商誉的重要因素。尽管如此，鉴于互联网环境下测量经营者声誉范围的弹性较大，设立较高标准是较好的选择；否则，通过网络取得商标权就很快会与商标注册一样高效。❸

---

❶ See Western Auto Supply Co. v. Knox, 93 F. 2d 850 (10th Cir. 1937).

❷ David S. Barrett. The Future of the Concurrent Use of Trademarks Doctrine [J]. HASTINGS COMMENT L. J., 2001: 691. 关于如何锁定网站的目标群，很多人主张采用 IP 地址跟踪的方式。IP 地址是网站用户在客观世界的实际位置，但此位置所表现的数据并不一定能客观地反映声誉的范围，同一个人存在多个 IP 地址的实际操作的可能性。因此，一段时间 IP 地址的跟踪并不能与分析电视广告的范围一样具有实质性真实。只有要求点击网站的用户只存在唯一的 IP 地址时，对用户的物理位置的定位才是真实有用的。

❸ Benjamin Prevas & Xiaoyong Yue. Digital Turf Wars and Solutions Relating Concurrent Use in Cyberspace Context [J]. Wake Forest Intell. Prop. L. J., 2008 (9): 177.

（三）自然扩张范围

依上述市场渗透标准，商标使用人享有商标权的范围应按其产品的实际销售量来确定。然而，商业活动存在扩张的可能性。前期资金的投入，不仅为了占领和稳固已有市场，还要开拓潜在市场。潜在市场依标准不同，可分为关联市场与跨地域市场。前者侧重于商品/服务之间的关联性，由此产生"关联使用"原则（the related use doctrine）；后者侧重于物理范围的扩张，由此产生"自然扩张"原则（natural expansion doctrine）。鉴于本书所讨论的是物理层面的扩张，关于关联市场的扩张不再展开论述。通常来说，"自然扩张"原则默认保护商标在先使用人的利益，其默认的假设前提是理性经济人利益最大化的趋势。❶ "自然扩张"原则是商标在先使用人强有力的"矛"，而商标共存却是商标在后使用人坚固的"盾"。在决定"矛"与"盾"孰强孰弱时，法官通常斟酌四个方面的内容：（1）商标在先使用人实际使用区域与所要扩张区域之间的距离；（2）商业性质及是否已存在实际的市场渗透或声誉；（3）是否存在扩张的历史及扩张到所主张区域所需时间；（4）实现扩张是否需要特殊步骤或者说实现扩张是否符合逻辑程序。❷ 若详细解构上述四方面，自然扩张区域标准（Zone of Natural Expansion Test）是由商标使用的客观情形、商标使用人欲扩张的主观企图或计划以及在客观基础上实现主观目的的逻辑合理性共同组成。

在比垂克食品公司（Beatric Foods Co.）案中，法院就指出，如果一方提交有效证据证明其将来确实会扩张到该区域，且可能会因为在后使

---

❶ David S. Barrett. The Future of the Concurrent Use of Trademarks Doctrine [J]. HASTINGS COMMENT L. J., 2001: 691.

❷ J. Thomas McCarthy. McCarthy on Trademarks and Unfair competition [M]. Thomson, 2008, §26-23.

用人的进入而产生混淆可能性时，即可颁布禁令。❶ 然而，这样的分解方式也暴露出自然扩张标准的不足：(1) 该原则固有的不稳定性。商标在先使用人所享有的自然扩张权益只有当其进入商标在后使用人所在区域后才被明确。❷ 事实上，是否扩张或者意图扩张是商标在先使用人的主观意图，在后使用人根本无法揣测。倘若要求在后使用人在使用某一商标之前进行市场调查，并由此决定是否使用某一标志，无疑会造成在后使用人的高成本。(2) 如果在消费者还没有意识到某商标时，就赋予该商标以排他权，显然会造成虚构市场的情形。为此，美国《反不正当竞争法（重述三）》否决了仅依自然扩张标准来主张对某一地域范围享有权益的主张。❸ 在实践中，也有法官主张此时应倾向于保护商标在后使用人的商誉而非潜在的混淆，❹ 这与唐·多纳特案确立的原则也是一致的，它有助于促使双方等到真正扩张的出现才解决纠纷。

对于商标在先使用人自然扩张的判断，除了上述几点之外，还需考量在先使用人的"不作为"与不存在混淆可能性，以及下文需要讨论的主观善意。一如前文所说，自然扩张区域标准的预设前提是商标在先使用人扩张的可能性。因此，当在后使用人能够有效证明在先使用人怠于行使该权益或若干时期内会保持原有发展规模时，自然扩张原则的预设前提就会转向后使用人。❺当然，在混淆可能性的举证责任方面，在后使用人承担的责任往往重于商标在先使用人，其除了需要证明在本区域

---

❶ See Beatrine Foods Co., 429 F. 2d 466, 475, 166 U. S. P. Q. 431 (C. C. P. A. 1990).

❷ J. Thomas McCarthy. McCarthy on Trademarks and Unfair competition [M]. Thomson, 2008, §26-23.

❸ J. Thomas McCarthy. McCarthy on Trademarks and Unfair competition [M]. Thomson, 2008, §26-23.

❹ J. Thomas McCarthy. McCarthy on Trademarks and Unfair competition [M]. Thomson, 2008, §26-23.

❺ See Weiner King, Inc., v. Wiener King Corp., 615 F. 2d 512, 204 U. S. P. Q. 820 (C. C. P. A. 1980).

不存在混淆外，还需证明在先使用人所在区域与双方均未渗透过的区域。❶

（四）主观善意的解读

《兰哈姆法》第 43 条（a）款列举的 8 项商标混淆的参考因素中包括被控侵权人的主观意图，若被控侵权人故意使用与他人类似的标识时，审查法院就推定被告能达到他的目的，即欺骗消费者。对于混淆可能性，善意并不是一个十分有力的证据，但却是确定救济形式的重要因素。为避免造成过度保护商标权人而提供善意商标使用人侵权抗辩事由，这也是蒂罗斯—莱格特纳斯规定与 Dawn Donut 案所追求的——适当保护善意在后使用人的利益。对在后使用人的主观要求，最初是从 Hanover Star Milling 案与 United Drug 案中总结的一般性规则：商标在后使用人在采用与在先使用人相同或近似的商标于远程区域使用时，并不知晓在先商标使用人已使用此商标，则有权继续在该区域继续使用。由此产生了商标共存主观要件——不知晓（not knowledge）。

然而，主观善意（good faith）与不知晓的等价虽被奉为商标共存判断的先例标准，但诸多学者、法院对该等价提出了质疑，尤其在网络时代，这种质疑显得更正统。尽管大多数司法实践支持倘若能有效证明在后使用人知晓的事实就可摧毁其善意的观点，但少数法官认为主观善意理应理解为无恶意（no-bad intent），即不存在试图利用他人商誉的主观目的。如果从时间发展的角度去分析两者之间的差异，不难发现少数派的观点是多数派观点与经济发展相结合的产物。与过去区域范围内的自给自足经济不同，现代经济贸易是跨区域的合作型经济，完全信息闭塞的"世外桃源"已不复存在，更何况在经济一体化的网络信息时代。信

---

❶ J. Thomas McCarthy. McCarthy on Trademarks and Unfair competition [M]. Thomson, 2008, §26-84.

息的快速更新与传播促使在经济交往中更易发现已有信息，对商标亦是如此。完全不知晓商标存在的情形，已不符合现实。但知晓并不能抹杀商标使用人的主观善意，只有在后使用人想借商标"搭便车"或试图对消费者"瞒天过海"等不正当商业竞争时，方可被认定为恶意。依此逻辑思路，商标在后使用人原本应注意但因疏忽而未意识到已有商标存在而依据社会调查作出决定的情形，只要不存在恶意，商标共存就有可能。同样的情形也适用于国外著名商标（well-known trademark）。在美国，商标共存制度与商标权取得的"使用主义"哲学的适用范围均在美国境内，对于在美国外享有盛名而尚未进入美国的商标，其权利人亦不能主张商标共存。然而，对于美国消费者知晓的其他国家、地区的著名商标或已着手计划将商标推向美国市场的商标，他人在美国范围内使用该商标能否被认定主观善意？在商标法体系中，著名商标的保护范围宽于普通商标，其原因是著名商标的高知名度与强显著性，他人未经许可使用容易造成（广义）混淆以及"搭便车"之嫌。为了使在外国具有知名度的商标获得美国商标法的保护，商标使用人只有举证证明美国消费者已知晓该商标。比利格尔森法官（Pregerson. J）认为，在检测该商标的市场知名度方面与描述性商标是否获得"第二含义"一致，包括市场调查、消费者问卷、商标排他性使用的时间、广告数量与方式、销售额与消费数量等。❶ 若该商标满足保护所需的要件，则在后使用人就被推定主观上存在恶意。

此处需要特别注意的是，商标在后使用人的主观善意与商标注册制度的"推定通知"之间关系的处理。在《兰哈姆法》注册语境下，第一个申请注册的商标使用人可依据"推定通知"获得全国性的商标效力。换言之，只要商标注册人在法定期限内实际使用商标，就可取得实际性

---

❶ See GRUPO GIGANTE S. A. v. DALLO & CO., INC. aka Dallo Co., Inc. 119 F. Supp. 2d 1083.

的、效力及于全国的商标权。倘若在后使用人主观善意，那么他仍有权在原范围内继续使用，但不能向外进行自然扩张，其原因就在于"推定通知"实质性效力的阻却。这就是商标是否注册对商标共存的影响。

除了美国之外，欧盟、日本、我国台湾地区等也同样存在商标共存现象，但与美国商标制度不同的是，这些地区和国家产生商标共存的原因主要集中于商标行政程序或者在申请注册过程中达成的共存协议。究其根本，主要原因在于商标法所沿袭的商标权产生机制的差异，而该差异也带来了另外一个关键性问题，即商标先用权与商标共存之间、商标注册制度与商标共存之间的关系应如何处理。与美国商标法明文规定商标共存制度不同，一些国家（包括中国）以司法审判形式个案认定，以此实现个案的公正处理。然而，个案审查注定了商标共存制度适用的局限性与不稳定性。

商誉是商标共存的基础，它的存在意味着商标的指示功能已被一定数量的消费者所认知。当相同或近似商标被注入不同商誉时，商标共存就已产生，但是该局面是事实层面的，司法审判才能使其发生法律效力，"法国鳄鱼"诉"新加坡鳄鱼"案就是典型的例子。❶ 在中国引爆"鳄鱼"之争前，双方的关系早已从对峙转向和平共处、划区域各自发展。然而，就如上文所述，因经济发展的不可预期所导致共存协议的不稳定性致使双方再次"对簿公堂"。若商标能实现共存，则侵权就无从谈起。法院在认定两者是否构成侵权的问题上，提出如下意见：由于不同案件诉争标识涉及情况的复杂性，认定商标近似除通常要考虑其构成要素的近似程度外，还可以根据案件的具体情况，综合考虑其他相关因素，在此基础上认定诉争商标是否构成混淆性近似……就本案诉争商标具体情况而言，在认定其是否近似时，仅仅比对标识本身的近似性是不够的，

---

❶ （法国）拉科斯特股份有限公司（LACOSTE）与（新加坡）鳄鱼国际机构私人有限公司（CROCODILE INTERNATIONAL PTE LTD）等侵犯商标专用权纠纷上诉案，最高人民法院（2009）民三终字第 3 号。

还必须综合考量鳄鱼公司的主观意图、双方共存和使用的历史与现状等因素，借鉴相关市场实际，进行公平、合理的判断。从本质上讲，法院在认定时采用的是与美国司法实践相一致的做法，即主观与客观的结合。就主观而言，法院冲破了"知晓即恶意"的主观认定标准，以是否不当利用他人声誉为判定标准。鳄鱼公司进入中国市场后使用相关商标，主要是对其已有商标的沿用，且在实际使用中也有意区分诉争标识，其并无利用拉科斯特公司品牌声誉，因此，不存在造成消费者混淆、误认的故意。就客观而言，除了比对鳄鱼商标的近似外，还需对历史、市场状况等进行分析。尽管双方前期签订的共存协议并未涉及中国境内，但仍可将其作为认定诉争标识共存的重要考虑因素。商标销售区域、方式、渠道、价格定位、目标群体等因素的综合考虑，足以佐证双方各自相互独立的市场区域。故，最高人民法院判决双方商标不构成侵犯注册商标专用权意义上的混淆性近似，但两者在构成要素上毕竟存在一定程度的近似性，在使用时应将其与对方商标进行区分。❶

尽管最高人民法院在进行认定商标混淆性近似时综合诸多因素，但该逻辑所导致的结论却与我国商标注册制度存在冲突。第一，商标局在审查商标注册申请时，无义务审查该商标是否具有商誉，其审查的实际内容主要集中于对形式要件及申请商标与在先注册商标之间是否存在相同或近似而使消费者对商品/服务来源产生混淆的审查。至于申请人的主观意图、使用的历史与现状等因素可作为异议程序中的抗辩理由。第二，当法院依该逻辑认定存在混淆性相似时，商标局核准注册的商标就处于违法境地。商标申请人不能依赖商标审查机关的审查结论，即使其权利得到国家行政机关的确认也是不稳定的，还须对他人的注册商标进行"合理避让"。实际上，在商标领域，注册申请人在权利要求范围内，绝

---

❶ （法国）拉科斯特股份有限公司（LACOSTE）与（新加坡）鳄鱼国际机构私人有限公司（CROCODILE INTERNATIONAL PTE LTD）等侵犯商标专用权纠纷上诉案，最高人民法院（2009）民三终字第3号。

不能在行使行政机关授予的专用权时侵犯他人的商标权。对商标近似认定的最终决定权究竟由谁掌握——商标局还是法院？法院以民事纠纷受理合法注册商标之间产生的纠纷是否合理？商标注册制度是否会因此而被架空？这一系列问题都需要深入研究。

二、商标共存制度在我国的命运

在考虑是否引入商标共存制度前，检验我国商标法体系权利保护的周延性显得十分必要，特别是对商标先用权的论证。若以商标使用先后为标准，可将使用人划分为商标在先使用人与商标在后使用人；若以商标是否核准注册，可将使用人划分为商标注册人与非注册商标使用人。在获得商标权之前已经使用该商标的使用人，若在一定范围内被相关公众知晓，那么商标在先使用人就有权抵制相同或近似商标于相同或近似商品/服务上使用并可能导致混淆的注册申请。商标先用权制度主要存在于只认可商标权注册取得的国家或地区，对于以使用取得商标权的美国而言，除了联邦注册者外，对于在两个不同地理区域的使用人使用相同或近似的商标于同一或同类商品之上，并不构成混淆情事者，不适用商标先用权制度。在实践中如果没有商标先用权制度，在先使用人多年使用的商标就有可能被他人抢注而导致投资付之东流。该制度是申请在先原则缺陷的弥补，是平衡商标注册人和在先使用人之间利益的手段。作为限制商标专用权的外界因素，先用权的产生与行使需满足以下几个要件：(1) 须在他人申请商标注册之前，即已有使用之事实；(2) 使用时须基于善意；(3) 须以原使用的商品/服务为限；❶ (4) 商标需相同或近似，且使用于相同或类似商品上。如果在先使用人具备上述条件，即可

---

❶ 商标先用权制度所适用的范围仅限于原来使用的商品/服务上，不得扩大到类似的商品/服务上，其原因在于法律提供保护的只是商标在先使用人的既存状态，也是商标注册"推定通知"效力的体现。

依据商标先用权所形成的商誉范围的大小,来选择抵制商标注册申请人之申请、撤销注册商标或者限制注册商标专用权在商标在先使用范围的效力。❶ 商标先用权制度执行的要件在一定程度上也可认为是其特征。与商标共存制度相比,差异主要体现在以下三方面:(1) 在相同或近似商品/服务上使用相同或近似商标时,是否存在多个独立的商标权;(2) 是否涉及善意商标在后使用人;(3) 是否需要地域分离之限制;(4) 是否允许在原范围基础上的扩张。

现行商标法明文规定了商标在先使用人享有在先权利,商标注册人享有商标权。但此推理的逻辑思路是存在一个默认的假设前提,即商标注册人是与商标在后使用人一致的。然而,现实中往往存在商标在先使用人与商标注册人相一致的情形,那么在先使用人实际使用商标到商标核准注册之间出现的商标在后使用人的利益又该以何种方式保护,能否赋予其独立的商标权,商标法对此并没有规定。在市场经济大背景下,商标共存是客观事实,我国司法实践中也以判决的形式肯定了共存的法律效力。在 2007 年第 24 次委员会上,商标评审委员会就驳回复审案件中的"共存协议"问题提出:商标权为私权,申请商标与在先商标之间是否存在冲突主要是私权纠纷,应当由当事人通过法律程序主张,在驳回复审案件中,申请人与引证商标所有人签订共存协议,表明双方在实际使用商标时不会相互"搭车",并且可以推定其相互区分的善意。因此,对当事人之间的共存协议完全不予考虑,不尽合理。最高人民法院在相关司法解释中明确规定:对于一些具有复杂历史因素的知识产权冲突案件,在坚持诚实信用、维护公平竞争和保护在先权利等原则的基础

---

❶ 对于商标先用权法律效力的范围,李扬教授借鉴了日本著名学者田村善之在论述影响商标注册申请的要素时所明确指出将这种要素区分为"登录阻却事由"与"权利行使限制事由"的思考方式,将商标在先使用人所享有的商誉按知名度分为两种:一是申请商标注册的阻却与注册商标专用权的撤销之事由;二是构成注册商标专用权限之事由。详情请参考李扬. 商标法中在先权利的知识产权法解释 [J]. 法律科学:西北政法大学学报,2006 (5).

上,不能脱离历史简单裁判……不能简单地认为构成侵犯注册商标专用权或不正当竞争。尽管该规定针对的是因历史原因造成的注册商标与企业名称之间的权利冲突,但其"充分考虑历史、现状和公平合理"的指导思想,为商标共存提供了生存的空间。2010年最高人民法院公布的《关于审理商标授权确权行政案件若干问题的意见》在第1条中指出:对于使用时间较长、已建立较高市场声誉和形成相关公众群体的诉争商标,应当准确把握商标法有关保护在先使用标识的权益与维护市场秩序相协调的立法精神,充分尊重相关公众已在客观上将相关商业标识区别开来的市场实际,注重维护已经形成和稳定的市场秩序。同样如此,该意见的提出也为商标共存预留了生存的空间。

尽管我国司法实践逐渐认可商标共存制度,尤其是对商标共存协议的考虑,但毕竟我国并不是"遵循先例"的判例法国家,缺少法律层面的明文规定,很可能会导致商标在后使用人的权利需求得不到满足。在检讨现行法律无法满足在后使用人的需求时,一般通过以下三种方式:一是对现有法律规定进行扩大或限缩解释;二是通过弥补法律漏洞的方式,解决法律供给的不足;三是通过立法方式彻底解决。若选择扩大解释先用权的法律定位,即以商标注册之前,所有善意使用商标人皆享有先用权,虽然在主体上吸纳了在后使用人,但是仍旧无法保护自然扩张的权益。因此,只有在既定商标法体系下,通过立法的方式有限制地引入商标共存制度,其限制主要体现在商标共存制度与商标注册制度之间的融合。鉴于我国并不认可商标使用产生商标权的取得模式,共存主体若共同提出共存注册之申请,且通过异议程序后,其效力自然及于共存主体尚未实际使用的区域;若共存主体仅以共存协议方式存在,则在不违反反垄断法且不引起混淆的前提下,共同作为未注册商标使用人。如果真正引入商标共存制度,还需修改我国商标法规定,明确地肯定商标共存作为侵权抗辩理由的效力。

商标注册制度之所以享有效力优先,是一个社会的博弈规则,其目的在于鼓励市场主体尽快去注册有利于自己企业的商标，尽快在全国范围内获得排他性权利，并在此基础上安心地塑造商标识别力，即商标显著性。此愿景是注册制度所追求的结果，它是建立在注册推定效果能够达到全国范围的基础上。但是，现实并不总是如此，市场上毕竟存在信息不对称。尽管在理论上，注册商标的通知效力能够覆盖善意在后使用人使用商标的区域，然而，当注册商标权人的商品并没实际进入善意在后使用人所在区域时，善意在后使用人凭着诚实的主观意愿，积极使用其商标，并通过大量资本投入，塑造了商标的显著性时，商标法应对其权益给予保护。

从商标法最初规制的目的角度分析，商标法在于规制那些搭便车的行为，进而促进市场的发展。因此，当在后使用人主观上并无搭便车之恶意，同时，通过实际有效地商标使用行为，塑造了与注册商标之间存在差异的显著性时，如果纯粹维持注册商标的绝对排他性，这不仅会造成社会资源的浪费，还否定了存在差异的商标显著性的客观性，在实质上也有悖于公平的实现。因此，在有效维持商标注册效力优先的基础上，客观考量在后使用人使用商标的主观意图与客观商标使用情形，合理界定商标排他性的绝对范围，以至于在不破坏商标体系的情况下，纳入商标共存制度。这不仅有利于维护商标注册的最真实的企图，更能为社会提供一个正确的价值观念——公平与秩序。

此外，商标在先权无法有效保护善意商标在后使用人的合法市场商誉以及商标异议与商标撤销程序适用期限的限制（除了商标法明文规定的恶意注册驰名商标不受5年限制外），扼杀了商标在后使用人资金投入的回报与基于双方意思自治而达成共同盈利的可能性。再则，在相同或近似的商品/服务上使用相同或近似的商标，只有导致混淆可能性时，法院才会认定侵权，而此侵权认定的标准恰是商标共存得以存在的基础。在双方能够实现共存不会引起混淆时，共存在理论上应当得到支持，这也是商标法层面认可商标共存的原因之一。商标作为商标权人的财产，其在满足商标法限制性条件下，商标权人对商标的处分法院应给予考虑。商标共存制度最初的限定要件，不管是客观要件——远程区域，还是主观要件——善意，都在经历了司法不断完善后被重新用于司法实践，以此来检验商标共存对于完善商标法体系的价值，而这样的循环在信息时代下，还将继续下去。

第三节　在先使用

一、商标在先使用的概念

商标权的取得有三种模式，使用取得、注册取得及混合取得。在使用取得商标权模式下，商标权基于使用获得，而注册只是一种对既存商标权形式上的确认。而在注册取得商标权模式下，标识只有经过注册才能获得排他性商标权。此时，难免发生在先使用商标与注册商标相同或近似，侵害注册商标显著性，造成消费者混淆误认，进而被指控为商标侵权的情形。绝对的注册主义原则不利于保障在先使用人于商标之上已经形成的商标价值，有违公平正义理念。因此，大部分奉行注册制的国家，在坚持注册原则的同时，为表彰善意在先使用者的劳动，阻却被控侵权的可能性，纷纷建立了商标在先使用制度对抗商标侵权主张。❶ 商标先用权制度的设立有利于克服登记注册制度的缺陷，弥补申请在先原则的不足，协调商标在先使用人与商标注册人之间的利益冲突，并保护在

---

❶ 如日本商标法第32条；瑞士商标法第14条；德国商标法第6条、第22条；美国商标法第2条、第7条等规定。

先使用标识交易范围内消费者的信赖利益。❶

商标在先使用是指商标注册申请日之前，他人已经善意地在相同或类似商品或服务上使用相同或近似商标，商标核准注册后，在先使用人有权在原有范围内继续使用其商标，不受注册商标专用权约束。我国2013年《商标法》第9条、第13条、第15条、第32条、第45条以及第59条分别对商标的在先使用作出了规定。从这些规定看，在先使用商标具体包括在先使用的未注册驰名商标、在先使用并具有一定影响的知名商标以及在先使用的被代理人或者被代表人商标三类，这些条款在内容上主要是规制恶意抢注行为。从权利保护的角度而言，因恶意或者违背诚实信用原则而抢注他人在先商标的，在先商标使用人可以在商标确权程序中行使异议权和撤销权，或者在商标侵权诉讼程序中以在先使用为由进行有效抗辩。❷ 司法实践中，很多案件都涉及了在先使用侵权抗辩制度，如学者们广泛探讨的"杜家鸡案"❸ 和"许留山案"❹。此外，2002年《商标法实施条例》第54条还规定了过渡期服务商标的在先使用保护。

二、商标在先使用的构成要件

在先使用构成要件包括：（1）使用行为发生在商标注册申请日之前；（2）使用行为连续进行；（3）在先使用商标具有一定影响或驰名；（4）在

---

❶ 田村善之. 日本知识产权法 [M]. 周超，李雨峰，等，译. 北京：知识产权出版社，2011：73. 张耕，等. 商业标志法 [M]. 厦门：厦门大学出版社，2006：156. 也有学者对商标先用权制度持完全的否定态度，认为在先使用既不能产生实体上的权利，也不能产生与注册商标相对抗的效力，甚至不能获得反不正当竞争法保护。参见董炳和. 商标在先使用的法律意义 [J]. 法学，1999（10）. 董炳和. 再论商标在先使用的法律意义 [M] //郑成思. 知识产权文丛（第4卷）. 北京：中国政法大学出版社，2000：170.

❷ 孔祥俊. 商标与不正当竞争法：原理与判例 [M]. 北京：法律出版社，2009：360.

❸ 湖北省武汉市江岸区人民法院（2010）岸知民初字第70号民事判决书。

❹ 上海市浦东新区人民法院（2008）浦民三（知）初字第51号民事判决书。

先使用商标与注册商标相同或近似,并用于相同或类似商品上;(5)使用者主观上为善意;(6)在先使用人在原范围内使用。在具体分析中,需要注意以下几点:

(1)关于连续使用的理解。连续使用包含两层含义。首先,必须是一种商标使用行为。根据2013年《商标法》第48条规定,商标的使用是指将商标用于商品、商品包装或者容器以及商品交易文书上,或者将商标用于广告宣传、展览以及其他商业活动中,用于识别商品来源的行为。其次,这种商标使用行为在商标注册申请日之前连续进行。日本学界认为,连续使用并不要求在先使用者的营业处于持续不断的状态,如果由于季节性的原因而中断,或由于经营者一时的困境或其他原因中断使用,也应当认为在先使用的商标处于继续使用状态。❶ 此外,一些国家还要求连续使用行为需达到一定年限,我国对此并未作出规定。

(2)值得争议的问题是,是否要求在先使用商标必须达到驰名状态。日本商标法第32条第1款规定,在他人申请注册商标之前,非以不正当竞争为目的,已在日本国内注册商标申请指定的商品或服务或者类似商品或服务上使用与注册商标相同或者近似的商标。在提出商标注册申请时,在先使用的商标已被消费者广泛知晓的,该商标在先使用人有权继续在原商品或者服务上使用该商标。❷ 由此可知,在日本,商标只有达到被消费者广泛知晓或驰名状态才能获得在先使用权保护。鉴于此,有学者对我国在先使用低知名度要件进行了批判,"知名度降低的后果是,只要通过使用获得了一点知名度的商标,就可以阻止他人抢注。这将大大拓宽能够阻止他人抢注的在先使用商标范围,使在先使用未注册商标事实上获得与注册商标一样的专用权。这将从根本上冲击商标权注册制度,并给他人选择和使用商标的自由造成巨大障碍"。❸ 从我国现行法律规定

---

❶ 王莲峰.论对善意在先使用商标的保护[J].法学,2011(12):136.
❷ 日本商标法[M].李扬,译.北京:知识产权出版社,2011:26.
❸ 李扬.我国商标抢注法律界限之重新划定[J].法商研究,2012(3).

来，未注册驰名商标及在先使用并有一定影响的知名商标可以获得先用权保护，而对普通未注册在先使用商标是通过反不正当竞争法进行保护。从字面分析，"有一定影响"的知名度不及"驰名"。然而，司法实践中，法院认定在先使用商标是否"有一定影响"通常会参考"驰名"判断因素，包括使用商标的持续时间、商品的市场份额及销售区域等。❶ 因此，在内容上二者存在一定的交叉与重叠，但又不完全相同。"有一定影响"的在先使用商标在特定的区域范围与消费者群体中已然成为某种商品或服务的唯一来源指示，即使未达到驰名程度，也应该保障在先使用人投资利益及消费者信赖利益。

（3）对原范围内使用的界定。商标权具有地域性。注册商标的效力及于全国，而在先使用商标的效力仅局限于注册商标申请前其运行影响的区域。换言之，原范围以注册商标申请日为界限，包括原地域范围与原商品或服务种类，同时不得改变在先使用商标的图形、文字、色彩、结构、书写方式等内容，但以同他人注册的商标相区别为目的而进行的改变除外。❷ 此外，在先使用商标的效力还应该延及在先使用者自然扩张的区域范围。如前文所述，自然扩张区域标准由商标使用的客观情形、商标使用人欲扩张的主观企图或计划以及在客观基础上实现主观目的的逻辑合理性共同组成。

三、商标在先使用的限制

对在先使用商标的保护，在商标确权程序与商标侵权诉讼程序中均有体现。在商标确权程序中，在先使用人对恶意在后注册商标享有异议

---

❶ 见最高人民法院2009年公布实施的《关于审理涉及驰名商标保护的民事纠纷案件应用法律若干问题的解释》第5条。

❷ 见国家工商行政管理总局1994年实施的《关于服务商标继续使用问题的通知》第3条，该通知目前已被废止。

权与撤销权，并赋予一定期限。如 2013 年《商标法》第 45 条规定，已经注册的商标，违反相关法律规定，自商标注册之日起 5 年内，在先权利人或者利害关系人可以请求商标评审委员会宣告该注册商标无效。对恶意注册的，驰名商标所有人不受 5 年的时间限制。此外，美国商标法还规定了在先使用者与商标权人的共同注册权利，对商标在先使用进行充分的保护。❶ 我国商标法并未赋予在先商标使用者此项权利。

在商标侵权诉讼程序中，在先使用权是一种有效的抗辩权。如前文所述，虽然商标法中的大部分相关规定都是针对注册程序中的在先权利保护，但其立法精神理应自然延伸至侵权诉讼程序。❷ 最高人民法院在《关于审理涉及驰名商标保护的民事纠纷案件应用法律若干问题的解释》第 6 条明确规定了在先未注册驰名商标的商标侵权抗辩权，"原告以被诉商标的使用侵犯其注册商标专用权为由提起民事诉讼，被告以原告的注册商标复制、摹仿或者翻译其在先未注册驰名商标为由提出抗辩或者提起反诉的，应当对其在先未注册商标驰名的事实负举证责任"。

为防止消费者混淆，不损害注册商标的显著性，商标权人可以要求在先使用人附加足以与注册商标区分开来的区别性标识。随着互联网技术的发展，消费者接触商标的途径和渠道日益多样化，为在先使用"原范围"的界定带来困难，增加了消费者对在先使用商标与注册商标混淆误认的风险。而对商标在先使用者苛以附加适当区别性标记的义务，恰可以弥补该缺陷。2013 年《商标法》第 59 条第 3 款规定，商标注册人申

---

❶ 共同注册需要满足三个条件：（1）在先使用人的使用于在后申请人申请注册商标日期之前就已经开始并至今并未放弃使用；（2）他对商标的使用符合商标法的各个要件；（3）虽然两个商标近似，但是如果在商标形式、使用方法、地区及指定使用商品等使用条件的限制下，并不会引起混淆、误认或者欺骗消费者的可能。参见汪泽，徐琳. 商标注册制度下对在先使用商标的保护 [J]. 中华商标，2010（12）：46.

❷ 孔祥俊教授对此给出了三点理由：首先，恶意抢注行为违反了任何人不得因不当行为而获利的法理原则；其次，商标注册人寻求侵权救济的，其权利应当没有瑕疵；再次，符合当然解释的法律适用规则。参见孔祥俊. 商标与不正当竞争法：原理和判例 [M]. 北京：法律出版社，2009：360-361.

请商标注册前,他人已经在同一种商品或者类似商品上先于商标注册人使用与注册商标相同或者近似并有一定影响的商标的,注册商标专用权人无权禁止该使用人在原使用范围内继续使用该商标,但可以要求其附加适当区别标识。我国台湾地区"商标法"第23条第2款及日本商标法32条第2款都作出了类似的规定,即商标权人可以要求商标在先使用者附加适当的区别性标识。在具体操作上,可以要求在先商标使用者以显著性的方式标注产地及企业名称或者使用与商标权人相区别的商业外观等。

第四节 商标权人同意

商标权作为一种财产性私权,权利人可以通过商标许可合同允许他人使用其注册商标并获取使用费收益。依据许可合同,许可人或商标权人保留商标所有权,被许可人则在一定的期间和地域范围内依合同约定的许可方式享有商标的使用权。商标使用许可是商标专用权的延伸,也是现代社会商标权人普遍采用的一种商标经营手段和营销策略。❶商标使用许可作为一把双刃剑,商标权人一方面可以扩大宣传注册商标,提升商标在受众中的影响力与商品或服务的市场占有率,另一方面也面临注册商标显著性减损、功能弱化的风险。如果商标使用许可合同在实施过程中,被许可人商品粗制滥造,侵害消费者权益,造成注册商标显著性减损的,商标注册人可以依据许可合同向被许可人主张合同违约责任,而非商标侵权责任。依据2013年《商标法》第43条第1款规定,"许可人应当监督被许可人使用其注册商标的商品质量。被许可人应当保证使

---

❶ 王莲峰. 商标许可合同使用者利益之保护 [J]. 社会科学, 2013 (4).

用该注册商标的商品质量。"赋予商标注册人对被许可人使用其注册商标商品质量的监督义务,既能够强化商标的品质保证功能,也确保了商标识别功能的实现。❶

---

❶ 王迁. 知识产权法教程 [M]. 北京:中国人民大学出版社,2007:483.

参考文献

一、中文

（一）著作

[1] 李雨峰. 权利是如何实现的［M］. 北京：法律出版社，2009.

[2] 张玉敏. 知识产权法［M］. 北京：中国人民大学出版社，2009.

[3] 刘春田. 知识产权法［M］. 北京：高等教育出版社，2010.

[4] 吴汉东. 知识产权总论［M］. 北京：中国人民大学出版社，2013.

[5] 孔祥俊. 商标与不正当竞争法：原理和判例［M］. 北京：法律出版社，2009.

[6] 孔祥俊. 商标法适用的基本问题［M］. 北京：中国法制出版社，2012.

[7] 陶鑫良. 知识产权基础［M］. 北京：知识产权出版社，2011.

[8] 李明德. 美国知识产权法［M］. 北京：法律出版社，2003.

[9] 李扬. 知识产权法政策学论丛［M］. 北京：中国社会科学出版社，2009.

[10] 冯晓青，杨利华. 中国商标法研究与立法实践［M］. 北京：中国政法大学出版社，2013.

[11] 郭禾. 商标法教程［M］. 北京：知识产权出版社，2004.

[12] 彭学龙. 商标法的符号学分析［M］. 北京：法律出版社，2007.

[13] 邓宏光. 商标法的理论基础——以商标显著性为中心［M］. 北京：法律出版社，2009.

[14] 王迁. 知识产权法教程 [M]. 北京：中国人民大学出版社，2011.

[15] 王迁，王凌红. 知识产权间接侵权研究 [M]. 中国人民大学出版社，2008.

[16] 黄武双. 知识产权法研究 [M]. 北京：知识产权出版社，2013.

[17] 齐爱民. 现代知识产权法学 [M]. 苏州：苏州大学出版社，2005.

[18] 胡开忠. 商标法学教程 [M]. 北京：中国人民大学出版社，2008.

[19] 张今，郭斯伦. 电子商务中的商标使用及侵权责任研究 [M]. 北京：知识产权出版社，2014.

[20] 黄晖. 驰名商标和著名商标的法律保护 [M]. 北京：法律出版社，2005.

[21] 王莲峰. 商标法 [M]. 北京：法律出版社，2003.

[22] 文学. 商标使用与商标保护研究 [M]. 北京：法律出版社，2008.

[23] 曾陈明汝. 商标法原理 [M]. 北京：中国人民大学，2003.

[24] 杜颖. 社会进步与商标观念：商标法律制度的过去、现在和未来 [M]. 北京：北京大学出版社，2012.

[25] 余俊. 商标法律进化论 [M]. 武汉：华中科技大学出版社，2011.

[26] 黄海峰. 知识产权的话语与现实 [M]. 武汉：华中科技大学出版社，2011.

[27] 黄立. 民法债编总论 [M]. 北京：中国政法大学出版社，2002.

[28] 王泽鉴. 侵权行为法（第一册）[M]. 北京：中国政法大学出版社，2001.

[29] 曾世雄. 损害赔偿法原理 [M]. 北京：中国政法大学出版社，2001.

[30] 屈文生. 普通法令状制度研究 [M]. 北京：商务印书馆，2011.

[31] 钱弘道. 英美法讲座 [M]. 北京：清华大学出版社，2004.

[32] 吴敬琏. 比较（第3辑）[M]. 北京：中信出版社，2002.

[33] 黄仁宇. 资本主义与21世纪 [M]. 上海：三联书店，2012.

[34] 冯象. 木腿正义 [M]. 北京：北京大学出版社，2007.

[35] 陈新民. 德国公法学基础理论（上）[M]. 济南：山东人民出版社，2001.

[36] 张文显. 二十世纪西方法哲学思潮研究 [M]. 北京：法律出版社，2006.

[37] 史尚宽. 债法总论 [M]. 北京：中国政法大学出版社，2000.

[38] 张新宝. 中国侵权行为法研究 [M]. 北京：中国社会科学出版社，1998.

[39] 陆普舜. 各国商标法律与实务 [M]. 北京：中国工商出版社，2006.

[40] 赵立行. 商人阶层的形成与西欧社会转型 [M]. 北京：中国社会科学出版

社，2004．

[41] 卢现祥．新制度经济学［M］．北京：北京大学出版社，2005．

[42] 陈建斌．信息经济学［M］．北京：清华大学出版社，2010．

[43] 韩世远．合同法总论［M］．北京：法律出版社，2011．

[44] 郭建．中国财产法史稿［M］．北京：中国政法大学出版社，2005．

[45] 布拉德·谢尔曼，莱昂内尔·本特利．现代知识产权法的演进：英国历程（1760—1911）［M］．金海军，译．北京：北京大学出版社，2006．

[46] 亚里士多德．尼科马柯伦理学［M］．廖申白，译．北京：商务印书馆，2003．

[47] S.F.C. 密尔松．普通法的历史基础［M］．李显冬，等，译．北京：中国大百科全书出版社，1999．

[48] 约翰·博德利·罗尔斯．正义论［M］．北京：中国社会科学出版社，1988．

[49] 亚当·斯密．国民财富的性质和原因的研究（上）［M］．郭大力，王亚楠，译．北京：商务印书馆，2003．

[50] 斯坦利·I. 库特勒．最高法院与宪法——美国宪法史上重要判例选读［M］．朱曾汶，等，译．北京：商务印书馆，2006．

[51] 彭道敦，李雪菁．普通法视角下的知识产权［M］．谢琳，译．北京：法律出版社，2010．

[52] 洛克．政府论（下篇）［M］．叶启芳，等，译．北京：商务印书馆，1964．

[53] 柯提思·J. 米尔霍普，卡塔琳娜·皮斯托．法律与资本主义［M］．罗培新，译．北京：北京大学出版社，2010．

[54] 加藤雅信．所有权的诞生［M］．郑芙蓉，译．北京：法律出版社，2012．

[55] 罗伯特·P. 墨杰斯，彼得·S. 迈乃尔，等．新技术时代的知识产权法［M］．齐筠，等，译．北京：中国政法大学出版社，2003．

[56] 马特斯尔斯·W. 斯达切尔．网络广告：互联网上的不正当竞争和商标［M］．孙秋宁，译．北京：中国政法大学出版社，2004．

[57] 卢梭．社会契约论［M］．何兆武，译．北京：商务印书馆，1963．

[58] 柯提斯·J. 米尔霍普，卡塔琳娜·皮斯托．法律与资本主义［M］．北京：北京大学出版社，2010．

[59] 斯坦利·布德尔．变化中的资本主义：美国商业发展史［M］．郭军，译．北

京：中信出版社，2013.

[60] 丹尼斯·劳埃德. 法理学 [M]. 许章润，译. 北京：法律出版社，2007.

[61] 布迪厄，华康德. 实践与反思：反思社会学导引 [M]. 李猛，李康，译. 北京：中央编译出版社，1998.

[62] 布莱恩·蒂尔尼，西德尼·佩因特. 西欧中世纪史 [M]. 袁传伟，译. 北京：北京大学出版社，2011.

[63] 亨利·皮雷纳. 中世纪的城市 [M]. 陈国樑，译. 北京：商务印书馆，2006.

[64] 庞德. 通过法律的社会控制 [M]. 北京：中国商务出版社，1984.

[65] 威廉·M. 兰德斯，理查德·A. 波斯纳. 知识产权法的经济结构 [M]. 金海军，译. 北京：北京大学出版社，2005.

[66] 米勒，戴维斯. 知识产权法：专利、商标和著作权（影印版）[M]. 北京：法律出版社，2004.

[67] R. 科斯. 财产权利与制度变迁——产权学派与新制度经济学派译文集 [M]. 上海：三联书店出版社，1991.

[68] 卡西尔. 人论 [M]. 甘阳，译. 上海：上海译文出版社，2004.

[69] 汤普逊. 中世纪经济社会史（下）[M]. 耿淡如，译. 北京：商务印书馆，1997.

[70] 彼得·德霍斯. 知识财产法哲学 [M]. 周林，译. 北京：商务印书馆，2008.

（二）论文

[1] 李雨峰. 重塑商标侵权的认定标准 [J]. 现代法学，2010（5）.

[2] 李雨峰. 企业商标权与言论自由的界限——以美国商标法上的戏仿为视角 [J]. 环球法律评论，2011（4）.

[3] 李雨峰. 迷失的路——论搜索引擎服务商在商标法上的注意义务 [J]. 学术论坛，2009（5）.

[4] 张玉敏. 论使用在商标制度构建中的作用 [J]. 知识产权，2011（9）.

[5] 张玉敏. 诚实信用原则之于商标法 [J]. 知识产权，2012（7）.

[6] 邓宏光. 我们凭什么取得商标权——商标权取得模式的中间道路 [J]. 环球法律评论，2009（5）.

[7] 邓宏光. 中国经济体制转型与《商标法第三次修改》[J]. 现代法学，2010（2）.

[8] 邓宏光．我国驰名商标反淡化制度应当缓行 [J]．法学，2010（2）．

[9] 郑成思．知识产权、财产权与物权 [J]．中国软科学，1998（6）．

[10] 郑成思．侵权责任、损害赔偿责任与知识产权保护 [J]．环球法律评论，2003（4）．

[11] 刘春田．民法原则与商标立法 [J]．知识产权，2010（1）．

[12] 刘春田．商标与商标权辨析 [J]．知识产权，1998（1）．

[13] 吴汉东．财产的非物质化革命与革命的非物质财产法 [J]．中国社会科学，2003（4）．

[14] 孔祥俊．我国现行商标法律制度若干问题的探讨 [J]．知识产权，2010（1）．

[15] 李明德．驰名商标是对商誉的保护 [J]．电子知识产权，2009（8）．

[16] 冯晓青，刘友华．从"老干妈"一案反思我国商标注册与保护制度 [J]．法学，2001（10）．

[17] 冯晓青．商标的财产化及商标权人的"准作者化"——商标权扩张理论透视 [J]．中华商标，2004（7）．

[18] 齐爱民．论二元知识产权体系 [J]．法商研究，2010（2）．

[19] 彭学龙．论"混淆可能性"——兼评《中华人民共和国商标法修改草稿（征求意见稿）》[J]．法律科学，2008（1）．

[20] 彭学龙．商标混淆类型分析与我国商标侵权制度的完善 [J]．法学，2008（5）．

[21] 彭学龙．商标转让的理论建构与制度设计 [J]．法律科学，2011（3）．

[22] 彭学龙．商标显著性探析 [J]．电子知识产权，2005（12）．

[23] 谢晓尧．论商誉 [J]．武汉大学学报：社会科学版，2001（5）．

[24] 张今．对驰名商标特殊保护的若干思考 [J]．政法论坛，2000（2）．

[25] 胡开忠．网络服务提供商在商标侵权中的责任 [J]．法学，2011（2）．

[26] 李琛．商标权救济与符号圈地 [J]．河南社会科学，2006（1）．

[27] 李琛．对"商标俗称"恶意注册案的程序法思考 [J]．知识产权，2010（5）．

[28] 苏平．论商标侵权中"商标使用"的判断标准 [J]．法律适用，2013（1）．

[29] 王春燕．商标保护法律框架的比较研究 [J]．法商研究，2001（4）．

[30] 杜颖．商标淡化理论及其应用 [J]．法学研究，2007（6）．

[31] 杜颖．商标纠纷中的消费者问卷调查证据 [J]．环球法律评论，2008（1）．

[32] 李友根. "淡化理论"在商标案件裁判中的影响分析——对100份驰名商标案件判决书的整理与研究 [J]. 法商研究, 2008 (3).

[33] 李扬. 我国商标抢注法律界限之重新划定 [J]. 法商研究, 2012 (3).

[34] 刘春霖. 论网络环境下的商标使用行为 [J]. 现代法学, 2008 (6).

[35] 郑友德, 万志前. 论商标法和反不正当竞争法对商标权益的平行保护 [J]. 法商研究, 2009 (6).

[36] 金多才. 我国商标侵权民事责任归责规则研究 [J]. 法学, 2002 (2).

[37] 何炼红. 论动态商标的法律保护 [J]. 政治与法律, 2009 (4).

[38] 王莲峰. 论对善意在先使用商标的保护 [J]. 法学, 2011 (12).

[39] 董炳和. 商标在先使用的法律意义 [J]. 法学, 1999 (10).

[40] 黄汇. 售前混淆之批判与售后混淆之证成：兼谈我国商标法第三次修改 [J]. 电子知识产权, 2008 (6).

[41] 王鹏. 商标法律制度的经济分析 [J]. 知识产权, 2013 (9).

[42] 张德芬. 商标使用界定标准的重构 [J]. 知识产权, 2012 (3).

[43] 林秀琴, 陈婷. 海峡两岸商标使用的互认与协调问题 [J]. 台湾研究集刊, 2012 (2).

[44] 张惠彬. 中国商标立法：成就、问题与走向 [J]. 湖北社会科学, 2012 (12).

[45] 李玉香. 著名商标保护的屏障：商标反淡化理论的探索 [J]. 武汉大学学报：哲学社会科学版, 1999 (5).

[46] 厉瑶. 论商标淡化制度保护的实质 [J]. 电子知识产权, 2009 (7).

[47] 马宁, 杨辉. 商标淡化理论的新转折：评美国 VictoTla'sret 案 [J]. 电子知识产权, 2004 (2).

[48] 张今, 陆锡然. 认定商标侵权的标准是混淆还是商标近似 [J]. 中华商标, 2008 (8).

[49] 崔国斌. 知识产权法官造法批判 [J]. 中国法学, 2006 (1).

二、英文

（一）著作

[1] McCarthy. McCarthy on Trademarks and Unfair Competition [M]. New York: Clark

Boardman Callaghan, 2008.

[2] David Kitchin et al. Kerly's Law of Trade Marks and Trade Names [M]. London: Sweet & Maxwell, 2005.

[3] Frank I. Schechter. The Historical Foundations of the Law Relating to Trademarks [M]. Columbia: Columbia University Press, 1925.

[4] Lionel B, Brad S. Intellectual property law [M]. London: Oxford University Press, 2001.

[5] Mark D. Janis, and Mark A. Lemley. IP and antitrust: An analysis of antitrust principles applied to intellectual property law [M]. Aspen Publishers Online, 2008.

[6] BelsonJ. Certification Marks: SpecialReport [M]. London: Sweet&Maxwell, 2002.

[7] May, Christopher& Susan K. Sell. Intellectual property rights: a critical history [M]. Boulder, CO: Lynne Rienner Publishers, 2006.

[8] Arlidge A. Arlidge& Parry on fraud [M]. London: Sweet & Maxwell, 1996.

[9] Jonathan Fendy. Piracy and the Public: Forgery, Theft, and Exploitation [M]. London: Frederick Muller Limited, 1983.

[10] Baker J H. An Introduction to English Legal History [M]. London: Butterworths, 1979.

[11] Davison M J, Monotti A L, Wiseman L. Australian Intellectual Property law [M]. Cambridge University Press, 2008.

[12] Rogier W. Towards a European Unfair Competition Law: A Clash Between Legal Families: German and Dutch Law in Light of Existing European and International Legal Instruments [M]. Leiden: Brill, 2006.

[13] Wadlow. C. The Law of Passing-Off: Unfair Competition by Misrepresentation [M]. Lodon: Sweet& Maxwell, 2011.

[14] C. B. Macpherson. The life and times of liberal democracy [M]. Oxford: Oxford University Press, 1977.

[15] Fisher Irving, Eugene Lyman Fisk. How to live: rules for healthful living based on modern science [M]. New York: Funk and Wagnalls Company, 1919.

[16] Sheldon. W. Halpern et al., Fundamentals of United States Intellectual Property Law: Copyright, Patent, and Trademark [M]. Kluwer law international, 2006.

[17] Anthony D. King. The bungalow: the production of a global culture [M]. London: Routledge&Kegan Paul, 1984.

[18] Carty H. An Analysis of the Economic Torts [M]. New York: Oxford University Press, 2010.

[19] John G·Sprankling. Understanding Property Law [M]. London: Lexis Publishing, 2013.

[20] Kenneth O. Morgan. The Oxford Illustrated History of Britain [M]. Oxford: Oxford University Press, 1984: 481.

[21] Chen, Kuan-Hsing, David Morley, eds. Stuart Hall: Critical dialogues in cultural studies [M]. London: Routledge, 1996.

[22] Peter Mayer, AlanPemberton. A Short History of Land Registration in England and Wales [M]. London: HM Land Registry, 2000.

[23] Coombe J. Rosemary. The Cultural Life of Intellectual Properties, Authorship, Appropriation, and the Law [M]. Durham: Duke University Press, 1998.

[24] Lionel Bently. From Communication to Thing: Historical Aspects of the Conceptualisation of Trade Marks as Property [M] //Dinwoodie, Graeme B., Mark D. Janis, eds. Trademark law and theory: a handbook of contemporary research. Edward Elgar Publishing, 2008.

(二) 论文

[1] Frank I. Schechter. The Rational Basis of Trademark Protection [J]. HARV. L. REV., 1927 (40).

[2] Mark P. McKenna. The Normative Foundations of Trademark Law [J]. HNotre Dame Law Review, 2007: 82 (5).

[3] Stephen L. Carter. The Trouble with Trademark [J]. HYale L. J., 1989 (99).

[4] Gerald Ruston. On the Origin of Trademarks [J]. Trademark Rep, 1955 (45).

[5] Sidney A. Diamond. The Historical Development of Trademarks [J]. Trademark Rep, 1983 (73).

[6] Curtiss. W. David. State of Mind Fact or Fancy [J]. Cornell LQ, 1947 (33).

[7] Nachbar, Thomas B. Monopoly, Mercantilism & the Politics of Regulation. [J]. VA. L. REV., 2005 (91).

[8] Rembert Meyer Rochow. Passing Off: Past, Pesent and Future [J]. Trademark Rep,

1994 (84).

[9] Naresh, Suman. Passing-Off, Goodwill and False Advertising: New Wine in Old Bottles. [J]. Cambridge LJ, 1986 (45).

[10] Morison, W. L. Unfair Competition and Passing-off-The Flexibility of a Formula [J]. Sydney L. Rev., 1956 (2).

[11] Mills. . Own Label Products and the 'Lookalike' Phenomenon: A Lack of Trade Dress and Unfair Competition Protection? [J]. EIPR, 1995 (20).

[12] Kenneth J. Vandevelde. New Property of the Nineteenth Century: The Development of the Modern Concept of Property [J]. The. Buff. L. Rev., 1980 (29).

[13] Robert G. Bone. Hunting Goodwill: A History of the Concept of Goodwill in Trademark Law [J]. B. U. L. REV., 2006 (86).

[14] Pattishall B W. Constitutional Foundations of American Trademark Law [J]. Trademark Rep. 1988 (78).

[15] Justin Hughes. Locke's 1694 Memorandum and More Incomplete Copyright Historiographies [J]. Cardozo Arts &Ent. LJ, 2009 (27).

[16] Hamilton W H. Property. "According to Locke." [J]. The Yale Law Journal, 1932, 41 (6).

[17] Moore A. A Lockean Theory of Intellectual Property [J]. Hamline Law Review, 1997 (21).

[18] Bone R. . Schechter's Ideas in Historical Context and Dilution's Rocky Road [J]. Santa Clara Computer and High Technology Law Journal, 2008 (24).

[19] Rothman. Jennifer. Initial Interest Confusion: Standing at the Crossroads of Trademark Law [J]. Cardozo Law Review, 2005 (27).

[20] Mark D. Janis. Tale of the Apocryphal Axe: Repair, Reconstruction, and the Implied License in Intellectual Property Law [J]. A. Md. L. REV., 1999 (58).

[21] Calboli, Irene. . The Case for a Limited Protection of Trademark Merchandising [J]. University of Illinois Law Review, 2011 (865).

[22] Mark A. Lemley. The Modern Lanham Act and the Death of Common Sense [J]. The Yale Law Journal, 1999, 108 (7).

[23] Robert C. Denicola. Institutional Publicity Rights: An Analysis of the Merchandising of Famous Trade Symbols [J]. N. C. L. REV., 1984 (62).

[24] Roger Fisher, "The constitution Right of Freendom of Speech", edited in Talks on American Law by Harold J. Berman, Vintage Books, 1971.

[25] Mills. . Own Label Products and the "Lookalike" Phenomenon: A Lack of Trade Dress and Unfair Competition Protection? [J]. EIPR, 1995 (20).

[26] Pattishall B W. Constitutional Foundations of American Trademark Law [J]. Trademark Rep., 1988 (78).

[27] Kenneth. J. Vandevelde. New Property of the Nineteenth Century: The Development of the Modern Concept of Property [J]. The. Buff. L. Rev., 1980 (29).

[28] Hamilton W H. Property. According to Locke [J]. The Yale Law Journal, 1932, 41 (6).

[29] NR Platt. Good Will Enduring: How to Ensure That Trademark Priority Will Not Be Destroyed by the Sale of a Business [J]. Trademark Rep., 2009 (99).

[30] Mark D. Janis. Tale of the Apocryphal Axe: Repair, Reconstruction, and the Implied License in Intellectual Property Law [J]. A. Md. L. Rev., 1999 (58).

[31] Mark A. Lemley. The Modern Lanham Act and the Death of Common Sense [J]. The Yale Law Journal, 1999, 108 (7).

[32] Robert C. Denicola. Institutional Publicity Rights: An Analysis of the Merchandising of Famous Trade Symbols [J]. N. C. L. REV., 1984 (62).

[33] Walterscheid E C. To promote the progress of science and useful arts: the background and origin of the intellectual property clause of the United States Constitution [J]. J. Intell. Prop. L., 1994 (2).

[34] Paul J. Heald, Suzanna Sherry. Implied Limits ont he Legislative Power: The Intellectual Property Clause as an Absolute Constraint on Congress [J]. University of Illinois Law Review, 36, 2000 (36).

[35] Oliar D. Making Sense of the Intellectual Property Clause: Promotion of Progress as a Limitation on Congress's Intellectual Property Power [J]. Georgetown L. J., 2006 (94).

[36] Malla Pollack. Dealing with Old Father William, or Moving from Constitutional Text to Constitutional Doctrine: Progress Clause Review of The Copyright Term Extension Act [J]. Loy. L. A. L. REV., 2002 (36).

[37] Jane C. Ginsberg. CopyrightandControl in the Digital Age [J]. Maine Law Review, 2002 (54).

[38] Adam D. Moore. ALockean Theory of Intellectual Property [J]. Hamline Law Review, 1997 (21).

[39] Karel, Vasak. Human rights: A thirty-year struggle: The sustained efforts to give force of law to the Universal Declaration of Human Rights [J]. Unesco Courier, 1977 (38).

[40] Justin Hughes. Copyright and Incomplete Historiographies: Of Piracy, Propertization, and Thomas Jefferson [J]. S. Cal. L. Rev., 2005 (25).

[41] Adam D. Moore. Intellectual Property, Innovation, and Social Progress: The Case Against Incentive Based Arguments [J]. Hamline L. Rev., 2002 (26).

[42] Cass R. Sunstein. Low Value Speech Revisited [J]. Nw. UL Rev., 1988 (83).

[43] Shaughnessy. Robert J. Trademark Parody, A Fair Use and First Amendment Analysis [J]. Virginia Law Review, 1986 (72).

[44] Frederick Schauer. Commercial Speech and the Architecture of the First Amendment [J]. U. Cin. L. Rev., 1987 (56).

[45] Mark A. Lemley. Property, intellectual property, and free riding [J]. Tex L. Rev., 2004 (83).

[46] Peter K. Yu. . Reconceptualizing Intellectual Property Interests in a Human Rights Framework [J]. U. C. Davis L. Rev., 2007 (40).

[47] Laurence R. Helfer. The New Innovation Frontier? Intellectual Property and the European Court of Human Rights [J]. Harv. Int'l L. J., 2008 (49).

[48] Barton, Beebe. Semiotic Analysis of Trademark Law [J]. UClA l. REV., 2003 (51).

[49] Martin H. Redish. The value of free speech [J]. University of Pennsylvania Law Review, 1982 (130).

[50] Andrew A. Gallo. False and comparative advertising under section 43 (a) of the Lanham Trademark Act [J]. Comm. & L., 1986 (8).

[51] Charlotte J. Romano. Comparative Advertising in The United States and in France [J]. NW. J. INT'L L. & BUS., 2005 (25).

[52] Aoki K. Authors. Inventors and Trademark Owners: Private Intellectual Property and the Public Domain [J]. Colum.-VLA JL & Arts, 1993 (18).

[53] Lunney Jr G S. Trademark monopolies [J]. Emory LJ, 1999 (48).

[54] Felix S. Cohen. Transcendental Nonsense and the Functional Approach [J]. Colum. L. Rev., 1995 (35).

[55] Stephen L. Carter. Does it Matter Whether Intellectual Property is Property [J]. Chi.-Kent L. Rev., 1993 (68).

[56] Dratler J. Trademark Protection for Industrial Designs [J]. University of Illinois Law Review, 1988 (35).

[57] Tushnet R. Gone in Sixty Milliseconds: Trademark Law and Cognitive Science [J]. Tex. L. Rev., 86, 2007 (86).

[58] Leaffer M A. New World of International Trademark Law [J]. Marq. Intell. Prop. L. Rev., 1998 (2).

[59] Dinwoodie G B. Trademarks and Territory: Detaching Trademark Law from the Nation-State [J]. Houston Law Review, 2004 (41).

[60] Dinwoodie G B. Death of Ontology: A Teleological Approach to Trademark Law [J]. Iowa L. Rev., 1998 (84).

[61] Goldman E. Deregulating relevancy in Internet trademark law [J]. Emory LJ, 2005 (54).

[62] Dogan S L, Lemley M A. Grounding Trademark Law Through Trademark Use [J]. Iowa L. Rev., 2006 (92).

[63] Dinwoodie G B. Confusion Over Use: Contextualism in Trademark Law [J]. Iowa Law Review, 92, 2007 (92).

[64] Dogan S L, Lemley M A. What the Right of Publicity Can Learn from Trademark Law [J]. Stanford Law Review, 2006 (18).

[65] Dueker K S. Trademark Law Lost in Cyberspace: Trademark Protection for Internet Addresses [J]. Harv. JL & Tech., 1996 (9).

[66] Port K L. Congressional Expansion of American Trademark Law: A Civil Law System in the Making [J]. Wake Forest L. Rev., 2000 (35).

[67] Tushnet R. Trademark Law as Commercial Speech Regulation [J]. South Carolina Law Review, 58, 2007 (58).

[68] Samuels J M. Changing Landscape of International Trademark Law [J]. Geo. Wash. J. Int'lL. & Econ., 1993 (27).